爱阅读

5 大要点延伸，精彩再现

极具阅读价值的"经典选本"

阅读领航
——快速洞悉全书结构，教你巧抓重点

阅读准备
——丰富全面的文学常识，助你加深理解

阅读指导
——名师全程陪伴，轻松享受快乐阅读

阅读链接
——分享心得感悟，更多精彩收入囊中

阅读训练
——考查阅读效果，真正实现读写贯通

阅读经典　　获益一生

语文 爱阅读

无障碍·导读本

MINGREN ZHUAN

名人传

〔法〕罗曼·罗兰／著

陈筱卿／译

中国教育出版传媒集团

高等教育出版社·北京

图书在版编目（CIP）数据

名人传 /（法）罗曼·罗兰著；陈筱卿译 . -- 北京：高等教育出版社，2023.4

ISBN 978 - 7 - 04 - 059106 - 4

Ⅰ . ①名⋯ Ⅱ . ①罗⋯ ②陈⋯ Ⅲ . ①贝多芬 (Beethoven, ludwing Van 1770-1827) －传记 ②米开朗琪罗 (Michelangelo, Buonarroti 1475-1564) －传记 ③托尔斯泰 (Tolstoy, Leo Nikolayevich 1828-1910) －传记 Ⅳ . ① K811

中国版本图书馆 CIP 数据核字（2022）第 141986 号

策划编辑　龙 杰 王 羽	责任编辑　周 睿		封面设计　书香文雅
责任校对　马鑫蕊	责任印制　刁 毅		

出版发行	高等教育出版社	网　　址	http://www.hep.edu.cn
社　　址	北京市西城区德外大街 4 号		http://www.hep.com.cn
邮政编码	100120	网上订购	http://www.hepmall.com.cn
印　　刷	肥城新华印刷有限公司		http://www.hepmall.com
开　　本	787mm × 1092mm　1/16		http://www.hepmall.cn
印　　张	19		
字　　数	311 千字	版　　次	2023 年 4 月第 1 版
购书热线	010-58581118	印　　次	2023 年 4 月第 1 次印刷
咨询电话	400-810-0598	定　　价	38.80 元

本书如有缺页、倒页、脱页等质量问题，请到所购图书销售部门联系调换

版权所有　侵权必究

物 料 号　59106-00

总　序

前不久，高等教育出版社"爱阅读"系列丛书总策划与我联系，说他们策划了一套"爱阅读"文库，读者对象主要是中小学生。这套丛书可以作为他们的课外阅读用书，希望我写篇序。作为一名语文教育工作者，在最近"双减"政策的大背景下，我为学生介绍这套优秀课外读物责无旁贷，也觉得更有意义。

一、"双减"以后怎么办？

前不久，中共中央办公厅、国务院办公厅印发了《关于进一步减轻义务教育阶段学生作业负担和校外培训负担的意见》，对减轻义务教育阶段学生作业负担和校外培训负担做出严格规定。我认为这是一件好事。教育的根本任务是立德树人，是培根铸魂，是启智增慧，是培养德智体美劳全面发展的社会主义建设者和接班人，是为中华民族伟大复兴提供人才，而不是培养只会考试的"机器"，更不能被资本所绑架。所以中央才"出重拳""放实招"，减轻学生过重的课业负担，减轻家长过重的经济和精神负担。

"双减"政策出台后，学生、家长一片欢呼，再也不用在各种培训班之间奔波了，但对学校老师来说，这是一个新挑战，当然也是新机遇。学生在校时间增加，这部分增加的时间怎么安排？如何让学生利用好课外时间？这都考验着老师们的智慧。而开展丰富的课外活动正好可以解决这个难题。比如，热爱人文的，可以参加阅读写作、演讲辩论、传统文化、民风民俗等方面的社团活动；喜爱数理的，可以参加科普科幻、研究实验、统计测量、天文观测等方面的兴趣小组；学校也可以组织开展体育比赛、艺术体验（音乐、美术、书法、戏剧）和劳动教育等实践活动。当然，这些活动应以培养学生的兴趣爱好为目的，以自愿参加为前提，既不能成为给学生"加码"的课时，也不是教师实施"题海战术"的手段。学校可以通过多方拓展资源开展课后服务，比如，利用博物馆、图书馆、科技馆、陈列馆、少年宫、青少年活动中心，甚至校外培训机构的优质服务资源；还可组织志愿服务、社会调查等，促进学生全面发展。

二、课外阅读新机遇

近年来，新课标、新教材、新高考成为语文教育改革的热词。前不久，我在"朋友圈"看到一个视频，视频中说语文在中高考中的地位提高了，难度也加大了。这种说法有一定道理，但并不准确。说它有一定道理，是因为语文能力主要指一个人的阅读和写作能力，而阅读和写作又是一个人综合素养的体现。语文能力强，有利于学习别的学科。比如数学、物理中的应用题，如果阅读能力上不去，读不懂题干，便不能准确把握解题要领，也就没法准确答题。英语中的英译汉、汉译英题更是侧重考查学生的语言表达能力。历史题和政治题往往是通过阅读大段材料，让学生去分析、判断，从而得出自己的结论，并表述自己的观点或看法。从这个意义上说，语文在中高考中的地位提高是有一定道理的。说它不准确，有两个方面的原因：一是语文学科本来就重要，不是现在才变得重要的。之所以产生这种错觉，是因为过去在应试教育的背景下，语文的重要性被弱化了；二是语文考试的难度并没有增加，增加的只是阅读思维的宽度和广度，考试注重考查阅读理解、信息筛选、应用写作、语言表达、批判性思维、辩证思维等关键能力。可以说，实施真正的素质教育必须重视语文。因为语文是工具，是基础。不少家长和教师认为课外阅读浪费学习时间，这主要是教育观念问题。他们之所以有这种想法，无非是认为考试才是最终目的，希望孩子可以把更多时间用在刷题上。其实，他们只看到课标和教材的变化，以为考试还是过去那一套，没有看到考试评价已发生深刻变革。中共中央、国务院印发的《深化新时代教育评价改革总体方案》明确指出："稳步推进中高考改革，构建引导学生德智体美劳全面发展的考试内容体系，改变相对固化的试题形式，增强试题开放性，减少死记硬背和'机械刷题'现象。"显然就是要通过改革教育评价引领素质教育。新高考招生录取强调"两依据，一参考"，即以高考成绩和高中学业水平考试成绩为依据，以综合素质评价为参考。这也就是说，高考成绩不再是高校选拔新生的唯一标准，高校不只看谁考的分数高，而是看谁更有发展潜力，更有创造性，综合素质更高，从而实现由"招分"向"招人"的转变。这绝不是仅凭一张高考试卷能够区分出来的，"机械刷题"无助于全面发展，学生必须在课内学习的基础上，辅之以内容广泛的课外阅读，才能全面提高综合素养。

三、"爱阅读"助力成长

这套书是为中小学生读者量身打造的，符合"好读书、读好书、读整本的书"的课改理念，可以作为学生课内学习的有益补充。我一向认为，要学好语文，一要读好三本书，二要写好两篇文，三要养成四个好习惯。三本书指"有字之书""无字之书"和"心灵之书"，两篇文指规矩文和放胆文，四个好习惯指享受阅读的习惯、善于思考的习惯、乐于表达的习惯和自主学习的习惯。

对于中小学生来说，首先是读好"有字之书"。"有字之书"，有课本，有课外自读课本，还有"爱阅读"这样的课外读物。所以我们不能眉毛胡子一把抓，要区分不同的书，采取不同的读法。一般说来，有精读，有略读。精读需要字斟句酌，需要咬文嚼字，但费时费力。当然也不是所有的书都需要精读，可以根据自己的需要决定精读还是略读。新课标提倡中小学生进行整本书阅读，但是学生往往不能耐住性子读完一整本书。新课标提倡的整本书阅读，主要是针对过去的单篇教学来说的，并不是说每本书都要从头读到尾。教材设计的练习项目也是有弹性的、可选择的，不可能有统一的"阅读计划"。我的建议是，整本书阅读应把精读、略读与浏览结合起来，精读重在示范，略读重在博览，浏览略观大意即可，三者相辅相成，不宜偏于一隅。不仅如此，学生还可以把阅读与写作、读书与实践、课内与课外结合起来。整本书阅读重在掌握阅读方法，拓展阅读视野，培养读书兴趣，养成阅读习惯。

再说写好两篇文。学生读得多了，素养提高了，自然有话想说，有自己的观点和看法要发表。发表的形式可以是口头的，也可以是书面的，书面表达就是写作。写好两篇文，一篇规矩文，一篇放胆文。规矩文重打基础，放胆文更见才气。规矩文要求练好写作基本功，包括审题、立意、选材、结构等方法，掌握记叙文、议论文、说明文、应用文的基本要领和写作规矩。规矩文的写作要在教师的指导下进行。放胆文的写作可鼓励学生放飞自我、大胆想象，各呈创意、各展所长，着力训练应用写作能力、语言表达能力、批判性思维能力和辩证思维能力。放胆文可以多种多样，除了大作文外，也可以写小作文。有兴趣的，还可以进行文学创作，写诗歌、小说、散文、剧本等。

学习语文还要养成四个好习惯。第一，享受阅读的习惯。爱阅读比读什么更重要。每个同学都应该有自己的个性化书单，有的同学喜欢网络小说也没有关系，但需要防止沉迷其中，钻进"死胡同"。这套书就给中小学生课外阅读提供了大量古今中外的名家名作。第二，善于思考的习惯。在这个大众创业、万众创新的时代，创新人才的标准，已不再是把已有的知识烂熟于心，而是能够独立思考，敢于质疑，能够自己去发现问题、提出问题和解决问题，需要具有探究质疑能力、独立思考能力、批判性思维和辩证思维能力。第三，乐于表达的习惯。表达的乐趣在于说或写的过程，这个过程比说得好、写得完美的结果更重要。表达形式可以不拘一格，比如作文、日记、笔记、随语、漫画等。第四，自主学习的习惯。我的地盘我做主，我的语文我做主。不是为老师学，也不是为父母长辈学，而是为自己在精神上的成长学，为自己的未来学。

愿广大中小学生能借助这套书，真正爱上阅读，插上想象的翅膀，飞向未来的广阔天地！

2021 年 10 月 15 日

于京东大运河畔之两不厌居

译 序

陈筱卿

罗曼·罗兰（1866—1944 年）是 20 世纪法国的一位杰出的现实主义作家。他是法国外省一小市镇的公证人的儿子，童年是在外省度过的。1881年，全家迁居巴黎。罗兰考入法国巴黎高等师范学校，该校当时是以思想矛盾冲突激烈著称的法国文化中心之一。

少年时代的罗兰以斯宾诺莎和古希腊的所谓"先苏格拉底派"哲学家与他所反对的种种唯心主义潮流相抗衡。自青年时代起，他便非常喜爱莎士比亚、雨果和歌德等作家的作品，并在许多地方模仿过雨果的创作手法。但在他的思想和艺术的形成过程中，列夫·托尔斯泰对他有着极大的影响。当他在大学求学期间，他就给其作品在法国广为流传的这位伟大的俄罗斯作家写信，向后者提出自己所关心的问题，并且很遵从托尔斯泰对他的劝告。

巴黎高等师范学校毕业后，他选择了音乐史作为自己的专业。1912 年前，他一直作为音乐史教师在巴黎高等师范学校和巴黎大学任教。

19 世纪 90 年代下半期，法国第三共和国与进步力量之间的社会冲突激烈。罗兰与著名作家左拉、法朗士等一样，积极投入到社会生活之中。他参加了为德雷福斯案件辩护的斗争，他宣称自己拥护社会主义。当然，他当时所说的社会主义还带有朦胧的浪漫主义幻想的色彩。

第一次世界大战爆发期间，他在瑞士居住，在报刊上发表了一系列的政论文章，呼吁交战各国的知识分子团结起来，积极反对战争。其文章明显的反战热情在民族主义者中间引起了强烈反响。在瑞士，他接触了一些俄国侨民，了解到列宁和布尔什维克的活动。自 1917 年起，他同高尔基保持了多年的通信联系。到战争后期，他对群众革命力量的信心更加增强了，在《先声》集中收入的他的 1916 年的文章中，他直接地向交战各国的人民——而不像一开始时那样，只向其知识分子们——呼吁，期望他们能够采取坚决果断的反战行动。

罗兰从苏联存在的第一天起就成了它的朋友，不过，他对苏联的国内政策也存有某种戒心。20世纪20年代，他徒劳地试图以甘地和托尔斯泰的道德观与世界革命的原则相抗衡；20世纪30年代，他成了一名积极的社会活动家，是反法西斯人民阵线的领导人之一，参加了国际反战和反法西斯大会。他与巴比塞、法共领导人多列士、高尔基的友好关系在加强，他的国际威望空前提高。

第二次世界大战期间，纳粹德国侵占法国和维希政权的建立对罗兰是一个沉重的打击。年迈多病的他在敌占区法西斯政权的监视下，基本上只是做一些关于贝多芬多年研究的收尾工作及写点传记、回忆录等。

罗兰在第二次世界大战结束前，于1944年12月逝世，未能活到彻底战胜法西斯侵略者的那一天，但活到了法国从法西斯铁蹄下解放出来的日子。《欢迎多列士回国》是他在报刊上发表的最后一篇文章。1944年11月，他出席了苏联驻巴黎大使馆庆祝伟大的十月革命胜利二十七周年的纪念活动。

罗兰是作为剧作家登上文坛的，他的早期作品有悲剧《圣路易》（1897年），是收入其戏剧集《信仰悲剧》的卷首篇。收入该集的还有《阿埃尔》（1898年）和《时间会到来》（1903年）。但从1898年到1938年，他几乎花了毕生的心血在创作《革命戏剧集》，其中包括《群狼》（1898年）、《理性的胜利》（1899年）、《丹东》（1899年）、《七月十四日》（1901年）等。

罗曼·罗兰在中国读者中享有很高的知名度，原因是他的那部长篇小说《约翰·克利斯朵夫》（1902年至1912年）早就在中国翻译出版，且颇受读者青睐。罗兰的现实主义才华通过该小说的篇章强有力地显示了出来。无论是半封建的小市民的因循守旧习气浓厚的德国，还是资产阶级的法国，都成了罗兰激烈抨击的对象。作为一个现实主义者，罗兰在小说中塑造了来自人民并接近人民的知识分子形象，表现了他们与一切恶势力相抗衡不妥协的战斗性，而且还表现了这些普通人身上所体现出的真正的民族精神。这些普通人包括克利斯朵夫的朋友、诗人奥利维、他的姐姐、女家庭教师安多娜特、工人埃玛努尔、女仆茜多妮以及其他许许多多的人。

《七月十四日》完成之后，罗兰开始写传记体裁作品。后来，他把不同时期写的三个传记——《贝多芬传》（1902年）、《米开朗琪罗传》（1906年）和《托尔斯泰传》（1911年）——汇集成一册，题为《英雄传记》，也就是我们今天所说的《名人传》。

罗兰打算通过这些传记来恢复20世纪文学崇高的人道主义传统，恢复其丰富多彩的人物的性格。该书描写了处于不同时代、不同民族的三位伟大人物的精神力量和心灵之美。罗兰认为他们不仅是天资聪颖的人，而且是和时代紧密相连，并用艺术作品体现世人所关心的问题的人。这一点特别清楚地表现在《贝多芬传》中。罗兰笔下的贝多芬对自己所处的时代具有广泛的兴趣，他为法国革命的英雄壮举而欢欣鼓舞。罗兰写道："革命吸引着全世界和贝多芬。"所以，尽管贝多芬经受了许多的痛苦：爱情希望的破灭、现实生活的贫困，以及对于一位音乐家最致命的打击——耳聋，但是在精神上，贝多芬始终坚强不屈，最后在困窘和痛苦中完成了《第九交响曲》，在欢乐豪迈的旋律中向世人传达了他对法国大革命的理想，对英雄行为的追求、崇尚和向往。

关于中译本的译名，似应题为《三大师传》更为贴切，题为《名人传》有些欠妥。首先，罗兰在将三位大师的传记汇集成一册时，只是称作《英雄传记》，也没有说是《名人传记》。"名人"一词比较泛，即所谓"著名人物"的意思。按老百姓的话说，就是"出了名的人"。而贝多芬、米开朗琪罗、托尔斯泰当然是"著名人物"，但他们更是在自己专业方面独树一帜的大师，一位是音乐奇才，一位是雕塑绘画方面首屈一指的人物，一位是文学巨匠。所以题名为《三大师传》更贴切，使读者一看书名即可知晓是三位大师级人物的传记。但鉴于《名人传》已通用，改了反而不妥，所以仍沿用此译名。

2000 年岁末

阅读领航

接受文学名著的滋养，读写贯通，读为写用，读写双升

"作者介绍"，走近作者，一睹作者风采；"创作背景"，了解作品创作的时代背景；"作品速览"，把握故事全貌、主题意蕴；"文学特色"，发掘作品深刻的文学价值，增进读者对作品的理解，提高阅读效率。

阅读准备

"名师导读"，指引读者快速知晓章节内容，提高阅读兴趣；"名师点评"，名师妙语，见解独特，视角新颖；"名师注解"，帮助读者更好地理解原文；"精华赏析"，评点章节要旨，发人深省；"延伸思考"，开拓思维，启迪智慧；"知识拓展"，在轻松阅读中开阔视野。

阅读指导

"读者感悟"，看看别人怎么想，交流阅读体会；"延伸阅读"，帮读者丰富文学知识，增强艺术感染力。

阅读链接

"真题演练"，考查阅读能力，巩固阅读成果；"写作出击"，和读者一起回顾精彩名篇，书写内心真实感受，视野独特、内容丰富的写作知识，为读者的写作保驾护航！

阅读训练

名师导读
指引读者快速知晓章节内容，提高阅读兴趣。

贝多芬传[续读]

名师导读

我们都知道贝多芬是德国伟大的作曲家、钢琴家，但你知道《月光曲》是他为谁而作的吗？你知道交响曲《英雄》和《命运》是在怎样的情况下创作出来的吗？你知道一个天才音乐家双耳失聪时的感受吗？让我们一起欣赏《贝多芬传》吧！

"一心向善，爱自由高于一切。
就是为了御座，也绝不背叛真理。"

——贝多芬

名师点评
名师妙语，见解独特，视角新颖。

他矮小粗壮，一副运动员的结实骨架。只是到了晚年老态龙钟色才变得鳍黄、病态，特别是冬季，当他被困于室内、远离田野的时候。他额头突起、宽大，头发乌黑，极为浓密，似乎梳子从未能梳通过，毛发鼓立着，似"墨杜萨①头上的蛇"。他双眼闪烁着一种神奇的魔力，使所有看到它的人都为之震慑；但大多数人会弄错其细微差异。由于两只眼睛在一张褐色忽忧伤的脸上放射出一道粗犷的光芒，人们一般都以为眼睛是黑的，其实不是黑的，而是蓝灰色。这两只很小而又深陷的眼珠在兴奋或激愤时会突然变大，在眼眶里转动，反映出它们夹带着一种奇妙真理的全部思想。它们常常朝天投去一抹忧愁的目光。他的鼻头又短方，一张狮面脸，一张

花费如此多的笔墨来写他的面壁，有何用意？

注释
① 墨杜萨：又译美杜莎，希腊神话中的蛇发女妖，被其目光触及者即化为石头。

7

名师注解
帮助读者更好地理解原文。

的崇高骄傲，同他一起通入"那神明的爱，那神明在十字架上张开双臂迎接我们"。

《欢乐颂》那雄浑的声音没有呼唤出来。直到生命的终结，发出的只是《苦难颂》和解放一切的死亡的颂歌，他完全被击败了。

• • • • •

这就是世界的征服者的一位。享受着他的天才创作出来的他的作品的我们，同享受我们先辈的伟绩一样，不再去想他们所流的鲜血。

我曾想要把这鲜血呈献在众人面前，我曾想要让英雄的红旗在我们的头顶上飘扬。

精华赏析

身体上的痛苦和精神上的孤独没有将米开朗琪罗击垮，他在艺术的世界里找到了自我，工作是幸苦的，可是他却是个天生的"工作狂"，因为只有在艺术的世界里他才能找到快乐。文中将米开朗琪罗与生俱来的痛苦和他你心理涨满尽致地表现了出来，有意将其与他在工作中的狂热形成对比，让人同情，让人震撼，让人佩服。

精华赏析
评点章节要旨，发人深省。

延伸思考

你怎样看待米开朗琪罗的生活方式？怎样理解工作和快乐的关系？

62

延伸思考
开拓思维，启迪智慧。

目录

爱阅读 名人传

不容错过的经典

作者介绍

罗曼·罗兰（1866—1944年），法国思想家、文学家、音乐评论家和社会活动家。他1866年1月生于法国中部高原上的小市镇克拉姆西。大学毕业后，罗曼·罗兰在巴黎高等师范学校和巴黎大学讲授艺术史，并从事文艺创作。这时期他写了7个剧本，以历史上的英雄事件为题材，试图以"革命戏剧"对抗陈腐的戏剧艺术。他的代表作长篇小说《约翰·克利斯朵夫》被高尔基称为"长篇叙事诗"，被誉为20世纪最伟大的小说。该小说于1913年获法兰西学院文学奖金，由此罗曼·罗兰成为法

罗曼·罗兰

国著名的作家。1915年，罗曼·罗兰被授予诺贝尔文学奖，颁奖词为"他的文学作品中的高尚理想和他在描绘各种不同类型人物所具有的同情和对真理的热爱"。

罗曼·罗兰是20世纪上半叶法国著名的人道主义作家。在两次世界大战期间，罗曼·罗兰的创作又一次达到高潮，1919年发表中篇小说《哥拉·布勒尼翁》，1920年发表了两部反战小说《格莱昂波》和《皮埃尔和吕丝》，1922至1933年又发表了另一部代表作《欣悦的灵魂》。这一时期还发表了音乐理论和音乐史的重要著作七卷本《贝多芬的伟大创作时期》，此外还发表过诗歌、文学评论、日记、回忆录等各种体裁的作品。罗曼·罗兰的小说被人们称为"用音乐写小说"，并且他还是传记文学的创始人。

创作背景

　　《名人传》创作于二十世纪初，在物质利益决定一切，欺小凌弱和暴力横行的时代，罗曼·罗兰对日渐萎靡的社会风气深感失望和惭愧。他觉得应该用高贵的精神唤醒世人。于是，他将社会变革与进步的希望寄托在"英雄"人物的身上，他要让人们"呼吸到英雄的气息"，使人们在痛苦、失望的现实中获得心灵上的支撑。基于这个目的，他先后写成《贝多芬传》《米开朗琪罗传》《托尔斯泰传》三部名人传记。在这三部传记中，罗曼·罗兰紧紧把握住这三位拥有各自领域的艺术家的共同之处，着力刻画了他们为追求真善美而长期忍受苦难的心路历程，写出了他们对无限苦难的不懈抗争，以及在抗争中爆发出来的生命激情。

作品速览

　　《名人传》又称《巨人三传》，它包括《贝多芬传》《米开朗琪罗传》和《托尔斯泰传》三部传记。本书叙述了贝多芬、米开朗琪罗和托尔斯坦坷的一生，赞美了他们的高尚品格和顽强奋斗的精神。贝多芬，他的音乐受到人们喜爱，困苦的生活却无人问津，在生命的最后写出了不朽的《欢乐颂》；米开朗琪罗，每从事一项工程，都必然遭到一批小人的嫉妒和怨恨，直到临终前几天他还整天站着塑像，终于留下传世之作；托尔斯泰，面对被教会开除教籍的危险，在生命的最后一刻下定决心摆脱贵族生活。

文学特色

这三部传记最大的特点是不拘泥于对传主的生平做琐屑的考述，而是着力刻画他们为追求真善美而长期忍受苦难的心路历程。作品以豪爽质朴的文笔刻画了三位"英雄"，用感人肺腑的笔墨写出了他们与命运抗争的崇高勇气和承担全人类苦难的伟大情怀。罗曼·罗兰用自己的笔为我们谱写了一阕"英雄交响曲"。

贝多芬传

序 言

在我写这本短小的《贝多芬传》的时候（那是四分之一个世纪前的事），我并未想涉及过多音乐学方面的事。那是1902年，我经历着一个苦难的时期，满是毁灭与更新的雷雨，我逃离了巴黎。

我来到了我童年伙伴的身边，也就是曾在人生战斗中不止一次支持过我的那个人——贝多芬——的身边，暂避了十天。我来到他在波恩的家中，在那里又发现了他的影子以及他的老友们，也就是说我在科布伦茨从韦格勒的孙子身上仿佛又见到了韦格勒夫妇。在美因茨，我听了由魏恩加特纳指挥的他的交响乐演奏会。随后我又与他单独在一起，在雾蒙蒙的莱茵河畔，在潮湿的四月那灰暗的日子里，我倾诉着心曲，完全被他的痛苦、他的勇气、他的欢乐、他的悲哀所感染。我跪下，又被他那有力的大手扶起，他为我的新生儿约翰·克利斯朵夫洗礼。在他的祝福下，我又踏上回巴黎的路，信心倍增，与人生重新缔约，并向神明唱着痊愈病人的感谢曲。那支感谢曲就是这本短小的书。它先由《巴黎杂志》发表，后又由佩居伊再版。我未曾想过这本书会从一个狭小的友人圈里传出来，不过，"人各有命……"①。

我对自己在这里说了这些细枝末节表示歉意。我应该回答那些今日前来从这支颂歌中寻找按严格的史学方法写成著作的人。我是一个史学家，但是按自己的时间去做。我在几部书中对音乐学尽了一种很大的义务，诸如在《亨德尔》和关于歌剧的一些研究著作中所做的。但是，《贝多芬传》绝不是这

名师注解

① "人各有命……"：原文为拉丁文。

样的研究著作，它并非为了学术而作。它是唱给受伤的心灵、窒息的心灵的一支歌，它复苏了，它振作了，而且它在感谢救世主。我很清楚，这个救世主被我改头换面了，但所有从信仰、爱情出发的行为均皆如此。我的《贝多芬传》就是这种行为。

人们纷纷抢购。这本小书交了好运，这是它未曾希冀的。那时，在法国有上百万人，属于被压迫的一代理想主义者，他们焦急地期待着一个解放的呐喊。他们在贝多芬的音乐里听到了它，于是，他们便跑来恳求他。从那个时代幸存下来的人谁不记得那些四重奏音乐会？它们宛如作以"天主羔羊"起首的弥撒祷告时的一些教堂一样——谁不记得注视着祭献并被启示之光芒照耀着的那些痛苦不堪的面庞！今天活着的人已与昨日的人们相距甚远。（但他们将会与明日的人们靠得更近吗？）在本世纪头几年的这一代人中，身份地位都被一扫而光：战争是个深渊，他们和他们的儿子中的最优秀者都消失了，我的这本短小的《贝多芬传》保存着他们的形象。它出自一个孤独者之手，竟毫无知觉地与他们相仿，而他们已从中认出了自己。

不几天工夫，这本由一个无名之辈写的小册子，走出了一家名不见经传的小书店，人手相传。于是，它就不再是属于我的了。

我刚刚重读了这本小书，尽管有所不足，但我也不作什么改动了。因为它应该保留其原始特征以及伟大一代的神圣形象。在贝多芬百年忌辰之际，我既缅怀他，同时也颂扬我伟大的同伴，正直与真诚的大师，纪念那位教会我们如何生与死的人。

罗曼·罗兰

1927 年 3 月

贝多芬传 【精读】

名师导读

　　我们都知道贝多芬是德国伟大的作曲家、钢琴家，但你知道《月光曲》是他为谁而作的吗？你知道交响曲《英雄》和《命运》是在怎样的情况下创作出来的吗？你知道一个天才音乐家双耳失聪时的感受吗？让我们一起欣赏《贝多芬传》吧！

　　"一心向善，爱自由高于一切。

　　就是为了御座，也绝不背叛真理。"

——贝多芬

　　他矮小粗壮，一副运动员的结实骨架。一张土红色的阔脸庞，只是到了垂垂老矣脸色才变得蜡黄、病态，特别是冬季，当他被困于室内，远离田野的时候。他额头突起、宽大，头发乌黑，极为浓密，似乎梳子都从未能梳通过，毛发戗立着，似"墨杜萨[①]头上的蛇"。他双眼闪烁着一种神奇的魔力，使所有看到它的人都为之震慑；但大多数人会弄错其细微差异。由于两只眼睛在一张褐色悲壮的脸上放射出一道粗野的光芒，人们一般都以为眼睛是黑的；其实不是黑的，而是蓝灰色。这两只很小而又深陷的眼珠在兴奋或激愤时会突然变大，在眼眶里转动，反映出它们夹带着一种奇妙真理的全部思想。它们常常朝天投去一抹忧愁的目光。他的鼻头宽大短方，一张狮面脸，一张

名师
点评

花费如此多的笔墨来写他的眼睛，有何用意？

名师注解

① 墨杜萨：又译美杜莎，希腊神话中的蛇发女妖，被其目光触及者即化为石头。

细腻的嘴，但下唇趋向于超出上唇。牙床可怕至极，好像连核桃都能咬碎。右下颌有一个深深的酒窝，使脸极其地不对称。莫舍勒斯说："他笑起来很甜，交谈时，常带着一种可爱而鼓舞人的神情。与之相反，他的笑却是不对劲儿的、粗野的、难看的，但笑声并不长。"那是一个不习惯欢乐的人的笑。他平时的表情是阴郁的，是"一种无法医治的忧伤"。1825 年，雷斯塔伯说看见"他温柔的眼睛及其揪心的痛苦"时，他需要竭尽全力来忍住流泪。一年后，布劳恩·冯·布劳恩塔尔在一家小酒店碰到他，他正坐在一个角落里，抽着一支长烟斗，双目紧闭，仿佛随着死神的临近，他越来越这样了。有个朋友跟他说话，他凄然地微微一笑，从口袋里掏出一个小小的谈话本，并用其聋子常有的尖声让对方把想要说的话写下来。他的脸色经常变化，或是突然有灵感的时候，甚至是在街上，会使行人大惊失色，或是他正弹琴时被人撞见的时候。"面部肌肉常常隆起，青筋暴跳；野性的眼睛变得格外吓人；嘴唇发抖；一副被自己召来的魔鬼制伏的巫师的神态。"如同莎士比亚作品中的人物形象。尤利乌斯·贝内迪克特说："像李尔王①。"

* * * * *

路德维希·冯·贝多芬于 1770 年 12 月 16 日生于科隆附近的波恩的一所破旧的阁楼上。他的祖籍是弗朗德勒，其父是个无才华而又酗酒的男高音歌手。母亲是个女佣，是一厨师的女儿，第一次嫁给一个男仆，丧夫后改嫁贝多芬的父亲。

苦难的童年，缺少被温馨呵护的像莫扎特那样的家庭温情。自一开始，人生就向他显示出他未来的命运好似一场凄惨而残暴的战斗。他父亲想开拓他的音乐天赋，把他炫耀得如同一个神童。四岁时，父亲就把他一连几个小时地钉在羽管键琴前，或给他一把小提琴，把他关在房间里，压得他透不过气来。他差一点因此而永远

名师点评

他笑起来也很勉强，可见忧郁和痛苦一直缠绕着他。

名师点评

耳聋对一个音乐家来说无异于晴天霹雳。

名师点评

贝多芬的家庭背景平凡而穷苦。

名师注解

① 李尔王：莎士比亚著名的四大悲剧之一《李尔王》中的主人公，一位专横霸道的君王、父亲，最后幡然猛醒，但为时已晚，悲剧已然注定。

厌恶艺术，父亲必须使用暴力才能使贝多芬学习音乐。年少时的他就得为物质生活而操心，想法子挣钱吃饭，为过早的重任而愁烦。十一岁时，他进了剧院乐团；十三岁时，他当了管风琴手。1787年，他失去了他崇敬的母亲。"对我来说，她是那么善良，那么值得爱戴，我的最好的朋友啊！当我会喊'妈妈'这个甜蜜的称呼，而她又能听见的时候，谁能比我更幸福呀？"她死于肺结核，贝多芬以为自己也染上了这个病，他常常觉得不适，再加上比病痛更加残酷的精神上的忧郁。十七岁时，他成了一家之主，担负起教育两个弟弟的责任。他羞愧地被迫要求酗酒成性的父亲退休，后者已无力掌管门户：人家把父亲的养老金都交给了儿子，免得他乱花。这些悲惨往事在他心中留下了深刻的印痕。他在波恩的一户人家找到了一个可靠的依托，那是他始终珍视的布勒宁一家。可爱的埃莱奥诺雷·德·布勒宁小他两岁。他教她音乐，并领她走向诗歌。她是他童年的伙伴，也许二人之间有了一种温柔的感情。埃莱奥诺雷后来嫁给了韦格勒医生，后者也是贝多芬的好友之一；直到最后，他们之间的一种恬静友情都一直保持着，韦格勒和埃莱奥诺雷与忠实的老友之间的书信可资为证。当三个人都垂垂老矣时，友情更加地动人，而且心灵仍如从前一样的年轻。

尽管贝多芬的童年生活非常悲惨，但他对童年，对童年时期生活过的地方，始终留有一种温馨而凄凉的回忆。他被迫离开波恩，前往几乎度过了其整个一生的维也纳，在大都市维也纳极其无聊的近郊，他从未忘怀过莱茵河谷，以及他称之为"我们的父亲河"的莱茵河。它的确是那么活跃，几乎带有人性，仿佛一颗巨大的灵魂，无数的思想和力量在河里流过。没有任何地方比亲切的波恩更加美丽，更加威武，更加温柔，莱茵河以它那既温柔又汹涌的河水浸润着它浓荫掩映、鲜花遍布的堤坡。在这里，贝多芬度过了他的头二十年；在这里，他少年心灵之梦形成了——那一片片的草原好似懒洋洋地漂浮在水面上，雾气笼罩着的白杨、矮树丛和垂柳以及果树，都把它们的根浸在平静但湍急的水流中；还有那些村庄、教堂、甚至墓地，懒洋洋地睁着好奇的眼睛俯瞰着河岸；而在远处，泛蓝的七峰山在天穹里绘出昏暗的身影，山上已成废墟的古堡矗立着，显现出瘦削而古怪的轮廓。对于这片土地，他的心永远地维系在上面；直到生命的最后一刻，他仍梦想着再见到它，但始终未能如愿。"我的祖国，我出生的美丽的地方，在我眼里，始终与我离开它时一样的美丽，一样的明亮。"

* * * * *

革命爆发了，它开始席卷欧洲，它占据了贝多芬的心。波恩大学是新思想的中心，贝多芬于 1789 年 5 月 14 日注册入学，他听未来的下莱茵州检察官、著名的厄洛热·施奈德教授在该校上的德国文学课。当攻克巴士底狱的消息传到波恩时，施奈德在课堂上朗诵了一首激情昂然的诗，激起了同学们的热情。第二年，他发表了一部革命诗集。在预订者的名单中，可以看到贝多芬和布勒宁家人的名字。

名师点评

贝多芬渴求新思想，与时俱进。

1792 年 11 月，正当战争逼近，贝多芬离开了波恩。他前往德意志的音乐之都维也纳定居下来。途中，他遇到向法国挺进的黑森军队。想必他的爱国之情又油然而起。1796 年和 1797 年，他把弗里贝格的战斗诗篇谱成了曲：一首《出征歌》和一首合唱曲《我们是伟大的德意志人民》。但他想歌颂大革命的敌人纯属枉然：大革命已征服了世界，征服了贝多芬。自 1798 年起，尽管奥地利和法国的关系紧张，但贝多芬仍同法国人及其使馆，同刚到维也纳的贝尔纳多特将军过从甚密。在交往之中，他的共和派情感愈发坚定，而且人们可以看到在他以后的岁月中，这种情感得到了强有力的发展。

名师点评

瘦小的贝多芬拥有一颗强大自信的心，这促使他不断前进。

这一时期，施坦豪泽替他画的一张像，较好地表现了他当时的形象。与贝多芬以后的画像相比较，这幅画像无异于盖兰①的波拿巴画像之于其他别的画像，那是一张严峻的脸，充满着野心勃勃的烈焰。画中的贝多芬比实际年龄显得小，瘦瘦的，笔挺的，高领口使

名师注解

① 盖兰（1774－1833 年）：法国名画家，所画拿破仑像表现出他少年时期的神态。

他僵直，目光不屑和紧张。他知道自身的价值，他相信自己的力量。1796 年，他在笔记里写道："勇敢不屈！尽管身体虚弱，但我的天才将会得胜的……二十五岁！这不已经到了吗！我二十五岁了……人必须在这一年显示出他的完整的人格。"伯恩哈德夫人和格林克说他很傲慢，举止粗俗、阴郁，说话时带有很重的外地口音。但是，唯有几个密友了解他藏匿在这种傲然的笨拙下的善良之心。他在给韦格勒写信时，第一个念头便是："譬如说，我看见一个朋友手头拮据，如果我的经济能力使我无法立即接济他的话，我就只要坐到书桌前，不多的一会儿工夫，我就能使他摆脱了困境……你看这有多美。"在稍远处，他又写道："我的艺术应该为穷人们的利益做出贡献。"

苦痛已经敲响了他的门，它缠住了他，不再离去。在 1796 年到 1800 年之间，重听开始严重起来。耳朵昼夜不停地嗡嗡直响，他的内脏也使他痛苦不堪。他的听力越来越下降。有好几年工夫，他都没把这事告诉任何人，甚至他最亲爱的朋友；他总躲着别人，免得自己的残疾被人发现；他独自深藏着这个可怕的秘密。但是，1801 年时，他无法再隐瞒了；他绝望地告诉了他的朋友中的两位：韦格勒医生和阿曼达牧师：

"我亲爱的、我善良的、我真挚的阿曼达……我多么希望你能经常待在我的身旁啊！你的贝多芬真的太不幸了。你知道，我自身最高贵的部分，我的听力，大大地衰退了。我们常在一起的那阵子，我就已经感觉到一些病兆了，但我一直瞒着，但这之后，就越来越糟糕了……我能治好吗？我当然是抱这一幻想的，但希望渺茫，这样的一些疾病是最无法医治的。我不得不悲惨地生活着，躲开我所喜爱和对我弥足珍贵的所有一切，而这又是在一个如此悲惨、如此自私的世界里！我得隐藏在凄惨的听天由命之中！无疑，我是想过要战胜所有这些灾祸，但这又如何可能呢？"

他在给韦格勒的信中说："……我在过着一种凄惨的生活。两年来，我避开所有的交往，因为我不可能与人交谈：我是个聋子。如果我干着其他什么职业，这尚有可能；但在我这一行里，这是一种可怕的情况。我的仇敌们可不少，他们对此会说些什么！在剧院

名师点评

在欧洲，艺术历来是属于少数有闲阶层的。贝多芬在进入艺术之门时，就公开声明自己为"穷人的利益做出贡献"的艺术观。由此可见他对贵族艺术的不屑以及他桀骜不驯的性格。

名师点评

为什么他要对人们深藏这个秘密，一个人承受痛苦？

名师点评

贝多芬隐藏秘密的原因：他是个音乐家，失聪对音乐家来说是致命的。

里，我得坐得特别靠近乐队才行，否则听不见演员说什么。如果我坐得稍微远一点的话，我就连乐器和歌声的高音都听不见……当别人轻声说话时，我几乎听不见，但要是别人大声喊叫时，我又难以忍受……我常常诅咒自己的一生……普鲁塔克①引导我听天由命。但如果可能的话，我却想同命运挑战；但是，在我一生中的一些时刻，我是上帝最可怜的造物……听天由命！多么悲惨的隐忍啊！然而，这却是我所剩下的唯一的路！"

"同命运挑战"和"听天由命"两种截然不同的心情，贝多芬此时是多么的无奈和绝望。

找出这些曲子听一听，用心感受当时贝多芬内心深处的痛苦和欢乐。

这种悲剧式的愁苦在这一时期的一些作品中有所表现，如作品第十三号的《悲怆奏鸣曲》（1799 年），尤其是作品第十号的钢琴曲《第三奏鸣曲》的广板（1798 年）。奇怪的是并非所有作品都带有这种愁苦，还有许多作品，诸如欢快的《七重奏》（1800 年）、清澈的《第一交响乐》（1800 年）等，都反映着一种年轻人的无忧无虑。想必是一定得有一段时间才能让心灵习惯于痛苦。心灵极其需要欢乐，所以当它没有欢乐时，它就得自己制造欢乐。当"现在"太残酷的时候，它就在"过去"生活。过去的幸福时光不会一下子消失，它们的光芒在不复存在之后仍将长久地照耀着。在维也纳单寒羁旅的贝多芬，常隐忍于对故乡的回忆之中，他当时的思想中充满了对故乡的思念。《七重奏》中以变奏曲出现的行板的主题就是一支莱茵歌谣。《第一交响曲》也是一个赞美莱茵河的作品，是青少年笑迎梦幻的诗歌。它是快乐的，慵懒的，人们在其中可以体味出取悦于人的那种欲念和希望。但是，在某些段落中，在《引子》里，在某些低音乐器的明暗对比里，在荒诞的谐谑曲里，人们多么激动地发现那青春的面庞上显露出未来天才的目光。那是波提切利②在《圣家庭》中所画的婴孩的眼睛，人们已经可以看出不久将至的悲剧了。

两种痛苦指什么？

除了这些肉体的痛苦以外，又增添了另一种苦痛。韦格勒说他从未见过未带强烈热情的贝多芬。这些爱情似乎一直是纯洁无邪的，激情和欢愉毫不搭界。人们今天将二者混为一谈，那证明大多数人

① 普鲁塔克（约公元 46 — 120 年）：古希腊传记作家、散文家。
② 波提切利：意大利文艺复兴前期的一位著名画家。

愚昧无知，不懂得激情极其难求。贝多芬在心灵中有着某种清教徒的东西，粗俗的谈论和思想令他厌恶。在爱情的神圣方面，他有着一丝不苟的看法。据说他不能原谅莫扎特，因为后者糟蹋自己的才华去写《唐·璜》。他的挚友辛德勒肯定地说："他带着一种童贞走过了一生，从未有过因任何脆弱而需要责备自己的。"这样的一种人生就要受爱情的欺骗，是爱情的受害者。他就是这样，不断痴情地去恋爱，他不断地梦想着幸福，但幸福一旦破灭，随即便是痛苦的煎熬。如果要寻找贝多芬最丰富的灵感的源泉，必须要在那种轮番交替的爱情和高傲的反抗中去发现。直到他激昂的性格在悲苦中逐渐消失的年岁为止。

名师点评

贝多芬的爱情观。

　　1801年，他钟情的对象好像是朱丽埃塔·居奇亚迪，他把他那著名的《月光奏鸣曲》（第二十七号之二，1802年）题献给了她。他在给韦格勒的信中写道："我现在以一种更温馨的方式在生活，并且与人接触也多了……这一变化是一位亲爱的姑娘的魅力促成的，她爱我，我也爱她。这是我两年来所拥有的初次幸福时光。"他却为此付出了巨大的代价。首先，这段爱情使他更加感受到自己残疾之苦，以及使他陷入不可能娶这个他所爱的女子的艰难境况。再者，朱丽埃塔风骚、稚气、自私，她使贝多芬很痛苦。1803年11月，她嫁给了加伦贝格伯爵。这类激情摧残心灵，而像贝多芬那样，在心灵已经被病魔折磨得很脆弱的时候，这类激情有可能把心灵给毁灭了。这是他一生中唯一的似乎要一蹶不振的时刻。他经历了一场绝望的危机，他的一封信使我们了解了这一点，那是他当时写给两个弟弟卡尔和约翰的遗嘱，上面注明"待我死后方可拆阅并执行"。这是反抗的和撕心裂肺的痛苦的呐喊，听见这种呐喊不能不让人悲从中来。他几近结束自己的生命了，只是他那不屈的道德情操阻止了他。他痊愈的最后希望破灭了，"甚至曾一直支撑着我的那崇高的勇气也消失了。噢，主啊，向我显示一天，仅仅一天的真正欢乐吧！我已那么久没有听到欢乐那深邃的声音了！什么时候，啊！我的上帝，什么时候我再能见到它啊？……永远也见不到？不，这太残忍了！"

　　这是一种垂死的悲鸣。不过，贝多芬又活了二十五年，他那坚

名师点评

《月光奏鸣曲》原名《升C小调钢琴奏鸣曲》，德国诗人路德维希·莱尔斯塔勒将此曲第一乐章比作"犹如在瑞士琉森湖月光闪烁的湖面上摇荡的小舟一般"。

"扼住命运的咽喉，它将无法使我完全屈服。"这句名言概括了贝多芬绝不屈服于命运，与不幸抗争一生的顽强性格。这句名言曾激励世界上不计其数的在苦难中挣扎着的人们以英雄主义的气概去和不公正的命运拼杀，这句名言也哺育和成就了罗曼·罗兰那部曾影响了中国无数青年知识分子的旷世名作《约翰·克利斯朵夫》。

强的性格不可能屈服于挫折。他说：我的体力随着智力的发展比以往更加地增强……我的青春——是的，我感觉到它了——才刚刚开始。我每天都在接近我窥见而又无法确定的目标……啊！如果我能摆脱这病魔，我将拥抱世界！没有任何歇息！除了睡眠，我不知什么是休息。可我挺不幸的，不得不比以前花更多的时间睡觉。只要我能从我的病魔中解脱出来一半，那就睡吧！不，我将忍受不了病痛了。我要扼住命运的咽喉，它将无法使我完全屈服……啊！千百次地享受人生是多么地美妙啊！

这爱情、这痛楚、这意志、这颓丧和傲岸的交替，这些内心的悲剧，都反映在 1802 年所写的伟大作品之中。如《葬礼进行曲》的《奏鸣曲》（作品第二十六号）；称作《月光曲》的《幻想奏鸣曲》（作品第二十七号）；《第二奏鸣曲》（作品第三十一号），包括仿佛一场雄伟和哀婉的独自的戏剧化的吟诵；题献给亚历山大大帝的提琴奏鸣曲（作品第三十号）；《克莱采奏鸣曲》（作品第四十七号）；根据格莱尔的词编制的六支英勇悲壮的宗教曲（作品第四十八号）。1803 年的《第二交响曲》更多地反映的是他年少时的爱情：可以感觉得到，他的意志占了上风。一种无法抗御之力把他那阴郁的思想一扫而光，生命的沸腾掀起了音乐的终曲。贝多芬渴望幸福，他不愿相信自己的不幸是无法医治的：他渴望治愈，他渴求爱情，他充满着希望。

* * * * *

在这些作品的好几部中，人们为其进行曲和战斗的节奏之强烈和紧凑所震撼。这在《第二交响曲》的快板和终曲中尤为明显，特别是在献给亚历山大大帝的奏鸣曲的第一章中更加突出。这种音乐所特有的英雄气概使人联想到产生它的那个时代。大革命正在抵达维也纳，贝多芬为它所激动。赛弗里德骑士说道："他在亲朋好友中间主动谈论政局，他用罕见的聪颖、清晰明确的目光评判着。"他所有的同情都倾注于革命思想。他晚年时最了解他的朋友辛德勒说："他喜欢共和原则。他支持无限制的自由和民族的独立……他希望大家齐心协力创建共和的政府……他希望在法国举行全民选举，希望波拿巴能搞起它来，从而奠定好人类幸福的基础。"他如同革命的古罗马人，受着普鲁塔克思想的熏陶，梦想着一个由胜利之神——法国的第一执政者——建立的英雄共和国，因而他接二连三地写出了《英雄交响曲：波拿巴》（1804年）、帝国的史诗和《第五交响曲》的终曲，光荣的史诗。第一支真正的革命的乐曲——时代之魂——在其中再现了，巨大的事件在伟大的孤独心灵中显得极其地强烈和纯洁，即使与现实接触也毫不减弱。贝多芬的面容在其中显现着，带着这些史诗般战争的色彩。在他这一时期的作品中，到处都有它们的踪影，也许他自己并不知晓：在《科里奥兰序曲》（1807年）中，暴风雨在呼啸；在《第四重奏》（作品第十八号）中，其第一章就与这个序曲有许多的相似之处；在俾斯麦谈到的《热情奏鸣曲》（作品第五十七号，1804年）中亦然，俾斯麦说："假如我经常听它，我会永远英勇顽强的。"在《埃格蒙特序曲》，直至《降E大调钢琴协奏曲》（作品第七十三号，1809年），甚至技巧的炫耀都是壮烈的，仿佛千军万马在奔腾。这又有何惊讶的呢？贝多芬在写关于一位英雄之死的《葬礼曲》（作品第二十六号）时，比《英雄交响曲》中的英雄更加值得歌颂的将军霍赫即将战死在莱茵河畔，其纪念碑仍矗立在科布伦茨和波恩之间的一座小山丘上，贝多芬就是在维也纳目睹了两次革命的胜利。1805年11月，《菲岱里奥》首演时，是法国军官前往观赏的。住在洛布科维兹家里的是巴士底狱的攻克者于兰将军，洛布科维兹是贝多芬的朋友和保护人，贝多芬把《英雄交响曲》和《第五交响曲》题献给了他。1809年5月10日，拿破仑驻军舍恩布伦。不久，贝多芬便仇恨起法国的征服者们来。但他那法国人的史诗般的狂热仍未减弱，但凡不能像他一样地去感受这种狂热的人，将只能对他的这种行动与胜利的音乐一知半解。

* * * * *

　　贝多芬突然中止了他的《第五交响曲》，摒弃习惯手法，一口气写出了《第四交响曲》。幸福在他面前显现，1806 年 5 月，他与泰蕾兹·德·布伦威克（贝多芬是她哥哥弗朗索瓦伯爵的朋友）订了婚。她早就爱上了他——自从贝多芬来维也纳的最初的日子里，还是个小姑娘的她便跟着贝多芬学习钢琴。

1806 年，贝多芬与兄妹俩在匈牙利的马尔车瓦萨家里做客，在那里他们相爱了。他的那些幸福时日的回忆保存在泰蕾兹·德·布伦威克的一些叙述中。她说道："一个星期天的晚上，晚餐过后，在月光下，贝多芬坐在钢琴前。他先是用手平抚了一遍琴键。弗朗索瓦和我都了解他的这一习惯，他总是这么弄一下再弹奏的。然后，他在低音部敲了几个和音；接着，他缓缓地带着一种神秘的庄重神情，弹奏一曲塞巴斯蒂安·巴赫的作品：'如果你把心献给我，先悄悄地相传；我俩心灵相通，勿为别人所知。'

名师点评

贝多芬用音乐表达爱情，唯美浪漫。

"我母亲和教士都已入睡；我哥哥凝神远望；而我，被他的歌声和目光穿透，感到生活幸福无比。第二天早上，我们在花园中相遇。他对我说道：'我正在写一部歌剧。那个主角已在我心中，在我面前，不论我到何处，不论我在何处驻足。我从未达到过这么高的境界。一切都充满着光明、纯洁、明亮。在这之前，我如同童话中的那个孩子，只顾捡石子，不看路上盛开着的鲜花……'那是 1806 年 5 月，征得我亲爱的哥哥弗朗索瓦的同意，我成了他的未婚妻。"

在这一年写成的《第四交响曲》是一朵纯净的鲜花，蕴藏着他一生中的这些平静日月的芬芳。人们从中正确无误地发现，贝多芬那时正在竭尽全力地把自己的才华与一般人在前辈们所传下来的形式中所认识和喜爱的东西协调一致。源自爱情的这种同样的调和精神对他的行为和生活方式发生着影响。赛弗里德和格里尔巴泽说，他兴趣盎然，心情开朗，幽默风趣，待人接物彬彬有礼，对讨厌的人也能容忍，穿着颇为考究；他在迷惑他们，竟致未能察觉他的重听；他们说他很健康，只是有点近视而已。梅勒当时为他画的一张肖像，也是这副带有一种浪漫的高雅、稍微有点不自然的神态。贝多芬希望诗人喜欢，并且知道自己已博得欢心。狮子在恋爱，它藏起自己的爪子。但是，人们在他的眼睛里，甚至在《第四交响曲》

名师点评

恋爱使贝多芬容光焕发、精神振奋。

的梦幻和温柔之中，仍感到那可怕的力量，那任性的脾气，那愠怒的俏皮话。

这种深邃的平静并未持续多久。不过，爱情的亲切影响倒是一直延续到1810年。无疑，多亏了这一影响贝多芬才获得自制力，使他的才华结出了最美好的果实，诸如：那古典悲剧《第五交响曲》；夏季的一天那神圣之梦——《田园交响曲》（1808年）；还有那《热情奏鸣曲》，那是受到莎士比亚的《暴风雨》的启迪写成的，他把它视作他的奏鸣曲中最强劲有力的奏鸣曲，发表于1807年，并题献给泰蕾兹的哥哥。他把富于梦幻和畅想的奏鸣曲（作品第七十八号，1809年）题献给了泰蕾兹。并附有一封没有日期的信，写上"致永远的爱人"，与《热情奏鸣曲》一样，表达了他的爱情之炽热：

"我的天使，我的一切，我的'我'……我心中装满了要对你说的许许多多的话语……啊！不论我在哪里，你都同我在一起……当我想到你可能在星期日之前得不到我最新的消息时，我哭了。我爱你，如同你爱我一样，但更加地强烈……啊！上帝！没有你的日子里，那是什么样的日子啊！这么地近，又如此地遥远……我的思绪涌向你，我永远的至爱，那思绪有时是快乐的，然后就忧郁了，在询问命运，问它是否会接受我们。我只能同你一起活着，不然我就活不成……另外的女人绝不会占有我的心。绝不会！绝不会！噢，上帝！为什么相爱的人儿要分离？可是，我现时的日子是忧愁的日子。你的爱使我成了男人中最幸福又最不幸的男人。……少安毋躁……安静下来——爱我！今日，昨日，多么强烈的渴望、多少热泪抛向你！你——你——我的生命——我的一切！别了！啊！继续爱我吧，永远也别误解你亲爱的人的心。永远忠于你——永远忠于我——永远忠于我们。"

名师点评

直白深情的诉说洋溢着浓浓的爱，这种炽热的爱情令人感动，而又不禁为他们不能喜结连理感到惋惜。

是什么神秘莫测的原因阻挠了这两个相爱的人的幸福？也许是没有财产和两人地位的差异。也许贝多芬对人家强迫他长期等待，对让他保持爱情的秘密感到屈辱而反抗。也许粗暴、染病、愤世的他不知不觉之中使他所爱的女人感到痛苦，而他也对此感到绝望。婚约毁了，然而双方似乎谁也没有忘记这段爱情。直到她生命的最后时刻（她直到 1861 年才去世），泰蕾兹·德·布伦威克仍爱着贝多芬。

1816 年，贝多芬说："每当我想起她时，我的心仍像初次见到她时跳得那样地激烈。"就在这一年，他写下了六支乐曲，名为《献给遥远的爱人》（作品第九十八号），生动感人，深邃真切。他在笔记中写道："一见到这个可爱的人儿，我便心潮澎湃，然而她并不在这儿，不在我的身边！"泰蕾兹曾把自己的肖像送给贝多芬，并题献云："送给罕见的天才，伟大的艺术家，善良的人。泰·布赠。"在贝多芬的晚年，一位友人见贝多芬形单影只地抱着这幅肖像痛哭流涕，并像惯常那样大声说着："你那么的美丽，那么的伟大，宛如天使一般！"那位友人退了出来，稍后又返回，看见他坐在钢琴前，便对他说道："今天，我的朋友，您的脸上毫无可怕的气色。"贝多芬回答道："那是因为我的天使来看望过我了。"创伤是很深的。他自言自语地说："可怜的贝多芬，这个世界上没有你的幸福。只有在理想的境界中，你才会找到朋友。"

他在手记中写道："屈服，深深地屈服于你的命运：你已不能再为自己而存在，只能是为他人而存在；对于你来说，只有在你的艺术中才有幸福。啊，上帝，赋予我力量吧，让我战胜自己！"

每一曲感人的音乐背后都有一个动人的故事。

只有艺术才能让他幸福，但感到欢乐的同时也掺杂着辛酸和无奈。

* * * * *

他被爱情抛弃了，1810 年，他又孤身一人了。但是，荣誉纷至沓来，而且他也感到浑身是劲了。他正值壮年，他任由自己那暴躁和粗野的脾气发泄，不再顾忌人言、习俗、社会等一切。他有什么可害怕或敷衍的？爱情不再，雄心已无。剩下的只有他的力量了，力量的欢乐和消耗，几乎是滥用它的需要。"力量，那是不同于常人的精神！"他又不修边幅了，他的行为举止比从前更加放肆。他知道自己有权想说什么就说什么，甚至对崇高的人物也不例外。1812 年 7 月 17 日，他写道："除了善良以外，我不承认还有什么其他的高贵标志。"那时见过他的贝蒂娜·布伦塔诺说："没有任何一个皇帝，任何一个国王对自己的力量有这样的一种体味。"她被他的威力所慑服。她在写给歌德的信中说："当我第一次见到他时，我觉得整个世界全都消失了，贝多芬使我忘记了世界，甚至忘记了你，啊，歌德……我不觉得自己搞错了，我觉得此人远远地走在当代文明的前面。"

歌德想要结识贝多芬。他俩于1812年在特普利兹的波希米亚浴场相见了，但却话不投机。贝多芬对歌德的才华倍加赞赏，但是，他的性格过于自由、过于暴躁，与歌德的性格难以相融，而且难免会伤害后者。歌德讲述了他俩一起散步的情况：这位傲岸的共和派把魏玛大公的枢密参议教训了一通，使后者永远不会原谅他。

"君主们和亲王们完全可以造就一些教授和机要参议，他们可以给后者以各种各样的头衔和勋章，但是他们无法造就伟大的人物，无法造就超脱于庸俗社会的心灵。而当像我和歌德这样的两个人在一起时，这帮大人先生们应该感觉到我们的伟大。昨天，在归来的路上，我们遇见全体皇族。我们老远地就看见他们了。歌德便挣开我的手臂，立于大路旁。我白费口舌地对他说了我想说的所有的话，但我就是未能让他多走一步。于是，我把帽子压得低低的，扣上外套上的纽扣，倒背着双手，钻进密集的人群中去。亲王们和朝臣们排队恭迎；太子鲁道夫向我脱帽；皇后先向我打招呼。大人物们认识我。我觉得好玩地看着皇家车马在歌德面前经过。他立于路边，低低地弯着腰，帽子拿在手里。事后，我毫不留情地把他狠狠地训斥了一通①……"

歌德对此也耿耿于怀。

在这一时期，1812年在特普利兹，只用了几个月的工夫，《第七交响曲》和《第八交响曲》便写成了：前者是节奏的大祭乐，后者是幽默的交响曲。他在其中也许表现得最自然，正如他所说，是最"放松"的，带有欢乐和疯狂的激越，意想不到的对比，令人惊讶的、雄壮的机智，使歌德和泽尔特惊惧的巨人似的爆发，以致德国北方流传说，《第七交响曲》是出自一个酒鬼之手。——不错，

名师注解

① 此为贝多芬写给贝蒂娜的信。

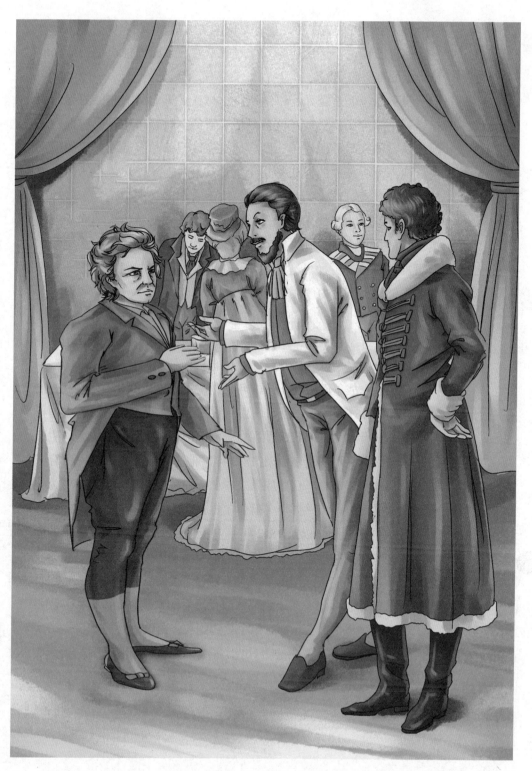

是出自一个陶醉的人之手，但却是陶醉于力量和天才。

他自己也说："我是为人类酿制玉液琼浆的酒神，是我给人们精神上的神圣癫狂。"

我不知道他是否如瓦格纳所说，想在《第七交响曲》的终曲中描绘一个酒神庆祝会。在这首热情奔放的乡村音乐中，我特别发现他那来自佛来米族的遗传，同样地，在以纪律和服从为天职的国家里，他那大胆狂放的言谈举止，也是其自身血统使然。在任何一个作品中，都没有比《第七交响曲》中蕴有那么多的坦荡、自由的力量。这是纯粹为着娱乐而毫无目的地浪费超人的精力，如同一条泛滥之河的那种欢快。在《第八交响曲》中，力量显得没那么雄浑，但更加地奇特，更加具有作者本人的特色，悲剧与闹剧交织，力士般的强健与孩童般的任性交融。

1814 年，贝多芬达到登峰造极的程度。在维也纳大会上，他被视作欧洲之荣光。他积极地参加节日欢庆，亲王们向他致敬；而他则如他向辛德勒所吹嘘的那样，高傲地任由他们向自己献媚取宠。

他为独立战争而激动。1813 年，他写了一支《威灵顿之胜利交响曲》；而在 1814 年初，他又写了一个战斗合唱曲——《德意志的再生》。1814 年 11 月 29 日，他在君王们面前指挥演奏了一支爱国主义歌曲——《光荣时刻》；而在 1815 年，他为攻陷巴黎作了一个合唱曲——《大功告成》。这些应景之作比他的其他所有音乐作品更为他带来更大的声誉。布莱休斯·赫弗尔根据弗朗索瓦·勒特罗纳的一张素描完成的木刻画，以及 1812 年弗兰茨·克莱恩在他脸上拓出的脸模，都把贝多芬在维也纳大会期间的形象表现得栩栩如生。这张紧咬着牙床、愤怒和痛苦深印的狮子脸上最显著的特征就是意志——一种拿破仑式的意志。此人在谈到耶拿战役之后的拿破仑时说道："真不幸，我对战争不像对音乐那么拿手！否则我将击败他！"

但是，他的王国不在这个世界。恰如他在写给弗朗索瓦·德·布伦威克的信中所说："我的王国在天空。"

* * * * *

继这光辉时刻之后的是最悲惨的时期。

维也纳对贝多芬从未有过好感。像他那种傲岸而自由不羁的天才，在这座瓦格纳那么深恶痛绝的、轻佻浮华的城市里是不可能讨人喜欢的。贝多芬从不放过任何可以离开它的机会。1808年前后，他真切地想过要离开奥地利，前往威斯特伐利亚国王热罗姆·波拿巴的宫廷。但是，维也纳充满着音乐的源泉，我们也必须实实在在地指出，维也纳也始终有一些高雅的鉴赏家，能感觉出贝多芬之伟大，避免使祖国蒙受失去他的奇耻大辱。1809年，维也纳的三位富有贵族——贝多芬的学生鲁道夫大公、洛布科维兹亲王和金斯基亲王——答应每年给他四千弗罗林，唯一的条件是他得留在奥地利。他们说："由于一个人只有在不为衣食所虑的情况之下才能全身心地投入自己的艺术，才能创作出艺术之荣光的那些伟大作品，所以我们决定以此方法使路德维希·冯·贝多芬摆脱可能阻遏其才情的物质上的障碍。"

不幸的是，承诺没有实现。这笔年金并未足额给付，很快就又完全停止发放了。自1814年维也纳大会之后，贝多芬的性格改变了。社会开始薄艺术而厚政治，音乐兴味被意大利风破坏了，而时尚则完全倾向于罗西尼，视贝多芬为迂腐。

贝多芬的朋友们和保护人，或散或亡：金斯基亲王死于1812年；里希诺夫斯基亲王死于1814年；洛布科维兹亲王死于1816年。受贝多芬题赠美妙的四重奏（作品第五十九号）的拉美莫夫斯基，1815年2月举行了自己的最后一场音乐会。1815年，贝多芬同童年的朋友、埃莱奥诺雷的哥哥斯特凡·冯·布罗伊宁闹翻了。从此，他形单影只了。他在1816年的笔记中写道："我没有一个朋友，我孤苦伶仃地活在世上。"

耳朵由重听变为全聋。自1815年秋天起，他同剩下的那些人除了笔头交流以外别无交往。最早的谈话笔记始于1816年。大家都知道辛德勒于1822年《菲岱里奥》演奏会上的那幕痛苦的叙述。

"贝多芬要求指挥总排练……自第一幕的二部起，显然他已完全听不见舞台上的演奏了。他大大地减缓演奏，当乐队跟着他的指挥棒演奏时，歌手们则自顾自地在超前。于是乎，一下子全乱了套。

名师点评

没有朋友的人是孤独的、可怜的，善待自己的朋友吧！

平常的那位乐队指挥乌洛夫提议稍事休息，但并未说明缘由，只是同歌手们交谈了几句之后，然后演奏重新开始。同样的混乱再度出现，必须再次停下来。很显然，不可能在贝多芬的指挥下继续演出了，但又怎么同他讲呢？没有谁忍心对他说：'退下吧，可怜的家伙，你无法指挥了。'贝多芬焦急、烦躁、左顾右盼，努力地想从不同的表情中看出点原因来，但大家全都默然无声。突然，他厉声唤我，当我走近他的身旁时，他把他的笔记本递给我，示意我写。我写了下面这句话：'我恳求您别继续指挥了，回去后我将向您说明理由。'他猛地一下跳到下面，冲我嚷叫道：'咱们快走！'他一口气跑回家来。进得门来，他瘫软地跌坐在沙发上，双手掩面，他就这样一直呆坐到吃饭。饭桌上，没法让他说一句话，他一直是一副痛苦不堪、颓丧无力的样子。晚饭后，当我起身告辞时，他挽留我，向我表示不愿一个人待着。我俩分别时，他求我陪他去看在治耳疾方面颇负盛名的那位医生……在我同贝多芬的全部交往中，我未见到过有哪一天能同十一月里这致命的一天相比拟的。他的心灵受到打击，直到死的那一天，他都生活在这个可怕场面的阴影之下。"

两年后，1824年5月7日，在指挥（或者不如按节目单上所说，"参与音乐会的指挥"）时，全场向他发出的一片喝彩声他压根儿就没有听见，直到一位女歌手拉着他的手，让他转向观众，他这才突然看见观众全体起立，挥动着帽子，拍着手。一位美国旅行者罗素1825年曾看见过他弹钢琴，说当他想轻柔地弹奏时，琴键没有响声，在这静寂之中看着他脸部的激动表情和那抽搐的手指，真令人伤感。

他把自己封闭了起来，离群索居，唯有大自然能带给他一点慰藉。泰蕾兹·德·布伦威克说："大自然是他唯一的知音。"它是他的避难所。1815年认识他的查理·纳德说他从未见过有人像他那样地喜爱花草、云彩、自然的……他似乎依靠着大自然活着。贝多芬写道："世界上无人会像我一样地喜爱田野……我对一棵树比对一个人还要喜爱……"在维也纳，他每天都沿着城墙遛一圈。在乡间，他常独自散步，从黎明到夜晚，不戴帽子，顶着烈日或冒着风

雨。"全能的主啊！——在树林里，我好快乐——在树林里，我快乐，每一棵树都在传达着你的话语。上帝，多么地灿烂！——在这些树林里，在这些山丘上——一片寂静——为你效劳的寂静。"

他精神上的焦虑从中找到了慰藉。但他被金钱的忧烦弄得精疲力竭。1818 年，他写道："我几乎沦落到乞讨的地步，可我还得装出一副不缺衣少食的神气来。"另外，他还写道："作品第一百零六号是在紧迫的情况之下写成的。为求取面包而创作真是苦不

堪言。"施波尔说他经常出不了门，因为鞋子开了口子。他欠出版商的债不少，因为他的作品卖不出什么钱来。《D 大调弥撒曲》预订时，只有七个订购者（可一个音乐家也没有）。他的那些精品奏鸣曲，每一支曲子都耗去了他三个月的劳动，但每一曲只勉强给他换回三四十个杜加。加利钦亲王要他创作的四重奏（作品第一百二十七、一百三十、一百三十二），也许是他最深邃的作品，仿佛以血和泪写就，但亲王却一分钱也没付给他。在日常的窘境中，在没完没了的官司里（或因索取别人答应他的津贴，或因要保留对侄子——他兄弟于 1815 年因肺结核死去后留下的儿子——的监护权），耗尽了贝多芬的精力。

他把心中溢满的温情全都倾注在了这个孩子身上。他又是在自己折磨自己，似乎有一种慈悲的境遇在费心地不断更新和增加他的苦难，以使他的才气不乏其营养。一开始，他必须同不配做母亲又想夺走小查理的弟媳争夺这个孩子。

他写道："啊，我的上帝，我的城垣，我的防卫，我唯一的避难所！我看透了我的心灵深处，你知道我不得不容忍那些想与我争夺我的查理，我的宝贝的时候，我所承受的苦痛！听听我的呼唤吧，我不知如何称呼的神明呀，接受你的造物中最不幸的造物的强烈祈祷吧！

"啊，上帝！救救我吧！你看见我被全人类抛弃了，因为我不愿与不义讲和！接受我的乞求吧，至少在将来，让我能和我的查理一起生活！啊，残酷的命运，不可调和的命运！不，不，我的不幸将永远不会结束！"

后来，这个被激烈地爱着的侄子表现得并不配其伯父的信赖。

贝多芬给他的信充满了痛苦和愤懑，如同米开朗琪罗写给他的兄弟们的信，但更加地天真，更加地感人：

"我难道还得再一次得到最卑劣的无情无义的回报吗？好吧，如果我们之间的纽带应该断裂的话，那就随它去吧！所有公正的人知道之后将会恨你的……如果把我们连在一起的约束让你不堪忍受的话，我以上帝的名义，但愿一切均照上帝的意志行事！把你交给我主，我已做了我所能做的，我可以站在最高审判者的面前了……

"像你这样被惯坏了的孩子，想好好做个普通和真诚的人是不会有害处的。你对我的虚伪让我的心受到太大的痛苦了，我很难忘记……上帝为我作证，我只幻想着离你千里之外，远离这可悲的小兄弟，远离这丑恶的家庭……我无法再信任你了。"然后他签了名："不幸啊，你的父亲——或更好，不是你的父亲。"

但他立刻又心软了：

"我亲爱的儿子！什么也别说了，到我的怀抱中来吧，你将听不到一句恶言恶语……我将以同样的爱接受你。关于如何安排你的将来，我们将友好地谈一谈。我以荣誉担保，绝无责备的言辞！责备将毫无用处。你从我这里得到的将只是疼爱和最亲切的帮助。来吧，来到你父亲贝多芬那忠实的心坎里。来吧，一接到信就马上回家来。"（在信封背面，他用法文写道："如果您不来，您必将置我于死地。"）

他又哀告说："别撒谎，永远做我最亲爱的儿子！如果你像人家让我相信的那样，以虚伪来回报我的话，那是多么地丑陋啊！别了，不曾生你的但却肯定抚养过你，并为你的智力发育竭尽了心血的人，以甚于父爱的情爱从心底里求你走上善良和正直的唯一的大道。你的忠诚的好父亲。"

贝多芬本想把这个并不缺少天资的侄子引上大学之路，但在替他的未来做过各种各样的梦之后，不得不答应他去做商人。但查理常去赌场，欠了一屁股的债。

由于一种比人们认为的还要常见的可悲的现象，伯父的伟大情操非但无益于侄子，反而有害于他，使他恼恨，促他反抗，如同他

名师点评

恨铁不成钢，贝多芬的伟大让侄儿适得其反。

自己所说的暴露其可耻灵魂的那句可怕的话语："我变得更坏了，因为我伯父要我上进。"1826年夏天，他竟然朝自己脑袋开了一枪。但他并没有死，反倒是贝多芬差点儿为此送了命：他始终未能从这个可怕的打击中摆脱出来。查理治愈了，他一直到其伯父死之前都没有让他安生过，而伯父之死，他并不是完全没有关系的。贝多芬临死前，他都没有在其身边。几年前，贝多芬给他侄子写信说："上帝从未抛弃我。将来总会有人来为我送终的。"但送终的却不是他称作"他的儿子"的那个人。

* * * * *

名师
点评

贝多芬从痛苦的终极走向欢乐。

从这个忧伤的深渊深处，贝多芬着手歌颂欢乐了。

这是他毕生的规划。自1793年，在波恩的时候，他就对此有所考虑。他一辈子都在想歌颂欢乐，并以此作为他的大作中的一部终曲。整个一生，他都在琢磨歌颂的确切形式以及他可以把它放在哪一部作品中，为此他一直犹豫不决。即使在《第九交响曲》中，他也远没有拿定主意。直到最后一刻，他还准备把《欢乐颂》放到第十或第十一交响曲里去。应该注意《第九交响曲》并未像大家所说的，题名为《合唱交响曲》，而是叫《以欢乐颂歌的合唱为终曲的交响曲》。《第九交响曲》可能差一点就有了另一种结尾。1823年7月，贝多芬还在想以器乐曲作为它的终曲，后来，他把这器乐曲用到作品第一百三十二号的那个四重奏里去了。车尔尼和松莱特纳甚至肯定地说，在演出（1824年5月）过后，贝多芬都没放弃这一想法。

在一部交响曲中引入合唱有很大的技术上的困难，这从贝多芬的稿本上就可看出来，为了在作品的其他段落引进合唱，他做了不少的尝试，想以别的方法来代替。在柔板的第二旋律的稿本上，他写道："也许合唱在这里加入很合适。"但他下不了狠心同他忠实的乐队分手。他说："当我突生一个念头时，我就听见一种乐器在弹奏它，而从未听见人的歌声。"因此，他总是尽量延后使用声部，他甚至不仅把终曲的吟诵，而且把欢乐的主题全都交给器乐演奏。

必须更深一步地去了解这些延后和犹豫：其中的原委更加的深刻。这个总是受到忧愁折磨的不幸者，始终都渴望着讴歌欢乐之美；而他却年复一年地延后这个任务，因为他不断地被卷入激情的漩涡，为忧愁所苦。只是直到生命的最后时刻，他才如愿以偿。那是怀着多么伟大的精神啊！

生活中的困苦和不如意没有阻止贝多芬前进的步伐，在生命的最后时刻他终于如愿以偿。

当欢乐的主题第一次出现的时候，乐队突然中止。突然间，寂静一片，这使得一种神秘和神圣的气氛进入到歌唱之中。本该如此：这主题确实是个神明。欢乐自天而降，包裹在超自然的平静之中：它用轻柔的气息抚慰着痛苦；当它悄悄渗入康复的心灵之中时，刚开始的接触十分地温柔，致使像贝多芬的那个朋友说的一样，"因看到他那温柔的双眼而很想流泪"。当主题随后进入声部时，首先表现的是低音部，带着一种严肃而有点压抑的情调。渐渐地，欢乐抓住了人，这是一种征服，是对痛苦的一场战争；然后是进行曲的节奏，浩浩荡荡的大军，男高音那热烈而急促的歌唱，以及所有那些令人震颤的乐章。我们在其中可以听到贝多芬的气息，他呼吸的节奏和受启迪而发出的呼喊，使人看到他正穿过田野，一边还在作曲，如痴如醉，激动狂放，犹如老国王李尔置身于雷雨之中。紧接着战斗的欢乐是宗教的陶醉；随即又是神圣的狂欢，一种爱的疯狂。整个人类全都向苍穹伸开双臂，发出强烈的欢呼，冲向前去迎接欢乐，把它紧紧地搂在怀中。

将音乐形象地比喻成置身于雷雨中的李尔王，神圣的狂欢曲让人激动万分，这就是音乐的魅力，贝多芬的魅力。

巨人的作品战胜了公众的平庸。维也纳的轻浮因此而受到了一时的震撼，该城一直完全处于罗西尼和意大利歌剧的势力之下。忧伤受辱的贝多芬将去伦敦定居，并想在那儿演出《第九交响曲》。如同1809年那样，几位高贵的朋友又一次恳求他千万别离开祖国。他们说："我们知道您写了一部新的圣乐曲，您在其中表达了深刻的信念所启迪的那些情感，深入您那伟大心灵的超自然之光照耀着它。另外，我们也知道您的那些伟大的交响曲的桂冠上又增添了一朵不朽的鲜花……您最近几年的隐遁使所有曾把目光转向您的人感到怅然。大家都痛苦地在想，当一种外国音乐在设法移植到我们的舞台上，想把德国艺术作品弄到无人问津的时候，那位在人们心中地位崇高的天才人物却沉默着……我们民族期待着一种新的生命，

这部作品的意义，改变了欧洲乐坛的格局。

新的荣光，并不顾当今时尚而重创一种真与美的时代，这一重任只有您能承担……但愿您能让我们很快遂了心愿……但愿仰仗您的天才，未来的春天为了我们，为了世界更加地鲜花盛开！"这些言辞恳切的信说明贝多芬在德国的精英们中间，不仅在艺术上，而且在道德上，享有多大的威望。他的崇拜者们为颂扬他的才华而想到的第一个词，既非科学的，也不是艺术的，而是"信念"这两个字。

名师点评

仅有天分是不够的，是"信念"支撑着贝多芬一路走来。

贝多芬被这些话语深深地打动了。他留下来了。1824 年 5 月 7 日，在维也纳举行了《D 大调弥撒曲》和《第九交响曲》的首场演出。非常成功，几乎是盛况空前。当贝多芬出现时，观众们掌声不息，连续了五次，在这礼仪之邦，即使皇族驾临，习惯上也只是鼓三次掌。演出之狂热竟然惊动了警察，交响曲引起了一阵狂热的骚动，有许多人哭了起来。音乐会后，贝多芬因过于激动而晕了过去。他被抬到辛德勒家，他昏昏沉沉地和衣躺着，整夜未吃未喝，直到次日早晨。但胜利只是短暂一瞬，贝多芬分文未得，音乐会没有给他带回一个子儿。物质生活的窘迫毫无改观，他贫病交加，孤立无援——但他却是个战胜者。人类平庸的战胜者，他自己命运的战胜者，他的苦痛的战胜者。

名师点评

三个"战胜者"强调了贝多芬的勇敢与坚强，敢于向命运挑战的勇气和力量。

"牺牲，永远牺牲人生的愚钝，为了你的艺术！上帝凌驾于一切之上！"

名师点评

思考"愚钝""艺术"和"上帝"的关系。

* * * * *

他终于抓住了他终生的目标。他抓住了欢乐。他会在这控制着暴风雨的心灵高峰久留吗？当然，他还将不时地跌落到往日忧愁之中。当然，他最后的几部四重奏里充满着怪异的阴影。然而，似乎《第九交响曲》的胜利在他身上留下了光荣的印记。他未来的计划是：《第十交响曲》，《纪念巴赫的前奏曲》，为格里尔巴泽的《美卢西娜》谱的曲子，为克尔纳的《奥德赛》和歌德的《浮士德》谱写的音乐，还有《大卫和扫罗的圣经清唱剧》，都显示出他的思想倾向于德国古代的大师们如巴赫和亨德尔的强劲的宁静。而且，尤其是倾向于南方的明媚，倾向于法国南部或他梦想游历的那个意大利。

1826 年见到过他的施皮勒大夫，说他变得容光焕发了。同一年，当格里尔巴泽最后一次见到他时，是贝多芬在鼓励这位颓丧的诗人振作起来。后者说："啊！如果我能有您千分之一的力量和意志就好了！"时事艰难，专制政治的反动压迫着人们的思想。格里尔巴泽叹息道："审查制度杀害了我。如果你想言论自由，思想自由，就得去北美。"但没有任何权势能够束缚住贝多芬的思想，诗人库夫纳在写给他的信中说："文字被束缚住了，但幸好声音还是自由的。"贝多芬是伟大的自由之声，也许是德国思想界唯一的自由之声。他感到了这一点。他常常提到他必须履行的职责，要利用自己的艺术为"可怜的人类""将来的人类"而斗争，为人类造福，给人类以勇气，让人类苏醒，斥责人类的懦弱。他在给其侄子的信中写道："我们的时代需要坚强的心灵去鞭策那些可悲的人们。"1827 年，米勒医生说："贝多芬对政府、警察、贵族总是自由地表达自己的看法，甚至在公众面前也是如此。警方知道这一点，但他们容忍他的批评和讥讽，把它们视作无伤大雅的梦呓，因此也就对这位光芒四射的天才不闻不问了。"

因此，没有什么能使这个无法驯服的力量屈服的。现在，这力量似乎在耍弄痛苦了。在这最后的几年里，尽管创作条件艰难，但他所写的音乐常常有着一种嘲讽的、傲然而欢快的、蔑视的全新特点。他死前四个月，1826 年 11 月完成的最后一段，作品第一百三十号的四重奏的新的终曲，非常之轻快。严格地说来，这种轻快不是常人的那一种。时而是莫舍勒斯说的那种嬉笑怒骂，时而又是战胜了那么多苦痛之后的动人微笑。反正他是战胜者，他不相信死神。

但死神终于来了。1826 年 11 月末，他着凉了，患了胸膜炎。为侄子的前程而冒着隆冬严寒四处奔波归来之后，他在维也纳病倒了。朋友们都在远方，他让侄子替他去请医生。据说这个漠不关心的家伙竟然忘了，两天之后才想了起来。医生来得太晚了，而且诊治得很浮皮潦草。三个月里，他那运动员的体魄在与病痛抗争着。1827 年 1 月 3 日，他立亲爱的侄子为正式继承人。他想到了自己莱茵河畔的朋友们，他还给韦格勒写信说："……我多么想同你聊聊！但

名师点评

贝多芬的自由之声传达出解放人类的使命。

名师点评

贝多芬"亲爱的儿子"竟然这样对待他，毫无良心可言。

我身体太虚弱了。我什么都不行了，只能在心里吻你和你的洛申。"如果没有几位英国友人的慷慨解囊，贫穷可能会笼罩他的最终时刻。他变得很温顺，很有耐心。1827 年 2 月 17 日，他经过三次手术，等待第四次手术时，躺在弥留的床上安详地写道："我耐心地在想，任何病痛都会随之带来点好处的。"

这个好处便是解脱，是如他临终前所说的"喜剧的终结"——我们要说：是他一生悲剧的终结。

他在一场大雷雨——一场暴风雪中，在滚滚雷鸣中咽了气。一个陌生人替他合上了眼睛（1827 年 3 月 26 日）。

名师点评

伟大的音乐家贝多芬在一个雷雨交加的日子孤苦无依地离开了人世。

* * * * *

亲爱的贝多芬！有不少人赞颂过他艺术上的伟大，但他远不止是音乐家中的第一人，他是当代艺术最勇敢的力量。他是在受苦、在奋斗的人们的最伟大和最好的朋友。当我们因世界的劫难而忧伤的时候，他就是那个会跑到我们身边来的人，仿佛坐在一位服丧的母亲身边，默然无语，在钢琴上弹出一曲隐忍的悲歌，安慰着那位哭泣的女人。当我们同善与恶的庸俗进行了毫无用处的无休止的争斗而精疲力竭时，重新回到这片意志和信仰的海洋中浸泡一下，那真是妙不可言。从他的身上散发出的一种勇气、一种斗争的幸福、一种感到与上帝同在的陶醉，传染给了我们。好像他在同大自然每时每刻的沟通交融之中，终于从中汲取了深邃的力量。格里尔巴泽赞赏贝多芬时带有某种胆怯，他在谈到贝多芬时说："他一直走进了可怕的境界，艺术竟和野性与古怪的元素混合在一起。"舒曼在谈到《第五交响曲》时也说："尽管我们常常听到它，但它仍然对我们有着一种不变的威力，如同自然现象一样，虽然一再产生，但始终让我充满着恐惧和惊愕。"他的好友辛德勒说："他攫住了大自然的精神。"——这是真的：贝多芬是大自然的一股力量，一股原始的力与大自然其余成分之间的那种交战，产生了荷马史诗般的壮观景象。

他整个一生都像是一个雷雨天。一开始，那是一个明媚晴朗的

名师点评

大自然赐予贝多芬创作的灵感和力量。

早晨，仅有几丝无力的轻风，但是在静止的空气里，已有一种隐隐的威胁，一种沉重的预感。突然间，大片的乌云卷过，雷声悲吼，静寂中夹杂着可怕的声响，一阵阵狂风怒号，《英雄交响曲》和《第五交响曲》奏起。然而，白昼的清纯尚未遭受损害，欢乐依然是欢乐；忧伤始终保留有一线希望。但是，1810 年以后，心灵的平衡被打破了，光线变得怪异。一些最清晰的思想，人们看着如同一些水汽在升腾，它们散而复聚，以它们那凄惨而古怪的骚动笼罩着人们的心。乐思常常在雾气中浮现一两次之后，便完全消失，只是到曲终之时才在一阵狂飙之中重新出现。甚至连快乐也具有了一种苦涩而狂野的特点。所有的情感中都掺杂着一种热病、一种毒素。随着夜幕的降临，雷雨在聚集着。随即，沉重的云蓄满闪电，黑压压的，挟带着暴风雨，《第九交响曲》开始了。骤然间，在疾风暴雨之中，黑夜撕裂开一道口子，夜被从天空中驱走，在意志的力量的作用下，白昼的明媚又还给了我们。

什么样的征服可与之相媲美？波拿巴的哪一次战役，奥斯特利茨哪一天的阳光达到了这种超凡努力的光荣？获得这种心灵从未获得的最辉煌的胜利？一个贫困、残疾、孤独、痛苦造就的不幸的人，一个世界不给他以欢乐的人，竟创造了欢乐带给人间！正像他用一句豪言壮语所说的那样，他以自己的苦难在铸就欢乐。在那句豪言壮语中，浓缩了他的人生，并成为一切勇敢的心灵的箴言：

名师点评

这是贝多芬最伟大的地方，用自己的苦难换来全人类的欢乐。

"用苦痛换来欢乐。"

——1815 年 10 月 10 日致埃尔多迪伯爵夫人书

延伸思考

1. 贝多芬耳聋之后，独自一人将这个可怕的秘密深深地隐藏在心底，这是为什么？

2. 贝多芬最著名的曲子《月光曲》《英雄》和《命运》是在怎样的情况下创作出来的？从文中找出相关内容。

贝多芬的遗嘱

名师导读

　　贝多芬独自一人在雷雨交加的晚上走向了天堂。他孤独地踏上了旅程，一个陌生人替他合上了眼睛。贝多芬一直深爱着他的兄弟和朋友，在去世前给他们留下了遗言，并把他微薄的财产送给他的兄弟，祝福他们生活幸福。

Al-Lein A1-Lein A1-Lein

孤独，孤独，孤独

致里希诺夫斯基书

1814 年 9 月 12 日

海林根施塔特[①] 遗嘱

给我的弟弟卡尔和（约翰[②]）贝多芬

　　噢，你们这些人啊，竟把我看作或让我被人看作是个怀恨的、疯癫的或愤世的人，你们对我是多么地不公平啊！你们并不知晓藏在这种外表下的那隐秘的原因！自打童年时起，我的心灵和精神便都趋向于温柔的仁慈情感。

···

名师注解

① 海林根施塔特：维也纳的一个近郊，贝多芬曾在此逗留。

② 约翰：手稿中此名字忘写。

甚至一些伟大的事业，我也始终准备着去完成。可是，请想一想，六年来，我的健康状况是多么的糟糕，而且还被一些无能的医生给耽误了。年复一年地被欺骗，总希望能够好转，最终却不得不面对一种顽症——即使康复并非完全不可能，但也许得等上好几年。我虽然生来具有一种热烈而积极的性格，甚至能适应社会上的各种消遣，但却很早就被迫与人们分离，过着孤孤单单的生活。有时我想克服这一切，啊！我总是无可奈何地被残疾这个不断翻新的悲惨经验所阻遏！然而我又无法跟别人说："大声点，大声喊，因为我耳朵聋！"啊！叫我怎么开口去告诉人们我的一种感官有毛病，这感官在我比别人应该是更加完美的，而它从前是最完美的，在我这一行中肯定很少有人有我那么完美的感官！噢！这我说不出口啊！因此，当我本想与你们做伴而你们又看到我躲在一边的话，请你们多加谅解。我的不幸让我加倍地感到痛苦，因为我因它而被人们误解。在交往中，在微妙的谈话时，在大家彼此倾诉时，我却无法得到一丝慰藉。孤单，完的孤单。我越是迫切需要在交际场合露面，我就越是不能越雷池一步。我只得像一个被放逐者似的生活。如果我走近一个交际场合，我立即有一种揪心的忧虑，生怕被人发现我有残疾。

因此最近我刚在乡间小住了半年。我那高明的医生让我一定要尽量保护好自己的听觉，这也正是我的心愿。然而，不知有多少回我非常渴望与人接触，心里总是痒痒的。但是，在我旁边的人听见远处有笛声而我却一点也听不见的时候，或者他听见牧童在歌唱，而我却什么也没听见的时候，那是多大的耻辱啊！这样的一些经历使我完全陷入绝望的边缘：我几乎快要了结自己的生命了。是艺术，只有它把我挽留住了。啊！我感到在完成赋予我的全部使命之前，我是不可能离开这个世界的。就这样，我苟且偷生了——那真的是一种悲惨的生活。这具躯体是那么虚弱，哪怕微小的一点变化就能把我从最佳状态投入到最糟糕的境地！"要忍耐！"别人就是这么说的。现在，我应该选择作为指南的就是忍耐。我有了耐心——但愿我抗御的决心能够长久，直到无情的死神想来掐断我的生命线为止。也许这样反倒好，也许并不好：我已有所准备了。二十岁，我就已经被迫成为哲学家，这不是容易的事；对于一个艺术家来说，这比对其他的人更加地艰难。

神明啊，你从苍穹能渗入我的内心深处，你了解它，你知道人类的爱和行善的愿望居于我心中！啊，人啊，如果有一天你们看到这句话，想一想你们曾经对我是不公平的；但愿不幸之人看到一个像我这样落难之人时能聊以自慰，尽管大自然的种种障碍，这个人可是竭尽了自己之所能，以跻身于艺术家和精英们的行列。

你们俩，我的兄弟卡尔和（约翰），我死之后，如果施密特教授尚健在的话，你们就以我的名义去请求他把我的病情描述一番，在我的病历中夹上这封信，以便我死之后，至少社会能尽量地与我言归于好。同时，我承认你们俩是我那微薄的财产（如果可以这么称谓的话）的继承人。你们公平地分一分，要相亲相爱，同舟共济。你们对我的伤害，你们是知道的，我早就原谅了。你，卡尔弟，我还要特别地感谢你最近一段时间以来对我的关怀体贴。我祝愿你们能有一个更加幸福的生活，没有忧愁的生活，不像我那样。要教你们的孩子讲道德：只有道德才能使人幸福，而不是金钱。我这是经验之谈。是道德在我穷困潦倒时支撑住了我，多亏了它，还多亏了艺术，我才没有以自杀来结束我的生命——永别了，你们相亲相爱吧！我感谢我所有的朋友，特别是里希诺夫斯基亲王和施密特教授。我希望里希诺夫斯基亲王的乐器能保存在你们俩中的一个人手中，但你们俩千万别因此而发生争执。如果它们能对你们有什么益处的话，立刻把它们卖掉。如果我躺在墓穴之中还能帮你们一把，我将会多么地高兴啊！

如能这样，我将快快活活地迎接死亡。如果死神在我有机会挖掘我所有的艺术天赋之前来临，那么，尽管我命运多舛，我还是希望让它迟来的。但即使如此，我也高兴了。它难道不是把我从一种无尽的痛苦状态中解救出来吗？愿意何时来就何时来吧，我会勇敢地向你迎去的。永别了，别完全把我遗忘在坟墓之中；我是值得你们缅怀的，因为我在世时常思念你们，想让你们幸福。愿你们幸福！

路德维希·冯·贝多芬

1802 年 10 月 6 日

于海林根施塔特

给我的弟弟卡尔和（约翰），在我死后拆阅并执行

海林根施塔特，1802 年 10 月 10 日。我这就向你们告别了——当然是很悲痛的。是的，我的希望——至少是我所怀有过的能够有一定程度的治愈的希望——它大概把我完全抛弃了。宛如秋叶飘落枯萎一样，它对于我来说也干枯了。几乎同我来时一样——我走了。即使往常在我美好的夏日支撑我的那最大的勇气也消失不见了。啊，主啊——给我显现一次纯洁的快乐日子吧！我已很久没有听到真正欢乐的深邃的声音了！——啊，什么时候，啊，神明！我还能在大自然和人类的圣殿里感觉到欢乐吗？永远也不会？不！啊！这太残忍了！

书信集

名师导读

　　贝多芬生前给好友写过很多信，这些信反映了他最真实的心理活动和精神状态。《书信集》这一章选取了六封贝多芬给好友的信和一封韦格勒夫妇的回信。信中言辞恳切，洋溢着浓浓的友情。尤其在和韦格勒的书信来往中，贝多芬坦承了自己生活窘迫的状况、病痛的折磨和对音乐艺术的执着追求。

致阿曼达牧师的信 ①

　　我亲爱的、我善良的阿曼达，我真心的朋友，我怀着既痛苦又欢乐的心情接到并拆阅了你的来信。你对我的忠实、关怀真的无可比拟！啊！你始终是我的朋友，这真是太好了。是的，我考验过你的忠实，我是能把你同其他的人区别开来的。你不是一位维也纳朋友，你是我故国土地上能够产生的那些人中的一位！我是多么希望你能常在我的身边啊！因为你的贝多芬非常地不幸。要知道，我身上最宝贵的部分，我的听觉，大大地衰退了。早在你还在我身边的时候，我已感觉到征兆了，只是我在瞒着；后来，情况就越来越糟糕了。是否能治，目前尚不得而知。我的肚子不舒服大概与此有关。肚子的不适几乎已全好了，但听觉是不是可以治好？当然，我希望能治好，但这很困难，因为这类疾病是无法医治的。我得凄凄惨惨地生活了，避开我所珍视的一切，而这又是在这个如此可悲、如此自私的世界中间！……所有的人

名师注解

① 大约写于 1800 年。

中间，对我而言最可靠的当数里希诺夫斯基了。去年以来，他给了我有六百弗罗林了：这些钱，外加我出售作品之所得，使我得以不为面包发愁了。我现在所写的，我可以立刻卖给五个出版商，而且售价不菲。最近一段，我写了不少的东西；我得知你在订购一些钢琴，我可以把我的各种作品和一架钢琴放在一起寄给你，可使你少花点钱。

现在，可以聊以自慰的是来了一个朋友，同他在一起，我可以享受一点谈话的乐趣和无私的友情，他是我少年时期的朋友之一。我跟他经常提到你，我对他说，自从离开故国，你是我最贴心的朋友之一。他也不喜欢那位……他太软弱，不配有友情。我把他和那位 ×× 看作是我高兴时玩的纯粹的乐器；他们永远不能了解我崇高的活动，如同他们无法真正地参与我的生活一样，我只是根据他们为我尽的力来回报他们。啊！要是我听力好的话，我是多么地幸福啊！那我就会向你奔去。但是必须避开一切；我最美好的时光流逝了，没有完成我的才气和我的力量可能要我做的所有一切。可悲的隐忍，可我不得不在其中偷生！无疑，我曾想战胜我所有的灾祸，但这又怎么可能呢？是的，阿曼达，如果过半年我的病仍未治好，我要求你放下一切来到我的身边。那样我就去旅行（我的演奏和作曲还未太受我的残疾的影响，只是在同人交往时它才特别叫人头疼），你将是我的旅伴。我深信不会缺少幸福的，现在有什么我不能与之较量一番的！自从你走了之后，我几乎什么都写，甚至歌剧和宗教音乐。是的，你不会拒绝的；你将帮助你的朋友渡过难关，与他排忧遣愁。我的钢琴演奏水平大大地提高了，我希望这趟旅行也会让你快乐。然后，你就永远地留在我的身边。你的信我均如数收悉，尽管我很少回信，但我心里始终挂念着你，我的心脏带着同样的温情为你跳动着。我所告诉你的有关我的听觉方面的事，我请你严守秘密，不论对谁都不要说起盼常来信。你的信，即使再短，都使我得到慰藉和获益匪浅。我盼着很快又能收到你的来信，我最亲爱的朋友。我没有把你的四重奏寄还给你，因为自我开始能够正式创作四重奏之后，我把它们彻底地改动了：你将来收到时，你将会看到这一点的。现在，别了，亲爱的好友！如果你觉得我能为你做点什么能使你愉快的话，毫无疑问，你得如实地告诉真诚地爱你的、你忠实的路·冯·贝多芬。

致弗兰茨·格拉德·韦格勒博士的信

维也纳　　1801 年 6 月 29 日

我最亲爱的韦格勒，我谢谢你的关注！我受之有愧，也不奢望你的关注。然而，你心真好，即使我那不可饶恕的大大咧咧你也毫不放在心上；你始终是我忠实、善良、正直的朋友。千万别以为我会忘了你，忘了你们，忘了对我弥足珍贵的你们，不会的！有时候我十分想念你们，想在你们身边待上一会儿。我的故国，我出生之地，仍旧如同我离开时一样地真真切切地浮现在我的眼前。当我将再见到我的父亲河——莱茵河，并向它致敬时，那将是我平生最幸福的时刻之一。什么时候能遂我心愿，我还无法确切地告诉你。但起码我想告诉你们，你们将会发现我又长大了：我不是说艺术方面，而是做人方面，你们将觉得我更善良、更完美了；如果说我们的祖国生活上尚无提高，那我的艺术将为改善穷人们的命运做出贡献……

你想了解我的一些近况：嗯，还不算太差。自从去年起，里希诺夫斯基（尽管我跟你说了，你可能还是觉得不可思议）一直是我最热情的朋友（我们之间是有过一点儿小小的误会，但这反而更加强了我们的友谊）——他给了我每年六百弗罗林的津贴，直到我将来找到一个合适的差事为止。我作曲收益颇丰，而且我可以说，我的订单应接不暇。每件作品都有六七个出版商争抢，如果我不怕烦的话，还会更多。他们不再跟我讨价还价了；我定价，他们就照付。你瞧这多美呀。譬如，我看见一个朋友手头拮据，而我一时又钱不凑手，我只要往桌前一坐，动手干活儿，转瞬间，我便使他摆脱了困境。但我也比以前更节俭了……

不幸的是，一个嫉妒的魔鬼——我那病歪歪的身体——前来作梗。三年来，我的听觉越来越弱。这大概是由于我肚子不适引起的，你是知道的，我以前就老肚子疼，可现在更加严重了；因为我老是腹泻，然后就特别地虚弱。弗兰克想让我服补药，并用扁桃油替我治耳疾。但毫无效果，听觉还是越来越糟，而肚子疼仍一如既往。这种状况一直延续到去年秋天，我那时常常沮丧绝望。一个蠢驴医生建议我用冷水洗，另一个较聪明点的医生劝我在多瑙河的温乎乎的水中沐浴。这效果不错，我的肚子疼见好，但耳疾仍依然如故，或者更加糟了。去年冬天，我的身体状况真的糟糕透了：我常剧烈腹痛，完全是病发状态。直到上个月之前，一直就是这个德性，我去看了韦林医生；

因为我想我的病更应该请外科医生治，再者，我一直信赖他。他成功地几近完全止住了我严重的腹泻；他还要我到多瑙河里去洗温水浴，他在水里放了点强身药酒；他不给我开任何药，直到四天前他才给我开了点胃药片和一种治耳疾的茶。我觉得好多了，也有力气了；只是耳朵有点嗡嗡直响，白天夜晚皆然。我可以说是过着一种悲惨的生活。将近两年以来，我避免一切交际，因为我无法跟别人说："我是聋子。"如果我干的是别的行当，这也许还有可能；但干我这一行的，这就是一种可怕的境况了。我的仇敌们会怎么说呀？他们可是为数不少啊！

为了让你对这种古怪的重听有点印象，我想告诉你，在剧场里，我不得不坐在紧贴着乐队的地方，这样才能听明白演员们在说些什么。要是稍微坐得远一点，我就连乐器和歌唱的高音都听不见了。在交谈时，令人奇怪的是竟然有人还从未觉察我有耳疾。由于我很不专心，所以别人总以为是我没专心听的缘故。当别人轻轻地说话时，我几乎听不见；是的，我能听见声音，但听不清词儿；可是，当别人喊叫时，我也受不了。将来会怎样，只有天知道。韦林说，即使不能完全康复，情况肯定也会有所好转的。我经常诅咒我的生命和造物主。普鲁塔克引导我走向隐忍。但只要有可能，我就要向我的命运挑战；然而，在我一生中的某些时候，我却是上帝最可悲的造物。我求你千万别跟任何人说我的病况，对洛申也别说，我是把它当作绝密告诉你的。你若能就这个问题写信给韦林的话，我会很高兴的。如果我的情况得持续下去的话，我将在明年春天到你身边去；你可为我在某个美丽的地方租一间乡间房舍，我想重做半年的乡下人。也许这会对我有所裨益。隐忍！多么可悲的逃避啊！但这是我所剩的唯一的出路了！请你原谅我在你够烦的情况之下，又给你带来这友谊之烦恼。

斯特凡·布罗伊宁现在在这里，我们几乎天天都待在一起。回想往昔的情感，我非常开心！他真的成了一个善良的优秀的青年了，他懂得一些事情，而且（多少像我们大家一样）心地纯正……

我也想写信给洛申。即使我不给你们写信，我也从未忘记你们中的任何一位，亲爱的好人们；但是写信么，你是知道的，我从来就不擅长，我最要好的朋友们也都是好几年见不到我的信的。我只生活在音符里，一部作品刚完，另一部就已经开始了。按我现在的工作方式，我往往是三四件事同时做。你要常给我来信呀，我将尽量找时间给你回信。代我向大家问好……

别了，忠实的善良的韦格勒！相信你的贝多芬的爱和友谊。

致韦格勒的信

维也纳　1801 年 11 月 16 日

我善良的韦格勒！谢谢你又对我表示的关切，特别是因为我很不配。你想知道我现在好吗？需要什么？尽管谈这问题我挺不舒服的，但我还是乐意告诉你。

韦林数月来总把发疱药敷在我的两只胳膊上……这种治疗让我特别难受；痛苦自不必说，而且手臂常常一两天动弹不了……我也知道，耳朵里的嗡鸣是比以前轻了些，特别是左耳，重听就是从左耳先开始的。然而，我的听觉至今仍未见有所改善，我不敢肯定它是否变得更加严重了。我的肚子好多了，尤其当我洗了几次温水澡后，我有八九十天感觉不错。我隔这么一段时间就吃点健胃药，我遵照你的劝告，也开始在用草药敷在肚腹上。韦林不愿意听我谈论雨中淋浴。不过，我也不太满意他。他对这样的一种病太不用心，太不在意了；如果我不去他那里——对我而言，去他那里很困难——我就从来见不到他。你对施密特怎么看？我并不想主动换医生，但我觉得韦林太重实践，不太愿意从书本中更新观念。在这一点上，我觉得施密特则完全不同，也许他不会像韦林那样漫不经心的。据说直流电疗法效果挺好，你觉得怎样？有一个医生跟我说，他曾见过一个聋哑儿恢复了听觉，还有一个聋了七年的男子也给治好了。我正好听说施密特在这方面有一些经验。

我又觉得活得稍微快活了点儿，我同别人来往也多了点。你几乎无法想象两年来我过的是多么孤单忧愁的日子。我的残疾宛如幽灵似的到处在阻挡我，我躲避着人们。我大概像是个愤世嫉俗者，可我并不是呀！这一变化是一位亲爱的、迷人的姑娘促成的，她爱我，我也爱她。这是两年来我又经历的幸福时光，我这也是第一次觉得婚姻可能会给人以幸福。不幸的是，她与我境况不同——而现在——说实在的，我还不可能结婚：我必须再挣扎一番。要不是耳疾，我可能早就走遍半个世界了。而这是我得去做的。对于我来说，再没有比搞艺术并展现它让我更快乐的事了。别以为我在你们家里就会快乐，谁还能让我快乐呢？甚至你们的关切对于我来说都可能是一种重负。我会在你们的脸上看到同情的表情，那样我就会更加地忧伤凄然。我故国的那些美丽的地方，有什么在把我向那儿吸引着呢？只是盼着环境更好的那个希望而已。如果没有这个病痛，我本会遂愿的！啊！如果我能摆脱这个病魔，我真想拥抱全世界！我的青春——是的，我感觉到它了——才刚刚开始；我不是一直有病吗？最近一段时间以来，我的体力同我的智力都在飞快地增长。我每天都更加接近我所窥见但却无法确定的目标。只有在这样的一些思想中，你的贝多芬才能活下去。没有片刻的休息！除了睡眠以外我不知道还有什么休息；但我却很不幸地不得不比以前花更多的时间在睡眠上。我只要从我的病痛中解脱一半，那么——我就像一个更加自主、更加成熟的人那样奔向你们，拉紧我们长久友谊的纽带。

你们应该看到我能在这个世界得到幸福——而不是个不幸之人。不，这是我无法忍受的！我要扼住命运的咽喉。它决不能使我完全屈服。啊！能活上个千百次那是多么的美啊！不，我感觉得出来，我不是生来去过一种恬静的生活的。

……向我多多问候洛申……你真的有点爱我，是不是呀？请相信我的友爱和情谊。

你的贝多芬

韦格勒和埃莱奥诺雷·冯·布罗伊宁写给贝多芬的信

科布伦茨　1825 年 12 月 28 日

我亲爱的老友路易：

在我送里斯的十个公子中的一个去维也纳时，不由得想起了你。自我离开维也纳的二十八年来，如果你没有每两个月就收到一封长信的话，那你应该谴责的是我在给你寄了头两封信后你却不回信来。这样不好，特别是现在，因为我们这些老年人不由自主地都在追抚往事，我们最大的快乐就是寻找青年时代的影子。起码对于我来说是这样，多亏了你那善良的母亲（愿上帝祝福她）我才认识了你，并同你结下了亲密的友谊，这是我一生的光明点，我常很高兴地回顾它……我举目遥望着你，宛如仰视一位英雄，而且我可以自豪地说："我对他的发展并非没有影响；他总在向我倾吐他的愿望和梦想；

而后来，当他经常不断地遭受误解时，我却很清楚他想干什么。"感谢上帝使我能同我妻子谈论你，而且现在又同孩子们谈起你！我岳母的家更胜于你自己的家，特别是在你高贵的母亲仙逝以后。请你再跟我们说一遍："是的，在欢乐中，在悲伤中，我都想到你们。"一个人，即使升得如你那么高，平生也就只有一次幸福：那就是当他年轻的时候。你的思绪多次眷恋的是波恩、克勒茨贝格、戈德斯贝格、佩比尼埃尔等地方。

我现在想同你讲讲我和我们，以便你复信时在方式上有个参照。

1796年我从维也纳回来之后，情况不太好。有好几年的时间，我不得不以行医为生。在这种破地方，我就这么混了好几年，才勉强温饱。后来，我当了教师，有一份薪水，并于1802年结了婚。一年后，有了一个女儿，至今健康，并且受到了完整的教育。除了秉性正直外，她还具有其父之清明气质，她把贝多芬的奏鸣曲弹得出神入化。她这不是后天的努力，而是先天的聪颖，所以没什么可夸耀的。1807年，我喜得一子，现在柏林学医。再过四年，我将把他送到维也纳去，你愿意照看他吗？八月份，我庆贺了我六十大寿，有六十来位朋友和相知前来祝贺，其中包括该城的几位名流。从1807年起，我就住到这里了，现在我有了一座漂亮房子和一个很好的职位。我的上司们对我很满意，而国王还给我颁发奖章和勋章。洛尔和我，身体都还可以。好了，我的情况全告诉你了。该轮到你了！……

你永远也不想把你的眼睛从圣艾蒂安教堂顶上移开来吗？旅行对你没有吸引力吗？你就永远不再想看看莱茵河吗？洛尔和我，我们向你表示恳切之情。

你的老友 韦格勒

科布伦茨　1825年12月29日

亲爱的贝多芬，这么多年的亲爱的朋友！韦格勒重新写信给您是我的愿望。现在这愿望已经满足了，我认为得再加两句——不仅是为了让您更多地回忆我，也是为了重新向您提出请求，不知您是否不再有丝毫再见莱茵河和您的出生地的意愿——是否愿意给韦格勒和我最大的快乐。我们的洛申感谢您给了她那么多幸福时刻，听到我们谈起您时她高兴极了，她知道我们在波恩的快乐，那青年时代的所有的——争吵与和好的小故事……看见您她会多么高兴啊！不幸的是这个丫头一点音乐天才都没有。但她没少下功夫，很刻苦，有恒心，所以能够弹奏您的奏鸣曲、变奏曲等。而且，由于音乐对于韦来说始终是最大的消遣，所以她为他提供了许多快乐的时光。尤利乌斯有音乐才能，但到目前为止一直不上心。半年来，他欣喜、愉快地守着大提琴。由于他在柏林有一位好老师，我相信他还将取得进步。两个孩子都很高，很像父亲。另外，韦尚未完全丧失（感谢上帝）的好脾气他们也有……他非常喜欢弹奏您的变奏曲的主题曲。老人们都有偏爱，但他常弹新曲，耐心大极了。您的歌是他最喜欢的；韦从来没有过进了房间而不坐到钢琴前的。因此，亲爱的贝多芬，您可以看到我们对您的思念是多么地持久而生动啊。请您对我们说一句，这对您有点珍贵，我们并未完全被您忘到脑后了。如果我们最亲切的愿望往往那么难以实现的话，我们本会去维也纳我兄弟家里去了，这样就可以有幸看望您了。但是，这么一趟旅行是不敢想的，因为现在我们的儿子在柏林。韦已经把我们的情况告诉您了——我们再抱怨就没有道理了。对于我们来说，即使最艰难的时光都比那多数其他人要好。最大的幸福是我们身体挺好，还有一双好儿女。是的，他们还未曾给我们带来任何麻烦，他们总是快快乐乐的，是好孩子。洛申只有过一次大的悲伤——那就是当我们可怜的布尔沙伊德死了——那是我们大家都永远不会忘记的一个损失。别了，亲爱的贝多芬，请用善良之心想着我们。

埃莱奥诺雷·韦格勒

贝多芬写给韦格勒的信

维也纳　1828 年 12 月 7 日

亲爱的老友：

收到你和你的洛申的信我是多么地高兴啊，我简直无法形容。当然，我本该立即复信的，但我有点疏懒，特别是懒得写信。因为我在想，最好的朋友我就是不写信他们也了解我。在我的脑海里，我常常在回你们的信；但当我想落笔时，我往往就把笔扔得老远，因为我写不出我的感受。我记得你一贯对我表示的那全部的爱。譬如，你叫人替我粉刷房间，令我意外而欢喜。我也忘不了布罗伊宁一家。人总有一别的，这是很自然的事情：各人有各人所定下的目标，每个人都在尽力地要达到它；唯有永远无法动摇的那些为善的原则始终把我们紧紧地连在一起。不幸的是，今天我无法尽情地给你写信，因为我卧床不起……

我心里一直装着你的洛申的情影；我之所以这么说，是要让你看出我年轻时的所有一切美好的和心爱的东西，这对我来说永远都是弥足珍贵的。

……我的格言一直就是：无日不动笔[1]，即使我让艺术之神小睡，那也是为了让它醒来之后更有精神。我希望再留几部大作于世，然后，我就像个老顽童似的，在正直的人们中间结束尘世生涯。

……在我所获得的荣耀中，我要告诉你（我知道，你听了一定很高兴），我接受过法国已故国王的一枚勋章，上面镌刻着：国王赠予贝多芬先生。还附有一封皇家侍从长夏特尔公爵的十分客气的亲笔信。

我亲爱的好友，今天就写到这儿吧。对往事的回忆让我心酸，寄出此信我不会少流泪的。这只不过是个开篇，不久你将收到我第二封信；而你越是给我写信，我就会越是高兴。当大家成为像我俩这样的朋友时，这是不言自明的。别了。请你替我亲吻你亲爱的洛申和你的孩子们。别忘了我，愿上帝与你们同在！

永远爱你的，你的忠实的、真正的朋友。

贝多芬

致韦格勒的信

维也纳　1827 年 2 月 17 日

我真诚可敬的老友：

我有幸从布罗伊宁那儿得到了你的第二封信。我身体还太虚，无法给你回信。但你可以想见，你跟我说的所有一切都是我所欢迎、所想听的。至于我的康复（如果我可以这么说的话），还非常之缓慢。尽管医生们什么都没有说，但我估计非得进行第四次手术不可。我有耐心了，我在想：任何的灾祸都能随之带来点益处的……今天，我肚子里还有多少话要跟你说啊！但我太虚弱了：我什么都做不成，只能在心里拥抱你，拥抱你和你的洛申。真诚

名师注解

[1] 原文为拉丁文。

地问候你和你的全家。

你的忠实的老友

贝多芬

致莫舍勒斯的信

维也纳　1827 年 3 月 14 日

我亲爱的莫舍勒斯：

……2 月 27 日，我动了第四次手术；现在又出现一些确切的症状，不久又得做第五次手术。如果老这么下去，什么时候是个头呢？我将会是个什么结果？是的，我的命真不济啊。但我听任命运的安排，我只求上帝发发慈悲，让我活着时，在受死神的折磨的时候，不再为生活的艰难而操心。这样，我就可以有勇气去承受上帝的意志，忍受我的命运，不管它是多么地悲苦，多么地可怕。

您的朋友

路·冯·贝多芬

思想集

　　贝多芬这位伟大的天才音乐家，为我们留下了很多著名的篇章。他对音乐的热爱与执着，令人感动；他扼住命运咽喉的勇气，令人敬佩；他饱受生活摧残，令人同情。《思想集》这一章是关于贝多芬对音乐的独到见解及对世人的批评，这些言语都是从他给好友的信件中摘取的。

关于音乐

　　为了更美，没有一条规则是不可以打破的。

　　音乐应该让人们的精神火花迸发出来。

　　音乐是一种比任何智慧、任何哲学都更高的启示……凡是能参透我的音乐的内涵者，必须摆脱其他人挣扎其中的苦难。

（致贝蒂娜的信）

　　接近神明，并把它的光芒遍洒人间，没有比这更美好的事了。

　　为什么写作？我心中的东西必须流露出来，我正是为此而写作的。

　　当神明跟我说话，我写下它告诉我的一切时，我心里想的是一把神圣的提琴，这您相信不？

（致舒潘齐希的信）

按照我作曲的习惯，甚至是写器乐曲的时候，我眼前总浮现着全部轮廓。

（致特赖奇克的信）

不用钢琴而写曲是必要的……渐渐地就会产生一种能力，把我们所向往的、所感受的东西确切地表达出来，这对于高贵的灵魂是极其重要的需要。

（致鲁道夫大公的信）

描绘属于绘画。在这一点上，诗歌与音乐相比，也可说是幸运的；它的领域不像我的那么局限；但另一方面，我的领域在其他区域延伸得更远；而且，别人并非轻易地就能到达我的王国。

（致威廉·热拉尔的信）

自由和进步在艺术中如同在整个人生中一样，是目标。如果说我们现代人不如我们祖先那么坚定，那么，文明的精炼至少拓展了许多的事情。

（致鲁道夫大公的信）

我的曲子（一旦写完），我不习惯再加润色。我从未这么做过，因为我相信这一真理：部分的变更会影响曲子的特点。

（致汤姆逊的信）

纯粹的宗教音乐只能用声乐来表现，除了荣耀归于主或其他这类作品而外，所以我偏爱帕莱斯特里纳的作品；但是，如不具备他的精神以及他的宗教观而去仿效他，那是荒谬的。

（致管风琴手弗罗伊登贝格的信）

当您的学生在弹钢琴，指法恰当，节拍准确，音符也弹得挺准确的时候，别在一些小的错误上打断他，等一曲终了时再向他指出来。这种方法可以造就音乐家，而不管怎么说，这是音乐艺术的最初目的之一……有关表现技巧的段落，可让他轮流地运用全部手指……无疑，如果手指用得少些，能获得人们所说的"贵如珍珠"之美誉，但我们有时更喜欢其他珠宝。

（致车尔尼的信）

在古代大师中，只有德国人亨德尔和赛巴斯蒂安·巴赫有天才。

（致鲁道夫大公的信）

我的心完全在为和声之父赛巴斯蒂安·巴赫的崇高伟大的艺术而跳动。

（致霍夫迈斯特的信）

我一向是莫扎特的崇拜者之一，直到我生命终止前，我将永远如此。

（致斯塔德勒神父的信）

我赞赏您的作品甚于其他所有的戏剧作品。每当我听说您的一部新作问世，我真的喜不自胜，比对我自己的作品都更感兴趣：总之，我敬重您，我喜爱您……您将永远是我最敬重的同代人中的那个人。如果您能给我写几句回信，那将使我极其快乐，备感慰藉。艺术凝聚人们，尤其是真正的艺术家们，也许您肯把我也归入此列。

（致凯鲁比尼的信）

关于批评

关于我作为艺术家方面，人们从未听说过我对所有论及我的文章有一丝一毫的关注。

（致肖特的信）

我同伏尔泰一样地认为，"被苍蝇咬上几口，骏马仍旧奔驰向前"。

（致奥古斯特·冯·克莱恩的信）

至于那帮蠢货，让他们去说好了。他们的饶舌绝不会让任何人不朽，也绝不会让阿波罗指定的任何人失去其不朽。

（致霍夫迈斯特的信）

米开朗琪罗传

序 言

在佛罗伦萨国家博物馆，有一尊米开朗琪罗称之为"战胜者"的大理石雕像。那是一个裸体的男青年，体形健美，额头很低，卷发覆盖其上。他昂首挺立，膝头顶着一个胡子拉碴的阶下囚的后背，那囚犯蜷曲着，脑袋前伸，状似一头牛。但是，战胜者并不看他，正当他举拳将击之时，他停住了，把显出悲伤之情的嘴和游移不定的目光移向别处。那条胳膊向肩头折回，他身子后仰，他不再需要胜利，它使他厌恶。他战胜了，但也被打败了。

这个疑虑的英雄形象，这尊折翼的胜利之神，是米开朗琪罗所有作品中，唯一直到他逝世之前都一直留在他工作室中的作品。而他的那位深知其思想的好友达尼埃尔·德·沃尔泰拉本想把它移到米开朗琪罗的墓地去的——那就是米开朗琪罗本人，是他个人一生的象征。

* * * * *

痛苦是无止境的，它的形式多种多样。它时而是由事物的疯狂残暴所引发，诸如贫穷、疾病、命运之不公、人心险恶等；它时而又是源自人的自身。这时，它同样是可怜的，是命中注定的，因为人们是不能选择自己的人生的，是既不企求像现在这种样子生活，也没有要求成为现在这副德性的。

这后一种苦痛就是米开朗琪罗的苦痛。他有力量，他有幸生来就是为了奋斗，为了征服的，而且他也征服了。但征服了什么呢？他不要胜利。那不是他所企盼的。真是哈姆雷特式的悲剧！真是英雄的天才与不是英雄的意志之间，专横的激情与不愿这样的意志之间的尖锐的矛盾！

大家可别在那么多的伟大之后，期盼着我们在这里又看见了一个伟大！

我们永远也不会去说这是因为一个人太伟大了，是因为这个世界容不下他了。精神的忧虑不是一种伟大的信号，即使是伟大的人物，要是缺乏人与物之间的、生命与其原则之间的协调就不能称其为伟大，而是弱点。为什么企图隐瞒这一弱点呢？最软弱的人难道就不值得去爱吗？他倒是更值得去爱，因为他更需要爱。我绝不去树立一些可望而不可及的英雄。我憎恨那种卑怯的理想主义，它把目光从人生的苦难和心灵的脆弱中移开。必须去对太相信令人失望的豪言壮语的民众说：英雄的谎言是一种懦弱的表现。世上只有一种英雄主义：那就是看出世界的本来面目——并且去爱它。

* * * * *

我在这里介绍的命运的悲剧，就是提供一种与生俱来的痛苦形象的悲剧，它源自生灵的深处，它不断地啃啮生灵，并且不把生灵毁灭掉之前绝不离开它。这是伟大的人类最强大的代表之一，自一千九百年来，他就一直在以他的痛苦的呼唤及信仰的呼唤响遍西方。他，就是基督徒。

将来有一天，在多少个世纪完结了之后——如果对我们尘世的记忆还保存着的话——那一天，那些活着的人会探身于这个消失的种族的深渊之上，如同但丁站在炼狱边缘一样，怀着一种赞叹、恐惧与怜悯的混杂心情。

但是，有谁会比我们这些自幼就置身于这些焦虑之中的人对这种心情体会得更深呢？我们就曾见过我们最亲爱的人在其中苦苦挣扎，我们熟知基督教的悲观主义那苦涩而醉人的滋味，我们曾不得不在某些时候做出努力，以免像其他一些人那样，在犹豫的时刻，堕入神圣的虚幻之中去！

上帝啊！永生啊！那些今生今世无法生存的人们的庇护所啊！信仰，那往往只不过是对人生的信心的一种缺乏，对未来的信心的一种缺乏，对勇气与欢乐的信心的一种缺乏！我们知道您痛苦的胜利是建立在多少失败的基础上的啊！

而正因为如此我才爱你们，基督徒们，因为我为你们不平。我为你们不平，也赞赏你们的悲伤。你们让世界悲伤，但你们也让世界变得美丽。当你们的痛苦不再存在于世上时，世界将更加地贫乏。在这懦弱者的时代，他们既在痛苦面前颤抖，又吵闹着要求他们的幸福权，而那往往只是造成别人痛苦的权利。让我们敢于面对痛苦，并尊敬痛苦！让欢乐受到赞颂，让痛苦也

受到颂扬！欢乐与痛苦是两姐妹，它们都是神圣的。它们造就世界，并培育伟大的心灵。它们是力量，它们是生命，它们是神明。谁若不一起爱它俩，那就是既不爱欢乐又不爱痛苦。但凡体验过它们的人，就知道人生的价值和离开人生的温馨。

罗曼·罗兰

米开朗琪罗传

> 米开朗琪罗这位旷世奇才，活了九十岁从未歇息，直到去世前几天还站在雕像前雕塑。他的孤独和软弱让他痛苦，却不能将他击垮。他对艺术的狂热追求一直支撑着他，并最终取得了丰硕的成果，流芳百世。让我们一起走近这位伟大的艺术家吧！

序　篇

此系佛罗伦萨的一个中产者——那佛罗伦萨，一座座暗黑的宫殿，塔楼如长矛直戳天空，山丘蜿蜒枯索，在淡蓝色的天空中呈一条条的细线，一丛丛的小杉树和一条银色的橄榄树林如波浪般地起伏着；那佛罗伦萨，典雅高贵，洛朗·德·梅迪西那嘲讽的苍白面容和阔嘴马基雅维利与淡金色头发的波提切利的名画《春天》和贫血病的维纳斯相会在一起；那佛罗伦萨，狂热、骄傲、神经质，沉溺于所有的疯狂盲信之中，受着各种宗教的或社会的歇斯底里的震颤，人人都是自由的，而个个又是专横的，生活是既舒适而又极像地狱一般；那佛罗伦萨，公民们聪明、褊狭、热情、易怒、口若利剑，生性多疑，互相窥探，彼此猜忌，你撕我咬；那佛罗伦萨，容不下莱奥纳多·达·芬奇的自由思想，波提切利也只能像一个英格兰清教徒似的在幻梦般的神秘主义中终其一生，而形似山羊，双眼炽热的萨伏那洛拉让他的僧侣们围着焚烧艺术作品的火堆转着圈跳舞；那佛罗伦萨，三年后，那火堆死灰复燃，烧死了萨伏那洛拉这个先知先觉者。

* * * * *

在这座城市，在那个时代，他同他们的褊狭、激情和狂热在一起。

当然，他对他的同胞们并不温柔体贴。他那胸怀宽广、豪放不羁的才气对他们那社团的艺术、矫饰的精神、平庸的写实、感伤的情调、病态的精细，不屑一顾。他对他们毫不容情，但他爱他们。他对自己的祖国毫无莱奥纳多·达·芬奇的那种含着微笑的冷漠。远离佛罗伦萨，他就会为思乡所苦。他一生竭尽全力想生活在佛罗伦萨。在战争的悲惨年月，他留在该城，他想"至少是死后回到佛罗伦萨来，既然活着的时候不能够"。

他是老佛罗伦萨，他对自己的血统与种族很是自豪。甚至比对自己的天才都更加自豪。他不允许别人把他看作是个艺术家：

"我不是雕塑家米开朗琪罗……我是米开朗琪罗·博纳罗蒂……"

他是精神贵族，而且具有所有的阶级偏见。他甚至说，"艺术应该由贵族而非平民百姓去搞。"

他对于家庭有着一种宗教的、古老的、几乎是野蛮的观念。他为它牺牲一切，而且希望别人也这样做。如他所说，他将"为了它而被卖作奴隶"。为了一点点小事，他都会为家庭而动情。他瞧不起自己的兄弟，他们也该瞧不起。他对他的侄儿——他的继承人嗤之以鼻。但是，他对侄儿也好，对兄弟们也好，都把他们看作是家族的代表而表示尊重。下面的词常常出现在他的信中：

"……我们的家族……维系我们的家族……不要让我们绝了种……"

这个顽强剽悍的种族的所有的迷信、所有的狂热，他都具有。它们是湿软泥，他就是用这种泥造就的。但是，从这湿软泥中却迸发出净化一切的火——天才——来。

* * * * *

谁若不信天才，谁若不知天才是何物，那就看看米开朗琪罗吧。从未有人像他那样为天才所困扰的。这才气似乎与他本人的气质并不相同：那是一个征服者侵占了他，并让他受到奴役。尽管他意志坚决，但也无济于事；而且，甚至几乎可以说，连他的精神与心灵对之也无能为力。这是一种疯狂的激发，是一种存在于一个过于柔弱的躯体和心灵中而无法控制它的可怕的生命。

他一直在持续不断的疯狂中生活。他浑身充满着的过度的力量所造成的痛苦迫使他行动，不间断地行动，一刻也不能休息。

"我累得精疲力竭，从未有人像我这样干活儿，"他写道，"我什么都不想，只想夜以继日地干活儿。"

这种病态的干活儿的需要不仅使他的任务越积越多，使他的订单多得无法交货，而且致使他变成了怪癖的人。他简直要去雕刻山峦。如果他要建造一座纪念碑的话，他就会耗费数年的时间到石料场去选料，还要修条路来搬运它们。他想成为多面手：工程师、凿石工。他想什么都亲自动手，独自一人建起宫殿、教堂。这简直是一种苦役犯过的日子，他甚至都挤不出时间来吃饭睡觉，他在写信时总是在叹苦经：

"我几乎连吃饭都顾不上……我没有时间吃饭……十二年来，我把身体给累垮了，我没有生活必需品……我没有一个子儿，我赤身露体，我忍受着各种艰难困苦……我生活在贫困与痛苦之中……我同苦难进行着斗争……"

这苦难是想象出来的。米开朗琪罗很富有，他变得越来越富有。但是富有对他又有什么用处？他活得像个穷人，被自己的活计拴牢着，像一头拉磨的驴。谁也弄不明白他为什么要这么自讨苦吃，谁也弄不明白他为什么就不能别让自己这么受苦，不明白这是他自己的一种需求。就连同他脾气极其相似的父亲也责怪他说：

"你弟弟告诉我说，你生活非常节俭，甚至节俭得非常地悲惨：节俭是好的，但悲惨却是坏事，是使上帝和人都不高兴的一种恶习，它会损害你的心灵与躯体的。你还年轻，这样还行，但等你不再年轻了的时候，在这种恶劣的悲惨生活中种上的病患与残疾的根就全都会冒头了。不要过得那么惨兮兮的，生活要适度，千万别缺乏营养，不要太劳累……"

但是，什么规劝都无济于事，他从不肯对自己更人道一些。他仅靠一点点面包和葡萄酒维持生命，他每天只睡几个小时。当他在博洛尼亚忙于雕刻尤利乌斯二世的铜像时，他同他的三个助手只有一张床睡觉。他和衣而眠，连靴子都不脱。有一次，腿肿了起来，不得不把靴子割破，脱靴子时，连皮带肉地扯了下来。

这么令人惊愕地不讲究卫生，让他父亲不幸言中，他老是不断地生病。人们从他的信件中竟发现他生过十四五次大病。他有几次发烧，差点儿送了命。他的眼睛、牙齿、头部、心脏都有毛病。他常常神经痛，特别是睡觉的时候，睡觉对他来说简直是一件痛苦的事。他已未老先衰，四十二岁时，他就感到衰老垂暮了。四十八岁时，他写道，他若干一天活儿，就得歇上四五天。他死也不肯就医治疗。

他的精神所受到的这种疯狂工作的影响比他的肉体受到的影响有过之而无不及，悲观情绪在损害着他。这是他家的一种遗传病，很年轻的时候，他就绞尽脑汁地宽慰他的父亲，后者似乎时不时地被过度的狂乱所折磨。米开朗琪罗自己比受他照料的人的病情更加严重。这种不间断的劳动，这种从来得不到休息的高度疲劳，使他那生性多疑的精神毫无防范地陷入种种迷惘狂乱之中。他怀疑他的仇敌，他怀疑他的朋友，他怀疑他的父母、兄弟和继子，他怀疑他们迫不及待地盼着他早点死。

一切都令他忐忑不安，他的家人也嘲笑他的这种永无宁日。他如同自己所说的，是生活"在一种忧伤或者说癫狂的状态之中"。由于长年的痛苦，他终于对痛苦有了一种兴味，他从中找到了一种苦涩的欢乐：

"愈使我痛苦的就愈让我喜欢。"（《诗集》卷 152）

对于他来说，什么都是痛苦的由头，包括爱、包括善。

"我的欢乐，就是忧伤。"（《诗集》卷 81）

没有谁像他那样生来不是为了欢乐而是为了痛苦的。他所看到的只有痛苦，他在广袤的宇宙中所感到的也只是它。世界上的一切悲观失望全都概括到这句绝望的、一种极大的不公的呐喊之中：

"无尽的欢乐不抵小小的苦痛……"（《诗集》卷 74）

* * * * *

"他那噬人的精力，"孔迪维说，"使他几乎同整个人类社会完全隔离开来。"

他孤单一人。他恨别人，也被人恨。他爱别人，但却不为人所爱。人们钦佩他，但又都害怕他。最后，他使人产生一种宗教般的敬畏，他统治着自己的时代。于是，他稍稍感到心安，他从高处看人，而大家则从低处看他。他从未同时居于高处和低处。他从未有过休息，从未有过赋予最卑微的人的那种温馨：一生中有这么一分钟能够躺在别人的怀中酣然入睡。女人的爱无缘于他。在这荒凉的天空中，只有维多莉娅·科洛娜的那颗纯洁而冷静的友谊的星辰闪烁了片刻。周围是一片漆黑之夜，他的思想如炽热的流星般匆匆地穿过，那是他的欲望与狂乱的梦幻。贝多芬可从未有过这样的一夜，这是因为这样的夜晚就存在于米开朗琪罗的心中。贝多芬是因人们的过错而忧伤的，他生性活泼开朗，他渴望欢乐。米开朗琪罗是心中存着忧伤，他让人们害怕，大家都本能地在躲避他。他在自己周围造成了一片空白。

这还算不了什么，最糟糕的不是孤独，而是对自己也自闭。无法同自己生活在一起，无法主宰自己，而且自己否定自己，自己与自己斗争，自己摧残自己。他的天才与一个背叛他的心灵结合在了一起。有人有时谈到那种宿命，它激烈地在反对他，并且阻止他去完成他的任何伟大计划。这种宿命，就是他自己。他不幸的关键，能够解释他一生的全部悲剧的东西——大家极难看到或很少敢去看的东西，就是他缺乏意志力和性格脆弱。

他在艺术上，在政治上，在他所有的行动和所有的思想中，都是优柔寡断的。在两件作品、两项计划、两种办法之间，他无法做出选择。有关尤利乌斯二世的纪念碑、圣·洛朗教堂的面墙、梅迪西的陵墓等情况就是明证。他开始了又开始，总是弄不出个结果来。他又要又不要的，他刚一做出抉择，马上又产生了怀疑。在他晚年时，他就再也没有完成什么大作了：他对一切都感到厌倦了。有人声称他的任务是被强加于他的；有人把他的这种举棋不定，犹豫不决的责任归咎于他的买主们。但大家忘了，如果他自己坚决不干的话，他的买主们是绝没有办法强逼他干的，但是他不敢拒绝。

他很脆弱，他因道德和胆怯之故，在各个方面都很脆弱。他因千百种思虑而苦恼，要是换一个性格坚强一些的人，这种种的思虑都不值一提。他出于一种夸大了的责任心，自以为是被迫去干一些平庸的活计，而那是任何一个工匠都能比他干得更好的活儿。他既无法履行自己的合同，又忘不了这些合同。

他因谨慎与胆小而脆弱。被尤利乌斯二世称为"可怕的人"的这同样的一个人，却被瓦萨里称为"谨小慎微的人"——简直是太谨小慎微了；而这个"使大家，甚至使教皇们都害怕的人"却害怕所有的人。同亲王们在一起，他胆怯，但他又最瞧不起那些在亲王们面前唯唯诺诺的人，称他们是"亲王们的驮驴"。他总想躲开教皇，但他却没有躲开，而且还唯命是从。他能容忍买主们的出言不逊的信，而且还谦卑地回信。有时候，他也会跳起来，高傲地说话，但他总是一让再让。直到死前，他都在挣扎，而无力斗争。克莱蒙七世与大家通常所说的恰恰相反，是所有的教皇中对他最好的一位，他了解他的弱点，很可怜他。

他在爱的方面丧失了全部尊严。他在像费波·德·波奇奥这样的怪人的面前都很谦卑。他把一个可爱但却平庸的人，如托马索·德·卡瓦列里当成一个"伟大的天才"。

至少，爱使得他的这些弱点变得感人。当他因害怕而变得软弱时，这些软弱也只是非常痛苦的——大家不敢说是"可耻的"——表现而已。他突然被巨大的恐惧所攫住，于是，他便逃走，被恐惧迫使穿越整个意大利。1494年，因被一个幻象吓坏了，他便逃离了佛罗伦萨。1529年，他负责守卫的佛罗伦萨被围，他又从那儿逃走了，他一直逃到威尼斯，他都准备好要逃到法国去了。随后，他对这种慌乱感到羞耻，他改正了，回到了被包围的佛罗伦萨，尽守故土之责，直到围城结束。但是，当佛罗伦萨被攻陷时，当大肆放逐时，他吓坏了，浑身发抖！他甚至去巴结放逐官瓦洛里，就是那个刚刚把他的朋友、高贵的巴蒂斯塔·德·帕拉处死的家伙。唉！他甚至不认自己的朋友——佛罗伦萨的流放者们。

他害怕，他对于自己的胆怯感到羞耻。他瞧不起自己，他因厌恶自己而病倒了。他想死，大家都认为他要死了。

但他不能死，他身上有着一种疯狂的求生的力量，紧紧地拉住他，让他忍受更多的痛苦。要是他能不再行动有多好！但他不能这样。他不能不行动，他在行动，他必须行动。他在主动行动？他在被迫行动，他像但丁的受难者似的，被自己那疯狂的矛盾的激情裹挟着在行动。

他该是多么地痛苦啊！

"让我痛苦吧！痛苦吧！在我过去的日子里，我没有找到任何一天是属于我的！"（《诗集》卷49）

他向上帝发出绝望的呼救：

"噢，上帝！噢，上帝！有谁比我自己更能左右我自己的？"（《诗集》卷6）

如果说他渴望死，那是因为他从死亡中看见了这种让人发疯的奴役的结束。他在谈到死去的那些人时是多么地嫉妒啊！

"你们不用再害怕生命和欲念的变化了……以后的日月不会对你们施暴了；必须与偶然都左右不了你们了……写这些话时，我很难不嫉妒。"（《诗集》卷58）

死！不再存在！不再是自身。逃脱了万物的桎梏！摆脱了对自己的幻想！

"啊！尽力让我不再回到我自己吧！"（《诗集》卷135）

* * * * *

我听见这悲壮的呼号从那张痛苦的脸上发出来，他的那两只惶恐不安的眼睛仍在卡皮托勒博物馆里看着我们。

他中等身材，宽肩阔背，四肢发达，肌肉结实。因劳苦过度，身体有些变形，走路时昂着头，佝偻着背，腆着肚子。弗朗索瓦·德·奥兰特的一幅肖像画让我们看到的他就是这副模样：他站立着，侧着身子，穿着一身黑衣服；肩披一件罗马式大衣；头上缠着一条布巾，外戴一顶深黑色大呢帽。他脑袋滚圆，额头方方且突出，布满皱纹。头发呈黑色，不很浓密，蓬乱着，微卷着。又小又忧伤但却很敏锐的眼睛，颜色深褐，但有点黄褐和蓝褐斑点，色彩常常变化。鼻子又宽又直，中间隆起，曾被托里贾尼的拳头击破。鼻孔到两边的嘴角有一些深深的皱纹。嘴巴很薄，下嘴唇微微前伸。颊髯稀疏，农牧神似的胡须分叉着，不很厚密，长约四五寸，颧骨突起，面颊塌陷，圈在毛发之中。

从整个相貌来看，忧伤与疑虑占着主导。这完全是诗人塔索时代的一张面相，忧愁与怀疑深印着。他那双犀利的眼睛启迪着、呼唤着人们的同情。

* * * * *

我们不要与他斤斤计较那同情了，就把他一生都在渴求而未能获得的那份爱给了他吧。他尝到了人所能尝到的那些巨大痛苦，他看见自己的祖国遭受蹂躏，他看见意大利落入蛮族之手数百年。他看到自由的死亡，他看到他所爱的人一个个相继地消失。他看见艺术的全部光辉一束一束地熄灭。

在这逐渐降临的黑夜里，他是孤独的，是最后的一个。而在死亡的门槛前，当他回首望去时，他甚至无法聊以自慰地对自己说，他做了自己该做的一切，做了他可能做的一切。他觉得一生虚度了，一生没有过欢乐也是枉然，他把一生献给了艺术的偶像也是枉然。

九十年间，他强迫自己去做那巨大的工作，没有得到一天的歇息，没有享受一天真正的生活，竟然都未能执行他的伟大计划中的任何一项计划。他的那些伟大作品——他最看重的那些作品——没有一件完成了的。命运的嘲弄使得这位雕塑家只能是完成了他并不愿意弄的绘画作品。

在那些既给他带来那么自豪的希望又带来无数痛苦的大件中，有一些——如《比萨之战》的图稿、尤利乌斯二世的铜像——在他生前就被毁掉了；另外一些——如尤利乌斯的陵墓、梅迪西小教堂——可怜地流产了，只剩下他构思的草图了。

雕塑家吉贝尔蒂在他的《评论集》中讲述了昂茹公爵的一个可怜的德国首饰匠的故事，说"他可以同希腊古代雕塑家相媲美"，但在他晚年时，他看见他花费一生心血做成的作品被毁掉了。"于是，他看到自己全部的辛劳都白费了，他便跪了下来，大声喊道：'啊，主啊，天地之主宰，万能的你啊，别再让我迷失方向，别再让我跟随除你以外的任何人吧，可怜可怜我吧！他立刻把自己所有的财产全都给了穷人，然后退隐山林，了却一生……"

米开朗琪罗同这个可怜的德国首饰匠一样，人到暮年，苦涩地看着自己虚度的一生，看着自己的作品未完的未完，被毁的被毁，自己的努力付之东流了。

于是，他退让了。文艺复兴的那份自豪，胸怀宇宙的自由而威严的灵魂的崇高骄傲，同他一起遁入"那神明的爱，那神明在十字架上张开双臂迎接我们"。

《欢乐颂》那雄浑的声音没有呼唤出来。直到生命的终结，发出的只是《苦难颂》和解放一切的死亡的颂歌，他完全被击败了。

* * * * *

这就是世界的征服者中的一位。享受着他的天才创作出来的他的作品的我们，同享受我们先辈的伟绩一样，不再去想他们所流出的鲜血。

我曾想要把这鲜血呈献在众人面前，我曾想要让英雄们的红旗在我们的头顶上飘扬。

精华赏析

身体上的痛苦和精神上的孤独没有将米开朗琪罗击垮，他在艺术的世界找到了自我。工作是辛苦的，可是他却是个天生的"工作狂"，因为只有在艺术的世界里他才能找到快乐。文中将米开朗琪罗与生俱来的痛苦和忧伤心理淋漓尽致地表现了出来，有意将其与他在工作中的狂热形成对比，让人同情，让人震撼，让人佩服。

延伸思考

你怎样看待米开朗琪罗的生活方式？怎样理解工作和快乐的关系？

上篇 斗争

一、力量【精读】

　　面对教皇的命令与侮辱，仇敌的嫉妒与打击，家人的盘剥与压榨，米开朗琪罗在重重包围中苦苦挣扎。他默默地承受着这一切，把所有的精力都放在了雕塑上，用自己的作品给予敌人有力的回击。他的勤奋和毅力令人敬佩。

　　他于 1475 年 3 月 6 日生于卡森蒂诺的卡普雷塞。土地崎岖不平，"空气清新温和"，岩石和山毛榉遍布于嶙峋的亚平宁山脊。离此不远处，便是阿西斯的圣方济各看见基督在阿尔佛尼阿山上显圣的地方。

　　其父是卡普雷塞和丘乌西的最高行政长官，是个脾气暴烈、烦躁，"害怕上帝"的人。母亲在米开朗琪罗六岁时去世，他们一共五兄弟：利奥那多、米开朗琪罗、博纳罗托、乔凡·西莫内和吉斯蒙多。

名师点评

交代米开朗琪罗的家庭背景。

　　出生后，他被送到塞蒂涅阿诺的一个石匠的妻子那儿喂养。后来，他开玩笑地说，他的雕塑家的志向源于这石匠妻子的乳汁。尔后，他上学了：他只喜欢素描。"因为这个，他被父亲及叔叔、伯伯们瞧不起，并且常挨他们的殴打，因为他们对艺术家这一行当怀有仇恨，觉得家里有一个艺术家是一大耻辱。"（孔迪维语）因此，他自幼便知道了人生的凶险与精神的孤独。

　　但他的固执战胜了父亲的固执。十三岁时，他到佛罗伦萨画家

名师点评

幼年时期的经历对米开朗琪罗性格的形成有很大影响。

中最大最好的多梅尼科·吉兰达约的画室当学徒。他最初的几件作品获得极大的成功，据说老师竟因此而嫉妒起自己的学生来。一年后，师徒便分手了。

他已对绘画感到厌恶，他渴望一种更了不起的艺术，他转入洛朗·德·梅迪西在圣马可花园开办的雕塑学校。梅迪西亲王对他颇感兴趣：让他住在宫殿里，允许他同他的儿子们同席共餐。童年的米开朗琪罗身处意大利文艺复兴的中心，埋首于古代收藏品之中，沐浴在柏拉图大家们——玛西尔·菲辛、伯尼维埃尼、昂吉·波利齐亚诺的博学的和诗意的氛围之中。他陶醉于他们的思想之中，由于沉湎于古代生活之中，他的心灵充满了古代精神：他变成了一位古希腊雕塑家。在"非常喜欢他的"波利齐亚诺的指导下，他完成了《半人半马怪与拉庇泰人之战》。

这座只有不屈不挠的力与美占主导的英气勃勃的浅浮雕，反映出少年米开朗琪罗的勇敢心魂及其粗犷的雕刻人物的手法。

后来，他同洛伦佐·迪·克雷蒂、布贾尔迪尼、格拉纳奇及托里贾诺·德·托里贾尼一起前往卡尔米尼教堂去临摹马萨乔的壁画。他对不如他灵巧的同伴，常常讥讽嘲笑。有一天，他把矛头指向虚荣心很强的托里贾尼，后者一拳打破了他的脸。后来，他还对打架的事大吹大擂："我握紧拳头，"他对贝韦努托·切利尼讲述道，"猛力地向他的鼻子打去，只觉得他的鼻梁骨全都击碎了，软塌塌的。就这样，我给他一生留下了一个印记。"

* * * * *

信奉异教并未压灭米开朗琪罗的基督教信仰，这两个敌对的世界在争夺他的灵魂。

1490年，教士萨伏那洛拉开始狂热地宣传《启示录》。教士三十五岁，米开朗琪罗十五岁。他看到这位矮小瘦弱的布道者被上帝的精神啃啮着。教士用他那可怕的声音，从布道台上对教皇发出猛烈抨击，把上帝的那把鲜血淋淋的利剑高悬于意大利上方，米开朗琪罗被吓得浑身冰凉。佛罗伦萨在颤抖，人们纷纷奔上街头，像疯子似的又哭又喊的。最富有的公民，如鲁切拉伊、萨尔维亚蒂、阿尔比齐、斯特罗齐等，纷纷要求加入教派。博学者、哲学家，如比克·德·米朗多尔、波利齐亚诺等，也不再坚持自己的理性。米开朗琪罗的哥哥利奥那多加入了多明我会。

米开朗琪罗丝毫未能逃过这恐惧的传染。当预言者宣称新的塞努斯（神之剑）、那个小丑人法王查理八世临近时，米开朗琪罗吓坏了。他做了个梦，快吓疯了。

他的一位朋友、诗人兼音乐家卡尔迪耶雷，一天夜里，看见洛朗·德·梅迪西的影子出现在他眼前，衣衫褴褛，半裸着身子；死者命令他告诉他的儿子彼得，说他马上就会遭到驱逐，永远也回不了祖国了。卡尔迪耶雷把自己的梦幻告诉了米开朗琪罗，后者鼓励他把这事如实地讲给亲王听；但卡尔迪耶雷害怕彼得，不敢去说。随后的某天早上，他又跑来找米开朗琪罗，惊魂未定地对他说，死者又出现了：穿着同样的衣服；并像卡尔迪耶雷一样，躺下来，一声不响地盯着他，轻轻地吹他的脸颊，以惩罚他没有服从命令。米开朗琪罗把卡尔迪耶雷臭骂了一顿，并迫使他立即徒步前往位于佛罗伦萨附近卡尔奇的梅迪西的别墅。半道上，卡尔迪耶雷碰上了彼得：他叫住彼得，把他的梦幻讲给彼得听。彼得哈哈大笑，并让自己的侍从们把他赶开了。亲王的秘书比别纳对他说道："你是个疯子。你认为洛朗最喜欢的是谁？是他儿子还是你？就算他要显现的话，那也是向他而不是向你！"卡尔迪耶雷遭此辱骂和嘲讽之后，回到佛罗伦萨。他把他此行的遭遇告诉了米开朗琪罗，并且说服了后者，说佛罗伦萨马上便要大难临头了，吓得米开朗琪罗两天之后便仓皇出逃了。

这是他第一次被迷信吓得神经错乱。后来，在他的一生中，还发作过不止一次，尽管他对此颇觉羞惭，但却无法克制自己。

* * * * * *

他一直逃往威尼斯。

他一逃出佛罗伦萨那"烈火"，便马上心平气静了。他回到博洛尼亚过冬，完全忘了那位预言者及其预言。世界之美又使他振奋起来。他读彼特拉克、薄伽丘和但丁的作品。1495 年春，在狂欢节的宗教庆典和党派斗争激烈之际，他又来到佛罗伦萨。但是，他此刻已摆脱了自己周围的那份你撕我咬的狂热，所以，因为要向萨伏那洛拉派的疯狂表示一种怀疑，他便雕刻了他那被其同代人视为一件古代作品的著名的《睡着的爱神》。不过，他在佛罗伦萨只待了几个月，然后他去了罗马，而且直到萨伏那洛拉死之前，他一直是艺术家中最具异教精神的一个。就在萨伏那洛拉焚烧那些被视为"虚荣与异端"的书籍、饰物、艺术品的那一年，他雕刻成了《醉了的酒神》《垂死的那多尼斯》和巨大的《爱神》。他的哥哥，僧侣利奥那多因信仰那个预言者而被追逐。危险纷纷聚集在萨伏那洛拉的头上，米开朗琪罗并未回佛罗伦萨来捍卫他。萨伏那洛拉被烧死，米开朗琪罗沉默不语。在他的信件中，毫无这一事件的痕迹。

米开朗琪罗虽一言未发，但却雕成了《哀悼基督》：

死去的基督永恒般地年轻，躺在圣母的腿上，仿佛睡着了一般。希腊古典艺术的严肃呈现于纯洁的圣女与受难的神明脸上。但是，其中夹杂着一种不可名状的哀伤，这两个美丽的躯体沉浸在那哀伤之中。悲凉占据了米开朗琪罗的心灵。

* * * * * *

使他悲哀的不仅仅是那苦难与罪恶的景象。一种专制的力量进入他的心中，再也不放过他。他受制于这种天才的疯狂，使他到死都无法再松一口气。他没有对胜利的幻想，但他发誓为了他自己的光荣与家人的光荣，他要去征服。家庭的全部重负都压在了他一个人的肩上，他的家人向他要钱。他虽没有钱，但却因骄傲的缘故而从不拒绝他们：为了寄钱给他的家人，让他卖身他都在所不惜。他的身体已经每况愈下，食欲欠佳、寒冷、潮湿、过于劳累等，开始在毁灭他。他常头疼，一边的胸腹部肿胀。他父亲对他的生活方式常加责怪，但却没有去想他对此负有责任。

"我经受的一切磨难，都是为你们而经受的。"米开朗琪罗后

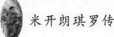

来给父亲写信时说道。

"……我的所有忧虑，都是因为爱你们而造成的。"（《写给父亲的信》1521 年）

* * * * *

1501 年春，他回到佛罗伦萨。

40 年前，佛罗伦萨大教堂事务委员会把一块巨大的大理石岩块交给阿艾斯蒂诺，让他雕一尊先知像。雕刻刚开始不久便停工了，谁也不敢接手。米开朗琪罗后来接了下来，并雕成了一尊巨大的《大卫》大理石雕像。

有胆识有魄力，更有精湛的技术。

据说，把雕像交由米开朗琪罗做的行政长官比尔·索德里尼为表示自己的品位高雅而对雕像提出了一些批评：他认为鼻子太厚了。米开朗琪罗便拿起一把剪刀和一点大理石粉爬上脚手架，一面轻轻地晃动着剪刀，一面把大理石粉一点点撒落，但他绝不碰那鼻子，原封不动地保留着。然后，他转身对着行政长官说道：

"现在，您请看。"

索德里尼回答说：

"现在，它让我喜欢多了。您把它改动得颇有生气了。"

于是，米开朗琪罗走下脚手架，偷偷地笑了。

人们认为从这件作品中仍可看到那种无声的轻蔑。那是一种止息着的骚动的力，它充满着不屑与悲伤，它在博物馆墙里感到窒息憋闷，它需要广阔的空间。如米开朗琪罗所说，需要"广场上的阳光"。

作品中蕴含着强大的力量。

1504 年 1 月 25 日，艺术家委员会（其中包括菲比利诺·利比、波提切利、佩鲁吉诺和莱奥纳多·达·芬奇），讨论将把《大卫》雕像置于何处。应米开朗琪罗的请求，决定把它立于市政议会的宫殿前。搬运雕像的任务交给了大教堂的建筑师们。5 月 14 日傍晚，《大卫》被从临时的破屋里移出来。巨大的大理石像移出时，门上方的檐墙都被拆除了。夜晚，一些平民百姓向《大卫》投石，想把它砸毁，为此，不得不严加看管。雕像捆得笔直，上面微微吊

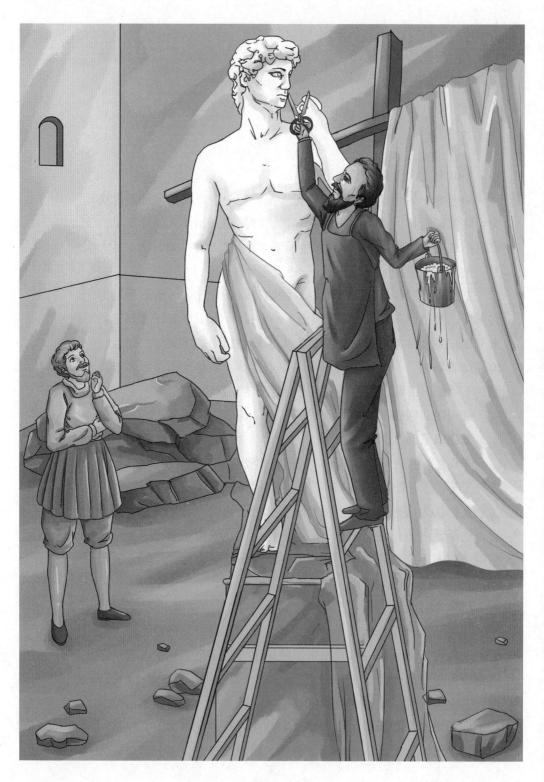

起，让它自由摆动而又不碰到地面。它缓缓地向前移动着，从大教堂搬到旧宫前，整整花了四天时间。18日中午，它到了指定地点。夜里，在它的四周仍旧严加防范着，但是防不胜防，一天晚上，它还是被石头击着了。

这就是人们有时要作为榜样提供给我国人民的佛罗伦萨民众。

* * * * *

1504年，佛罗伦萨市政议会让米开朗琪罗与莱奥纳多·达·芬奇二人相互争斗。

这两个人毫不投机，他俩都很孤独，本应相互贴近。但是，如果说他们与其他人相隔很远的话，那他俩相互之间隔得更远。二人中最孤立的是莱奥纳多，他时年五十二岁，比米开朗琪罗年长二十岁。自三十岁时起，莱奥纳多就离开了佛罗伦萨，因为它的狂乱激情为他的性格所无法容忍，他性格细腻，有点腼腆，而且他的宁静而多疑的灵性却是向一切敞开而且是包容一切的。这个大享乐主义者，这个绝对自由和绝对孤独的人，与他的祖国、宗教、全世界离得那么远，以致他只有同与他一样思想自由的君王在一起才会舒服。1499年，他的保护人卢多维克·勒摩尔下台，他被迫离开米兰，于1502年，效忠于博尔吉亚亲王。1503年，这位亲王的政治生涯结束，他又被迫回到佛罗伦萨。在这里，他那嘲讽的微笑与阴郁而狂躁的米开朗琪罗相遇，使后者大为恼火。米开朗琪罗全身心地沉浸于自己的激情与信仰之中，他憎恨有激情与信仰的敌人，但是他更加仇恨的是那些毫无激情而又绝无信仰的人。莱奥纳多越是伟大，米开朗琪罗对他就越是怀着敌意，而且他绝不放过任何机会向他表示出自己的敌意来。

"莱奥纳多是个相貌英俊的男人，举止温文尔雅。有一天，他同一个朋友在佛罗伦萨街头漫步，他身穿一件粉红外套，长及膝头，修剪得非常美的卷曲的长髯飘逸在胸前。在圣·特里尼塔教堂旁，有几位中产者在聊天：他们在讨论但丁的一段诗文。他们招呼莱奥纳多，请他替他们阐释一下诗意。此刻，米开朗琪罗正巧经过。莱

名师
点评

本应相互贴近的两人，为何却隔得更远？

奥纳多便说：'米开朗琪罗来解释你们所谈论的诗句。'米开朗琪罗以为他想出他的洋相，便没好气地抢白道：'你自己去解释吧，你这个做了一个青铜马模塑却不会浇铸它，而且还毫不知耻地就此住手了的人！'说完，他便扭头走开了。莱奥纳多满面羞红地待在那儿。可米开朗琪罗还觉得不解气，满怀着伤害他个够的欲意叫嚷道：'而那米兰混蛋还以为你有能耐搞出这样一件作品哩！'"（《一个同代人的记述》）

就是这样的两个人，可行政长官索德里尼竟然让他俩去搞同一件作品：装饰市政议会的议会大厅。这是文艺复兴时期两股最大的力的奇特争斗。1504 年 5 月，莱奥纳多开始创作《安吉亚里之战》的图稿。1504 年 8 月，米开朗琪罗接到《卡希纳之战》的订单。佛罗伦萨分成了各自拥戴这两个对手的两大阵营。但时间把一切都摆平了，那两件作品已经消失了。

* * * * *

1505 年 3 月，米开朗琪罗被教皇尤利乌斯二世召去罗马。从此，他一生中的英雄时期便开始了。教皇与这个艺术家二人都是强硬而伟大的人，当他俩彼此不疯狂相撞时，生来就是能相契相合的。他们的脑子里翻腾着庞大的计划。尤利乌斯二世想替自己建造一座陵寝，堪与古罗马城媲美。米开朗琪罗为这一帝王傲气所激动，他构思了一张巴比伦式的计划，欲建造一座似山峦般的建筑，并竖起四十多尊巨型雕像。教皇非常兴奋，派他去卡拉雷，在石料场挑选所有必需的大理石料。米开朗琪罗在山中待了八个多月，他被一种超凡的激越之情控制着。"有一天，他骑马穿越当地，看见一座俯临海岸的山峦：他突发奇想，欲把此山全部雕刻出来，把它雕成一尊巨大的石像，航海家们老远就能看见……如果他有时间，而且别人也允许他这么做的话，他是会干成的。"（据孔迪维的记述）

1505 年 12 月，他回到罗马，他所挑选的大理石块开始运来，搬到圣彼得广场，即米开朗琪罗居住的圣·卡泰里纳教堂后面。"石料堆积如山，令百姓惊愕，但令教皇欢喜。"于是，米开朗琪罗便

米开朗琪罗的话犹如火上浇油，你怎样看待他的性格？

这样的用人方式令人匪夷所思，你怎样看待？

米开朗琪罗来到罗马，开始为教皇服务。

想象力是创作的源泉，米开朗琪罗创作的激情高涨。

开始干了起来。急不可耐的教皇三天两头地跑来看他，"同他交谈，亲热得好似兄弟一般"。为了来去方便，教皇下令在梵蒂冈宫与米开朗琪罗的住所之间建一吊桥，以便他秘密来往。

但这种恩遇没有怎么持续下去。尤利乌斯二世的性格并不比米开朗琪罗的性格稳定多少。他一会儿一个主意，一会儿一个想法。另一个计划在他看来更能使他的荣光永存：他想重建圣彼得大教堂。这是米开朗琪罗的仇敌们怂恿他这么干的。这帮仇敌为数不少，而且势力强大。他们的头领是一个才气与米开朗琪罗旗鼓相当但意志力却更强的人：教皇的建筑师和拉斐尔的朋友布拉曼特·德·乌尔班。在这两个翁布里伟人与佛罗伦萨狂野的天才之间是不可能讲什么同情心的。但是，如果说他们决心打击他的话，那无疑也是他主动挑起来的。米开朗琪罗不加思索地批评布拉曼特，也许有理也许是无理地指责他在工程中营私舞弊，布拉曼特便立即决定要摆平他。

名师
点评

仇敌强大，以至于米开朗琪罗将面临险恶的环境。

布拉曼特要让米开朗琪罗在教皇面前失宠。他利用尤利乌斯二世的迷信思想，向教皇提及民间的说法，说生前造墓是个不祥之兆。他成功地让教皇对其对手的计划冷漠下来，并代之以自己的计划。1506 年 1 月，尤利乌斯二世决意重建圣彼得大教堂。陵寝的计划被放弃了，而米开朗琪罗不仅因此而受辱，而且因为此作花费颇多而债台高筑。他痛苦地悲叹着，教皇不再向他敞开大门。而且，因为他老要求见，教皇便让其御马夫把他逐出梵蒂冈。

亲眼看见这一情景的一位吕克主教对御马夫说：

"您难道不认识他？"

御马夫对米开朗琪罗说：

"请原谅我，先生，可我是奉命行事。"

米开朗琪罗回到住处，上书教皇：

"圣父，因您的圣命，我今天上午被逐出宫门。我想告诉您，自今日起，如果您需要我的话，您可以派人去罗马之外的任何地方找我。"

他把信寄走之后，便把住在他住所里的一个商人和一个石匠叫了来，对他们说道：

"你们去找一个犹太人来，把我屋里的所有东西统统卖掉，然后，你们就到佛罗伦萨来。"

说完，他跨上马上路了。当教皇接到他的信时，立即派了五名骑手随后追去，在晚上十一点光景，在波吉耶西追上了他，把一则命令交给他："接到此令，立即返回罗马，否则严惩不贷。"米开朗琪罗回复道，如果教皇遵守自己的诺言，他就回去；否则，尤利乌斯二世永远也别再想见到他。

他写了一首十四行诗给教皇，意为：

"主啊，谚语若是真的，那只有那句：'非不能也，是不为也'。你相信了谎话与谗言，你给真理的敌人以酬报。而我，我现在是而且曾经是你忠实的仆人，我像光芒之于太阳一样地依附于你；可我为你耗费时间，你却并不动心！我越是拼死拼活地干，你就越不喜欢我。我曾希望通过你的伟大而使自己伟大，并希望你的公正的天平和你那强大的宝剑是我唯一的评判，而非谎言的回响。但是，苍天在让一切德性降临人间时，总在嘲弄它，让它在一棵干枯的树上开花结果。"

米开朗琪罗所受到的尤利乌斯二世的侮辱并不是促成他逃走的唯一的原因。在他写给朱利阿诺·德·桑迦罗的信中，他流露出布拉曼特要杀害他的意思。

米开朗琪罗走了，布拉曼特成了唯一的主宰。他的对手逃走的翌日，他便举行了圣彼得大教堂的奠基仪式。他对米开朗琪罗的作品恨之入骨，想尽办法要把它永远毁灭掉。他让民众把堆着为尤利乌斯二世建造陵寝的大理石料的圣彼得广场的工地，抢掠一空。

可是，教皇因米开朗琪罗的反抗怒不可遏，一道道命令发往米开朗琪罗避难的佛罗伦萨市政议会。市政议会叫来米开朗琪罗，对他说道："你把教皇给耍了，连法国国王都不敢这么干的。我们不想因为你而得罪他，因此，你必须回到罗马去。但我们将给你带一些信函去，声明对于你的任何不公都将被视为冲着市政议会来的。"

米开朗琪罗执拗着，他提出了自己的条件。他要求尤利乌斯二世让他替他建造陵寝，而且他还想不再在罗马而是在佛罗伦萨干这

名师点评
面对教皇的薄情寡义和反复无常，米开朗琪罗勇敢地进行反抗。

名师点评
米开朗琪罗对教皇一直都很忠诚。

名师点评
仇敌对米开朗琪罗打击报复，可恶至极。

名师点评
米开朗琪罗敢于冒犯教皇不容挑衅的权威，足见米开朗琪罗的胆识。

活儿。当尤利乌斯二世出发征讨佩鲁斯和博洛尼亚时，他的敕令更加地咄咄逼人了，于是，米开朗琪罗想到前往土耳其，因为土耳其苏丹通过方济各会请他去君士坦丁堡建造佩拉大桥。

最后，他不得不让步了，1506 年 11 月的最后几天，他极不情愿地来到博洛尼亚，尤利乌斯二世以征服者的姿态刚刚攻破该城。

"一天早上，米开朗琪罗前去桑佩特罗尼奥教堂作弥撒。教皇的御马夫瞅见了他，认出他来，把他领到尤利乌斯二世面前。教皇当时正在斯埃伊泽宫里用膳，教皇怒气冲冲地对他说：'应当是你前去罗马晋见我们的，可你竟然等着我们到博洛尼亚来看你！'——米开朗琪罗闻言，立即下跪，大声请求饶恕，说自己当时的所作所为并非出于心计，而是一怒之下这么干的，因为他受不了被人赶走之侮辱。教皇坐着，低着头，满面怒容，这时索德里尼派来为米开朗琪罗说情的一位主教上前插言道：'望圣驾别把他的蠢事放在心上，他是因无知才犯罪的。画家们除了自己的艺术以外，都爱干蠢事。'教皇勃然大怒，吼道：'你竟对他说出一句连我们都未跟他说过的粗话。无知的是你！……滚开，见你的鬼去吧！'——他并未走开，于是，教皇的仆人们便挥拳把他赶了出去。这时候，因为把气全撒在主教身上了，教皇便让米开朗琪罗走上前来，宽恕了他。"（据孔迪维记述）

不幸的是，为了同尤利乌斯二世和解，米开朗琪罗不得不依从教皇的任性，而那专横强大的意志已经又转了方向。现在已不再是建陵寝的问题了，而是要在博洛尼亚替自己建一尊青铜巨雕。米开朗琪罗徒劳地声称"他对铸铜一窍不通"。他必须学习铸铜，这可是件又苦又累的活计。他住在一间破房间里，只有一张床。他同两名佛罗伦萨助手拉波与洛多维科，以及铸铜匠贝尔纳迪诺共享这张床。十五个月过去了，忍受了种种烦恼，他与偷窃他的拉波和洛多维科闹翻了。

"拉波那混蛋，"他在给父亲写信时说，"大家声称是他和洛多维科完成的全部作品，或者至少是他俩同我合作了之后我才弄成的。他的脑子里没有想过他并非主人，直到我把他扫地出门了，他才知道厉害，第一次看出他是我所雇用的。我把他像个畜生似的赶

名师点评

教皇的心里还是尊敬米开朗琪罗的。

名师点评

工作环境极为恶劣。

走了。"

拉波和洛多维科大为不满，在佛罗伦萨散布谣言攻击米开朗琪罗，竟然向他父亲索要金钱，说是米开朗琪罗偷了他们。

接着，那个铸铜匠的无能也显现出来了。

"我原以为贝尔纳迪诺师傅会铸铜的，即使没有火也能铸，我对他太相信了。"

1507 年 6 月，铸铜失败了，铜像只能铸到腰际。一切都得重新开始，米开朗琪罗为这件作品一直忙乎到 1508 年 2 月，他的身体差点儿全垮了。

"我几乎连吃饭的时间都没有，"他在写信给他兄弟时说，"……我生活在极端恶劣极其劳累的状况下。我什么都不想，只知道夜以继日地干活儿。我忍受了并还在忍受着那么难以忍受的痛苦，以致我相信，如果我得再造一个雕像的话，我这一辈子是不够用的：那是件巨人做的工作。"

这么劳累的结果却是很悲惨的。尤利乌斯二世的铜像于 1508 年 2 月竖立在桑佩特罗尼奥教堂的面墙前，但只立了四年。1511 年 12 月，被尤利乌斯二世的敌人本蒂沃利党人毁掉，而阿方斯·德·埃斯特把残破铜块买了去，铸成了一门炮。

劳而无功，白费一番心血。

* * * * *

米开朗琪罗回到罗马。尤利乌斯二世又命他完成另一件同样意想不到而且更加艰难的任务。他命令这位对壁画技巧一窍不通的画家去绘西斯廷教堂的拱顶，仿佛他就是喜欢要人干不可能的事，而米开朗琪罗却能完成似的。

似乎看见米开朗琪罗又得宠了的布拉曼特便以此来难为他了。他在想，米开朗琪罗将会名誉扫地。对于米开朗琪罗来说，这个考验尤其危险，因为就在 1508 年这一年，他的对手拉斐尔怀着无可比拟的幸福心情开始绘制梵蒂冈宫的组画。他竭尽全力推辞这项可怕的荣耀，他甚至建议拉斐尔取他而代之：他说这不是他的专长，他绝对完成不了的。但教皇执意不肯松口，米开朗琪罗只得让步。

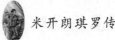

布拉曼特替米开朗琪罗在西斯廷大教堂里竖起一个脚手架，并从佛罗伦萨叫来了几个有壁画经验的画家帮他一把。但我们已经说过，米开朗琪罗是不能有任何助手的，他一开始就声称布拉曼特的脚手架不能用，便另外搭了一个。至于那些佛罗伦萨的画家，他也觉得讨厌，二话不说，就把他们给打发了。"一天早上，他让人把他们画的东西全给砸掉了；他把自己关在教堂里，他不愿意给他们开门，即使在自己屋里，他也躲着不见人。他们见他这种态度，便决定回佛罗伦萨去了，深感受到莫大的侮辱。"（据瓦萨里记述）

米开朗琪罗独自一人带着几个小工。但这更大的困难并未使他胆怯，反而让他扩大计划，决定不仅像原定的那样画拱顶，而且四周的墙壁也给画上。

1508 年 5 月 10 日，巨大的工程开工了。那阴暗的年月——是他整个一生中最阴暗但却最伟大的几年！这是传奇式的米开朗琪罗，是西斯廷大教堂的英雄，他那伟大的形象已被而且应该被铭刻在人类的记忆之中。

他痛苦不堪，当时的那些信证明了他的极大的沮丧，即使他那神圣的思想也无法使他得以摆脱：

"我的精神处于极大的颓丧之中：已经都一年了，我没拿到教皇的一分钱；我没向他提出任何要求，因为我的活计进展不快，所以觉得不配得到什么报酬。这是因为这活计太难了，而且也根本不是我的专长。因此，我是在白白地浪费时间。愿上帝保佑我！"

他刚一完成《大洪水》，该作便开始发霉了：你都无法辨认各个人物的相貌了。他拒绝继续干下去，但教皇不允许有任何借口。他只好又干起来。

除了本身的疲劳及烦躁而外，他的家人又跑来添乱。他父亲老是一个劲儿地哀叹没有钱了。他只好花费时间去让父亲振作起精神来，而他自己则已是不堪重负了。

"您不必烦躁，这些事算不上是人生遭受折磨……只要我有什么，我就永远不会让您缺些什么的……即使您在这个世上一无所

这种不怕困难、迎难而上的精神值得学习。

尽管精神和生活受到双重打击，米开朗琪罗也不愿放弃。

雪上加霜，家人添乱更让米开朗琪罗烦躁不安。

有，只要有我在，您就绝不会缺什么的……我宁可受穷，只要有您在，也不要拥有全世界所有的金子而您已不在世了……如果您无法像其他一些人那样，在世上争得荣誉，您只要有吃有穿的也就足矣。像我在这儿一样，贫贱不移地同基督生活在一起吧，因为我虽很贫穷，但我不为生活，不为荣誉，也就是说不为这个世道而愁苦。其实，我是生活在极大的艰难与无尽的猜疑之中的。十五年来，我没有一刻安生过。我竭尽了全力赡养您，可您却从未承认也不相信。愿上帝原谅我们大家吧！只要我能够的话，我已准备好在将来能活多久就将永远这么去做！"（写给他父亲的信，1509 年至 1512 年间）

他的三个弟弟也搜刮他，他们老等着他寄钱，等着他给他们谋个职位。他们肆无忌惮地耗光他在佛罗伦萨积攒的那笔小小的资产。他们常到罗马来住他的吃他的。博纳罗托和乔凡·西莫内要他替他们盘一个店铺，而吉斯蒙多则要他替他在佛罗伦萨附近购置些田产。可他们对他却从不知感激：他们觉得这都是应该的。米开朗琪罗知道他们在搜刮他，但他太爱面子，所以总是对他们百依百顺的。但这几个家伙仍得寸进尺，他们行为不端，趁米开朗琪罗不在家时，虐待父亲。这一来，米开朗琪罗憋不住了，他像对待坏小子似的用鞭子抽打他的弟弟们，他真恨不得杀了他们。

乔凡·西莫内：

常言道，善待好人使自己更好，但善待恶人则让恶人更恶。多年来，我总在好言相劝，苦苦哀求你改恶从善，同父亲，同我们，好好相处，可你却越来越不像话了……我倒是可以跟你好好地谈谈，但那也只是白费口舌。我干脆跟你说吧，在这个世界上，你一无所有，是我维持你的生活的，那是出于我对上帝的爱，因为我认为你同其他人一样，是我的兄弟。但我现在敢说，你不是我的兄弟，因为，如果你是的话，你就不会威吓父亲了。你简直是个畜生，我将像对待畜生似的对待你，你要知道，谁看见自己的父亲被威胁、被虐待时都要去为父亲拼命的……下不为例！……我跟你说了，在这个世界上，你一无所有。如果我再听到哪怕一点点你的恶

这句话有没有道理？你怎么理解？

米开朗琪罗的愤怒，对父亲的维护和尊重，溢于言表。

行，我就会让你看看我是怎么弄掉你的财产，烧掉不是你挣来的房子和庄园的。你别以为你有什么了不起。如果我去到你身边的话，我将让你看点东西，你一定会痛哭流涕，知道自己是靠了什么才这么嚣张狂妄……如果你努力改邪归正，尊敬父亲的话，我将像帮助他人一样地帮助你。而且，不久之后，我就给你弄一家很好的店铺。但是，如果你不照着做的话，那我就会回去好好处理你的事情，让你知道自己到底是个什么东西，让你确切地知道你在这个世界上到底有点什么……就说到这儿吧！说话上有什么欠缺，我用事实来补充好了。

米开朗琪罗 于罗马

另外，补充一句。十二年来，我为意大利而在过着一种悲惨的生活，我忍受着种种羞辱，忍受着种种艰难。我的身体被劳累损伤得十分厉害，我以性命去拼去搏，全是为了我们这个家——而现在，我才刚开始让它重整起来一点，可你却在嘻嘻哈哈地要把我那么多年来吃了那么多苦才创下的一点基业给毁于一旦！我以基督发誓，这算不了什么！如果必要的话，我能把像你这样的人打得粉身碎骨，成千上万都不在话下。因此，你学乖一些，不要把不像你那样的人给逼急了！

然后，他又给吉斯蒙多写信说："我在这儿生活得很苦闷，身体极度劳累。我什么朋友都没有，而我也不想有朋友……我很少有时间自由自在地吃顿饭，别再让我烦心了，因为我再多一丁点儿的烦恼都受不了了。"

近乎哀求的话，可以看出米开朗琪罗当时有多么苦闷。

最后是第三个弟弟博纳罗托，受雇于斯特罗齐家的商店。尽管米开朗琪罗给了他不少的钱，他还在恬不知耻地搜刮哥哥，而且还吹嘘自己为哥哥花费的比他寄给他的还要多。

"我很想知道你的忘恩负义，"米开朗琪罗写信给他说，"想知道你的钱是从哪里来的；我很想知道你知不知道你们从新圣玛丽亚银行取走了我的二百二十八杜卡托^①，知不知道我寄回家的另外几百个杜卡托，以及我为维持你们的生活所操的心和受的苦。我很想知道你是否知道这一切！如果你还有点才智承认事实的话，你就不会说：'我花了自己的好多好多钱'，而且你也就不会跑我这里来用你的事烦我，却不去想一想我过去为你们所做的一切。你也许会说：'米开朗琪罗知道他给我们写了些什么；如果他现在不写了，那是因为他被什么我们不得而知的事情给耽搁了，我们都耐心点儿吧。'当一匹马在尽力奔跑时，不该再用马刺戳它，让它跑得超过它的能力所限。可你们却从不了解我，现在也不了解我。愿上帝饶恕你们！是他给了我恩泽，让我能尽力地帮助你们。但是，只有当我不在人世时，你们才会了解他。"

这就是米开朗琪罗置身于其中的那忘恩负义与嫉妒的环境，他在一个盘剥他的可耻家庭和窥伺他的失败的顽固敌人之间苦苦地挣扎着。可他，竟在这个时候，完成了西斯廷大教堂那件了不起的作品。但他花费了多大的代价啊！他差点儿受不了，要抛开一切，再次逃走。他以为自己快要死了，也许他自己想死。

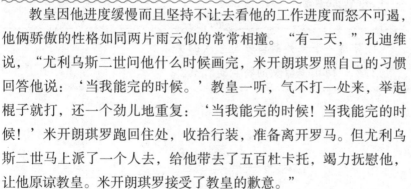

名师点评

环境的艰苦和心里的痛苦没有使他倒下，终于完成了伟大的作品。

教皇因他进度缓慢而且坚持不让去看他的工作进度而怒不可遏，他俩骄傲的性格如同两片雨云似的常常相撞。"有一天，"孔迪维说，"尤利乌斯二世问他什么时候画完，米开朗琪罗照自己的习惯回答他说：'当我能完的时候。'教皇一听，气不打一处来，举起棍子就打，还一个劲儿地重复：'当我能完的时候！当我能完的时候！'米开朗琪罗跑回住处，收拾行装，准备离开罗马。但尤利乌斯二世马上派了一个人去，给他带去了五百杜卡托，竭力抚慰他，让他原谅教皇。米开朗琪罗接受了教皇的歉意。"

但第二天，他俩又冲突起来。终于有一天，教皇气冲冲地对他说："你难道想让我叫人把你从脚手架上扔下来吗？"米开朗琪罗只好让步了，他让人撤去脚手架，露出了他的大作。那是 1512 年万圣节的那一天。

名师注解

① 杜卡托：威尼斯的古金币名。

名师点评

盛大阴沉的节日氛围，衬托出作品生命之力。

这是盛大而阴沉的节庆，是祭奠亡灵的日子，非常适合于这件可怕之作的揭幕，因为它充满了神明那生杀大权在握的精神——这个像暴风雨一般聚集着一切生命之力的神明，是横扫一切之神。

精华赏析

文中将米开朗琪罗的生活环境和精神上的压力充分展现在我们面前，让我们感同身受。石料被仇敌破坏，作品被人们拆毁，干了一年的活没有工钱，工作中种种的不如意让这个以工作为生命的人痛苦不堪。生活中，家人不但帮不上忙而且处处剥削他、压榨他，给他找麻烦。精神上的孤独和苦闷更让米开朗琪罗无处发泄。但这些都没有让他退缩，终究完成了不朽的作品。这种毅力和耐性值得我们好好学习。

延伸思考

1. 分析一下米开朗琪罗与家人的关系。
2. 米开朗琪罗雕塑的特点是什么？

二、在崩裂的力

名师导读

　　米开朗琪罗在一个又一个的教皇中周旋，把宝贵的时间和精力浪费在为他们服务中。他纠结痛苦，被逼无奈，不得不向现实低头。他变得深沉忧郁，那些未完成的作品让他心力崩溃。面对繁重的工作和精神的煎熬，他选择了诗歌，用诗来宣泄心中的悲欢。

　　米开朗琪罗从这项需要巨人之力的工作中走出来了，虽光荣但却精疲力竭。一连好几个月，仰着头画西斯廷大教堂的拱顶，"他把眼睛都给弄坏了，以致好长一阵儿，看一封信或一件东西时，必须把它们举在头顶上方才能看得清楚一点儿。"

　　他对自己的病态也常常自我解嘲：

　　"艰难困苦使我得了甲状腺肿，像是水把伦巴第的猫灌了个够儿……我的肚子几乎抵住下巴，我的胡子冲向天，我的脑袋枕着背，我的胸好似一只鹰；画笔的颜色滴在我脸上，画成了一幅图案。腰部回缩体内，臀部在起平衡作用。我摸索地走路，连自己的脚都看不清。我的皮肤在前身拉长而在后背缩短，宛如一张叙利亚的弓。我的智力与我的身躯一样地怪诞，因为一支弯曲的芦苇是吹不出曲子来的……"

　　我们可别真的以为他这只是在说笑。米开朗琪罗因变丑而苦恼着，对他这样一个比任何人都更爱形体美的人来说，丑是一大耻辱。我们可以从他的几首短小的情诗中，看出一点他的卑怯的痕迹。他的忧伤因其一生都受着爱的煎熬而尤为剧烈，似乎他从未得到什么爱的回报。因此，他把自己封闭起来，把他的情和苦在诗里发泄。

　　自童年时起，他便在作诗，作诗是他迫切的需要。他的素描、信件、散页都写满了他随后又反复不断地加以推敲与润色的反映其思想的诗句。遗憾的是，1518 年，他青年时期的那些诗中的绝大部分被他焚烧了，另外一些在他死之前也被毁掉了。不过，所剩下的那一点点也足以让我们看出他当年的激情来。

最早的诗好像是 1504 年在佛罗伦萨写的：

"爱神啊，只要我能成功地抗拒你的疯狂，我的生活就会多么幸福啊！可是现在，唉！我涕泪沾襟，我感受到了你的力量……"

1504 年到 1511 年间写的两首短小情诗（可能是写给同一个女子的），词句令人揪心：

"是谁在硬把我引到你身边去？……唉！唉！唉！……我是被紧紧地捆绑住的。可我仍是自由的！……

"我怎么可能不再属于我自己？噢，上帝！噢，上帝！噢，上帝！……谁硬把我与自己分离的？谁能比我更能指挥我自己？噢，上帝！噢，上帝！……"

1507 年 12 月，从博洛尼亚发出的一封信的背面，写着这样一首十四行诗，其肉欲的精确描绘令人回想起波提切利来：

"鲜艳的花冠戴在她的金发上，她是多么地幸福啊！鲜花竞相轻抚她的额头，谁将第一个吻她！紧束她的酥胸、下摆张开的衣裙每日里是多么幸福。金色的衣料永不知疲倦地摩挲着她的面颊与香颈。最幸运的是那条轻束着丰乳的金丝带。腰带似乎在说：'我愿永远缚住她……'啊！……我的双臂将做什么呀！"

在一首带有自由性的长诗中——是一种忏悔，很难确切引述，米开朗琪罗用极其直白的词语描写了自己爱情的悲伤：

"我一天见不着你，我怎么也无法安宁。一旦见到你，仿佛饥饿者见到了食物……当你对我微笑时，或者你在街上招呼我时，我的心腾地燃烧起来……当你跟我说话时，我的脸发红，我说不出话来，而我那巨大的欲念顿时消失……"

接着是一声声痛苦的呻吟：

"啊！无尽的苦痛，当我想到我钟爱的女子根本不爱我时，我肝肠寸断！怎么活呀？……"

下面几句是他写在梅迪西家庭小教堂圣母像的画稿旁的：

"阳光普照大地，可我孤独地在黑暗中受煎熬。人人欢快，而我却躺在地上，在痛苦中呻吟，哭泣。"

在米开朗琪罗的强有力的雕刻与绘画中，却是没有表现爱的。他在作品中只表露其最英勇的思想，他似乎觉得加进心灵的脆弱是可耻的，他只在诗中倾诉自己。必须到诗里去寻找这颗被粗犷的外表包裹着的胆怯而温柔的心的秘密：

"我在爱，我为什么生出来？"

* * * * *

西斯廷的任务完成了，尤利乌斯二世也去世了，米开朗琪罗回到佛罗伦萨，回到他一心牵挂着的计划上来：建造尤利乌斯二世陵寝。他签了合同，保证七年完工。三年间，他几乎完全投身于这项工作。在这段相对平静的时期——这是忧伤但宁静的成熟时期，西斯廷时期的疯狂激越已经平缓下来，犹如波涛去后恢复了平静的大海——米开朗琪罗创作了最完美的作品，最好地实现了其激情与意志的平衡的作品：《摩西》和藏于卢浮宫的《奴隶》。

但这只是转瞬间的事：他生命的狂潮几乎随即又掀起来了，他又落入黑夜之中。

新教皇利奥十世竭力在把米开朗琪罗从其前任的光辉之中拽走，让他为自己的荣光增光添彩。对于他来说，这是个脸面问题，而不是什么同情与否的问题，因为他那伊壁鸠鲁派的思想不会明白米开朗琪罗的忧伤天才的，他的所有恩宠全都给了拉斐尔。但是为西斯廷大教堂增光的那个人是意大利的骄傲，利奥十世想驯服他。

他建议米开朗琪罗把佛罗伦萨的梅迪西家族教堂——圣·洛朗教堂的面墙修造好。米开朗琪罗因为想要与拉斐尔一争高低——后者趁他不在期间使自己在罗马成了艺术上的君主，便不由自主地被拉到这个新的任务上来，而他想既干新工作又不放弃旧任务，物质上来说也是不可能的，这将成为他无尽的烦恼愁苦的缘由。他在尽量使自己相信，他可以让尤利乌斯二世的陵寝与圣·洛朗的面墙齐头并进。他打算把主要工作交给一名助手去干，而自己则只去搞那些主要的雕像。但是，按照他的习惯，他逐渐地醉心于自己的计划，很快他就无法再容忍自己与他人分享荣誉了。尤有甚者，他担心教皇会收回成命，他恳求利奥十世把自己拴在这新的锁链上。

当然，继续建造尤利乌斯二世的陵寝对他来说已不可能了。但是，最可悲的是，他无法修造圣·洛朗的面墙。光拒绝任何合作者还嫌不够，他那可怕的怪癖——想什么都亲自动手，单枪匹马地去干——使他不老老实实地待在佛罗伦萨干自己的活儿，反而跑到卡拉雷去监督采石工作，他在那儿遇上了各式各样的困难。梅迪西家人想用最近佛罗伦萨刚被收购的皮耶特拉桑塔采石场的石料，而不喜欢卡拉雷采石场的。因为用了卡拉雷采石场的石料，米开朗琪罗被教皇无端指责被人收买了；因为不得不遵从教皇的命令，他又被卡拉雷人责难，后者与利古里亚水手联合起来，使他找不到一条船替他把大理石从热那亚运到比萨去。他不得不修筑一条路来穿山越岭，其中有一段路是架在木桩上的，以便穿过沼泽平原地带。当地人又不愿意为筑路付出，工人们一点儿也不会干活儿。采石场是新建的，工匠们也都是新手。米开朗琪罗哀叹道：

"我想征服山峦，把艺术带到这里，可那竟同让死人复活一样地艰难。"

然而，他矢志不移：

"我答应的事，我就一定要做，不管有多么艰难。我将干成在意大利从未做过的最漂亮的事业，如果上帝助我的话。"

枉费了多少的力气、热情和才气啊！因为疲劳和操心过度，1518年9月末，他在塞拉韦扎病倒了。他很清楚自己的健康与梦想被这苦役活儿损毁了。他终将被开始干活儿的欲望与无法干活儿的焦虑死死地缠绕着，他还有其他的无法兑现的承诺在追逼着他。

"我急得要死，因为我的厄运使我无法干我本想干的事……我痛苦得要命，我让人以为自己是个大骗子，尽管这根本就不是我的过错……"

回到佛罗伦萨，他成天焦急地等待着运送大理石的船队的到来，但是阿尔诺河干涸了，满载着石料的船只无法溯流而上。

船只终于来到了：这一下该可以开工了吧？不行。他回到采石场去，他坚持必须等到大理石料堆积成山（如同以前建造尤利乌斯二世陵寝时那样）方可开工。他把开工日期一拖再拖，也许他害怕开工。他是不是太夸口了？这么巨大的一项建筑工程，他是不是太冒失了？这根本就不是他干的活儿，他去哪儿学去？可此时此刻，他进也不是退也不是。

费了那么多周折却一点儿也没能保证大理石的运输安全。在运往佛罗伦

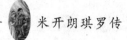

萨的六根独石巨柱中，有四根在途中断裂了，甚至有一根就是到了佛罗伦萨才断裂的。他上了他的工人们的当。

最后，教皇和梅迪西红衣主教眼见这么多宝贵的时间被白白地浪费在采石场和泥泞的路上，非常地不耐烦了。1520 年 3 月 10 日，教皇下了敕令，取消了米开朗琪罗于 1518 年签订的加高圣·洛朗教堂的面墙的合同。米开朗琪罗只是在派来代替他的一队队工人到达皮耶特拉桑塔时才得知这一消息的。他受到了严重的伤害。

"我不同红衣主教计较我在这儿浪费掉的那三年时光，"他说，"我不同他计较我被圣·洛朗的活计毁损到什么地步。我不同他计较忽而委任我忽而撤销我所给我带来的侮辱：我连为何如此待我都不明白！我不和他计较我失去的和我支出的所有一切……现在，这事可以概括如下：利奥教皇收回了已砍制的石料的采石场；我剩下的只是我手中的钱——五百杜卡托——以及人家还给我的自由！"

米开朗琪罗应该指责的不是他的保护者们，而是他自己，这一点他很清楚。这就是他最大的痛苦，他在与自身争斗。从 1515 年到 1520 年，正值其力量充沛、才华横溢之时，他都干了些什么——苍白乏味的《密涅瓦基督》——一件其中不见米开朗琪罗的米开朗琪罗的作品！而且，就连这件作品他也没有完成。

从 1515 年到 1520 年，在伟大的文艺复兴的这最后的几年中，在种种灾难即将结束意大利之春之前，拉斐尔绘了《演员化妆室》《火室》以及各种题材的杰作，修建了公主别墅，领导建造圣彼得大教堂，领导了古迹挖掘、筹备庆典、修建纪念碑，掌管艺术，创办了一所人数众多的学校，然后，满载着丰硕成果溘然长逝。

* * * * *

他幻灭的苦涩、年华虚度的失望、希望的破灭、意志的被粉碎，凡此种种，在他以后一个时期的阴暗的作品中反映了出来，诸如梅迪西家族坟墓，以及尤利乌斯二世纪念碑上的那些新雕像。

自由的米开朗琪罗，一生只是从一个枷锁落入另一个枷锁，不停地更换主人。红衣主教尤利乌斯·德·梅迪西不久当上了教皇，名为克雷蒙七世，自 1520 年至 1534 年，主宰着他。

人们对克雷蒙七世颇多微词。无疑，他同所有的教皇一样，总想让艺术和艺术家成为他光宗耀祖的奴仆。但米开朗琪罗没有什么太多的东西可抱怨他的。没有一个教皇像克雷蒙七世对他那么恩爱有加的；没有一位教皇比他对米开朗琪罗的作品表现出那么持久那么强烈的兴趣的；没有一位教皇像他那么了解米开朗琪罗的意志脆弱，必要时鼓励他振作，阻止他枉费精力的。即使在佛罗伦萨发生骚乱和米开朗琪罗反叛之后，克雷蒙对他的爱护也一如既往。但是，要医治这颗伟大的心灵的烦躁、狂乱、悲观和致命的忧愁，靠他却解决不了问题。一个主人的个人仁慈又有何用？那毕竟是个主人啊！

"我曾为诸位教皇服务过，"米开朗琪罗后来说道，"但那都是被逼无奈的。"

一点点荣耀和一两件佳作又能怎样？这同他所梦想的相去甚远！……可老已将至，而一切都在他周围黯淡下来。文艺复兴正在覆灭，罗马即将遭受蛮族的蹂躏。一个悲哀的神的可怕阴影即将重压在意大利的思想上。米开朗琪罗感觉到悲惨时刻的来临，他为一种令人窒息的焦虑苦恼着。

克雷蒙七世把米开朗琪罗从其深陷其中的焦头烂额的工作中拉出来之后，决定把他的天才投向一条新的道路，并可以密切地注视他。他委托米开朗琪罗建造梅迪西家族的小教堂和坟墓，他想让他一心为他效劳。他甚至劝米开朗琪罗加入教派，并赠予他一笔教会俸禄。米开朗琪罗拒绝了，但克雷蒙七世仍然给他以一笔月薪，是他所要求的三倍，而且还把与圣·洛朗教堂毗邻的一幢房子赠给了他。

似乎一切都顺顺当当，教堂的工程也积极地在开展。突然间，米开朗琪罗放弃了那幢房屋，并拒绝了克雷蒙七世按月发放的薪俸。他经历着又一次灰心的危机。尤利乌斯二世的继承者们不能饶恕他放弃已开始的工作，他们威胁他说要控告他，指责他为人不老实。米开朗琪罗一想到打官司便吓得发疯，他的良心认为他的对手们言之有理，并责怪他爽约：他觉得只要不退还他从尤利乌斯二世那儿拿到的钱，他是不可能收受克雷蒙七世的钱的。

"我不再干活儿了，我不再活了！"他写道。他恳求教皇在尤利乌斯二世的继承者们面前疏通，帮他偿还他欠他们的全部的钱：

"我将卖掉一切，我将尽一切可能把这钱还上。"

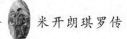

要么就允许他全身心地投入尤利乌斯二世纪念碑的建造：

"我更渴望摆脱这笔债务，这胜过我对生的渴求。"

一想到克雷蒙七世假如突然去世，他就会受到他的敌人们的追逼，他像个孩子似的绝望地哭泣着说：

"如果教皇撇下我，我就无法再在这个世上待下去了……我不知道自己在写些什么，我完全昏头涨脑的了……"

克雷蒙七世对这种艺术家的沮丧并不看得太严重，他坚持要他别中断梅迪西家族小教堂的修建。米开朗琪罗的朋友们一点也弄不明白他的种种顾虑，劝他别出拒绝月薪的洋相。有的朋友认为他做事不加考虑而狠狠地敲打他，请求他今后别再这么由着自己的性子来。也有的朋友给他写信说：

"有人告诉我说您拒绝了您的薪俸，放弃了那幢房子，并停止干活儿，我觉得这纯粹是疯癫行为。我的朋友，我的伙伴，您这是在使亲者痛、仇者快……您别再去管尤利乌斯二世的陵寝了，收下您的薪俸，因为他们是真心诚意地给您的。"

米开朗琪罗仍执拗着——教廷司库抓住他的话把儿戏弄他，取消了他的月薪。可怜的人穷途末路，几个月后，被迫又要求得到他先前拒绝了的钱。一开始，他羞惭地、怯生生地在要求：

"亲爱的乔凡尼，既然笔总是比舌头更加大胆，那我就把我这几天来一再想向您开口可又没有勇气启齿的话写给您吧：我还能得到月俸吗？……如果我确信我已不能再得到的话，我也丝毫不会改变自己的态度：我仍将尽我之所能为教皇干活儿，但我将算清我的账。"

后来，迫于生计，他又写了一封信：

"在仔细考虑之后，我看出圣·洛朗的工作是多么牵动着教皇的心，既然教皇考虑到我不为生计所累，更好地为他效劳而亲自决定赏赐我以月俸，那我要是拒绝就会耽误工作的。因此，我改变了初衷，我此前一直不要这份月俸，现在出于种种难言之隐，我要求得到它了……您是否愿意给我，并从曾答应我的那一天算起？请告诉我您希望我何时去取。"

人家想教训一下他，人家在装聋作哑。都两个月了，他还是一分钱也没拿到，然后他不得不一再地要求月俸。

他苦恼不堪地干着活儿，他抱怨说这些烦恼阻塞了他的想象力：

"……烦恼使我大受其害……人无法手在干一件事而脑袋又在于另一件

事，特别是在雕塑方面。人家说这一切有利于刺激我，可我却认为这是要刺坏我，会使人倒退的。我已一年多未得到月俸了，我在同贫困进行着斗争。我形单影只地处于艰难之中，而且我的艰难已经够大的了，使我已无心于艺术了，我没有办法雇人来帮助我。"

克雷蒙七世有时为他的痛苦而动容，他让人友爱地转达他的同情。他向他保证，"他活一天就会恩宠他一天"。但是，无可救药的梅迪西家族的无聊占了上风，他们非但不减轻他的一部分任务，反而又提出新的要求：其中就要求他完成一件荒唐的巨人雕像，巨人头上要顶着一座钟楼，而胳膊上要托着一个壁炉。米开朗琪罗不得不为这一怪念头花费了一段时间。此外，他还不得不经常地解决他与他的工人们、泥瓦匠们、车夫们的问题，因为他们受到八小时工作制的先驱们的蛊惑宣传。

与此同时，他的家庭烦恼也有增无减。他父亲随着年岁增大，脾气越来越坏，蛮不讲理。有一天，他竟然从佛罗伦萨逃走，说是被他儿子赶走的。米开朗琪罗给他写了一封感人至深的信：

"亲爱的父亲，昨天回家，不见您在家，吓得我不知所措。现在，我得知您在埋怨我，说是我把您赶走的，我对此更加地惊愕不已了。自我出世到今天，我深信我从未做过任何让您不开心的事。我所忍受的一切痛苦，始终是出于对您的爱去忍受的……我一直是站在您的一边的……就在前几天，我还跟您说，并答应您，只要我活一天，我就把我全部的精力奉献给您，我现在再一次地这么答应您。我很惊诧您这么快就把这一切全都给忘记了。三十年来，您是很了解我的，您和您的儿子们都知道，我一直是尽自己所能对你们很好的，无论是思想上还是行动上。您怎么可以到处去说我把您赶走了呢？您看不出这对我的名声有多大影响吗？我现在的烦心事儿已经够多的了，而且，我的烦心事全都是因为爱您的缘故！您就这么回报我呀！……不过，该怎么样就怎么样吧，我想让自己确信，我从未给您丢过脸，从未让您受到损害。而我想请您原谅我，就当我真的做了对不起您的事吧。请原谅我吧，就当作是在原谅一个一贯放荡不羁、给您干尽了坏事的儿子吧。我再一次地恳求您原谅我这么一个悲苦之人。别把那所谓撵走您的恶名加在我的头上，因为名声对于我来说比您所认为的要重要得多，不管怎样，我可总归是您的儿子呀！"

这么多的爱、这么多的谦卑只是片刻地平息了老人那尖酸刻薄的思想。

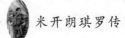

一段时间过后，他又指责儿子偷了他的钱。米开朗琪罗被逼无奈，就又给他写了一封信：

"我也不知道您到底要我怎么样。如果我活着让您受累的话，那您已经找到摆脱我的办法，您很快就可以掌握您认为我拥有的财宝的钥匙了。而您这样做很好，因为佛罗伦萨每个人都知道您是一个无比富有的人，知道我老在偷您的钱，知道我该受到惩罚：您将被人大加颂扬！……您想要我怎么样就尽管说，尽管喊吧，但就是别再给我写信了，因为您让我无法工作了。您迫使我向您提及您二十五年来从我这里得到的所有一切。我不想说，但最终我不得不说！……您得当心……人只能死一回，死了就不能回来补赎自己所干的错事了，您是不见棺材不落泪。愿神保佑您！"

这就是他从他家人那儿得到的帮助。

"忍耐吧！"他在给一位友人的信中叹息道，"愿上帝绝不要允许使他高兴的事却让我不快！"

人处于这番愁苦之中，工作自然没有进展。当1527年把意大利弄得天翻地覆的那些政治事件突然而至时，梅迪西家族小教堂的雕像一个都还没有做成。因此，1520年到1527年这段新时期只是在他前一阶段的幻灭与疲惫上又增添了新的幻灭与疲惫。对于米开朗琪罗来说，十多年来，没有带来任何一件完成之作、任何一项实现了的计划的欢乐。

 精华赏析

随着教皇的更替，米开朗琪罗的主人也在更换。他从一个枷锁落入另一个枷锁，失去了自由的权利。文中用信件和诗歌的形式，将他的状况直接展现出来，真实而又直白。一次次的失败将他推向崩溃的边缘，他却无能为力。从米开朗琪罗给父亲的回信中，可以看出他所承受的家庭烦恼越来越重，连亲生父亲也不让他安宁。

延伸思考

1. 这十多年间，米开朗琪罗为何没有一件成功之作？

2. 为何每一任教皇都要争夺米开朗琪罗为他们服务？

三、绝望

名师导读

　　米开朗琪罗始终坚守着民主与共和的信念，他是个偏激且狂热的佛罗伦萨人。当佛罗伦萨失陷后，他的信念的基石开始崩溃，陷入绝望。他同大多数人一样感到惊恐，想到逃离和退缩。他的思想极其混乱，他想到了自杀。谁可以来拯救他？

　　他对于一切事物，对他自己，都深觉厌恶，致使他被卷入1527年在佛罗伦萨爆发的革命洪流之中。

　　米开朗琪罗此前在政治事务中的态度，与他在生活中和艺术上始终颇受其苦的态度一样，凡事总是犹豫不决。他从来也未能把自己的个人情感与对梅迪西家族的义务协调起来。这个暴烈的天才在行动中始终是胆怯的，他不敢冒险去同这个世界上的强权在政治上和宗教上进行斗争。他的信件反映出他总是在为自身，在为家人担忧，害怕受到牵连，万一因一时气愤，说了什么反对专制行为的过头的话，就马上加以否认。他老是写信给家人，让他们小心谨慎，少说为佳，一有什么动静就赶快逃离：

　　"要像发生瘟疫时那样，首先逃走……生命重于财富……要息事宁人，不要树敌，除了上帝，对谁也别相信。不要说任何人的好话或坏话，因为谁也不知将来会怎样，管好自己的事就行了……什么事也别搅和。"

　　他的兄弟及朋友都嘲笑他这么胆小怕事，认为他是个疯子。

　　"不要嘲笑我，"米开朗琪罗伤心地回答说，"一个人是不该嘲笑任何人的。"

　　这位伟人的永固不去的战战兢兢实际上并没有什么好笑话的。他那可悲的神经倒是应该同情的，它们使他成了恐惧的玩偶，他虽然在同恐惧斗争着，但却总也无法战胜它。危险临头时，他的第一个反应就是逃走，但经过一番磨难之后，他竟能强逼自己的肉体与精神去承受危险，他这样倒是更加地了不起。再说，他比别人更有理由害怕，因为他更聪明，而他的悲观主义能使他更加清楚地预见到意大利的种种不幸。但是，为了让天生怯弱的他参与到佛罗伦萨的革命洪流中去，则必须让他处于一种绝望的激越之中，使他能够发现自己的灵魂深处。

这颗灵魂虽然那么胆战心惊地在反省自己，却是充满着热烈的共和思想的。这种情况我们可以在他信心十足或激情狂热之时偶尔会流露出来的话语中感觉得到的，特别是他后来在同他的朋友们——卢伊吉·德·里乔、安东尼奥·佩特罗和多纳托·贾诺蒂——谈话时表现得更明显。贾诺蒂在其《但丁神曲对话录》中就引述过他们的谈话。朋友们觉得惊讶，为什么但丁会把布鲁图斯和卡修斯放在地狱的最后一层，而把恺撒放在其上①。当朋友们问及此事时，米开朗琪罗对刺杀暴君者大加颂扬，说道：

"如果你们仔细地读过头几篇的话，你们就会看到但丁对暴君们的本性知之甚详，他知道他们应该受到神和人什么样的惩处。他把暴君们归于'残害同胞'这类人中，让他们被罚入第七层地狱，受沸水煎熬……既然但丁是这么看待这个问题的，那他必然认为恺撒是他的祖国的暴君，而布鲁图斯和卡修斯刺杀他是完全正确的，因为杀一个暴君，并不是在杀人，而是在杀一个长着人头的野兽。所有的暴君都毫无感知，他们丧失了人性：他们已不再是人，而是兽。他们对同类没有任何的爱是昭然若揭的，否则他们就不会抢掠属于别人的东西，也不会变成践踏他人的暴君了……很明显，刺杀暴君者并不算是谋杀，因为他杀的不是一个人，而是一头野兽。因此，布鲁图斯和卡修斯在杀恺撒时并没犯罪。首先，他们刺杀了一个每个罗马公民都坚持要按照法律杀掉的人。再者，他们杀的不是一个人，而是一个长着人头的兽。"

因此，当罗马被查理—坎特的大军攻陷、梅迪西一家被放逐的消息传到佛罗伦萨，全城处于民主与共和思想觉醒的日子里的时候，米开朗琪罗站到了佛罗伦萨起义者的前列。在平常的日子里，劝诫家人像躲瘟疫似的逃避政治的这么一个人，却处于这么一种极度狂热的状态之中，对什么都无所畏惧了。他留在了瘟疫和革命肆虐的佛罗伦萨。瘟疫传染到他的兄弟博纳罗托身

名师注解

① 而把恺撒放在其上：意为受罪更重。

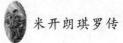

上，他死在米开朗琪罗的怀里。1528 年 10 月，他参加了守城会议。1529 年 1 月 10 日，他被选为城市防御工程的监管；4 月 6 日，他被任命为佛罗伦萨城防工事总监，任期一年；6 月，他去视察了比萨、阿雷佐和里窝那的城防；7 月和 8 月，他被派往费拉雷，检查那里的著名的防御工事，并同公爵兼防御工程专家商讨。

米开朗琪罗认为佛罗伦萨的防御重中之重就是圣米尼亚托高地，他决定建一些炮台以加强这一防御阵地。但是不知何故，他遭到了行政长官卡波尼的反对，后者想方设法地要把米开朗琪罗从佛罗伦萨赶走。米开朗琪罗怀疑卡波尼和梅迪西党人想甩掉他，不让他守卫佛罗伦萨，因此他便在圣米尼亚托住了下来，没再挪窝儿。但是，他那病态的怀疑症很容易接受一座被围困的城市总在流传着的种种叛变的传言，而这一次，传言可是言之凿凿的。可疑的卡波尼被撤去行政长官一职，由弗朗切斯科·卡尔杜奇接替。但是，令人不安的马拉泰斯塔·巴利翁却被任命为佛罗伦萨军队的司令，后来他把该城拱手献给了教皇。米开朗琪罗预感到了马拉泰斯塔会叛变。他把自己的担心告诉了市政议会。"市政长官卡尔杜奇非但不感谢他，还把他给臭骂了一通，斥责他总是疑神疑鬼，胆小怕事。"（据孔迪维记述）马拉泰斯塔得知米开朗琪罗在揭发他，便散布说：像他这种德性的人，为了躲避一个危险的对手，是什么都不顾忌的；而且，他在佛罗伦萨有权有势，像个大元帅似的。米开朗琪罗知道自己完蛋了。

"然而，我一直决意毫无所惧地等待着战争的结束，"他写道，"但是，9 月 21 日，星期二早晨，有个人跑到圣尼古拉门外（我当时正在炮台上）悄悄地告诉我说，如果我想活命的话，就别在佛罗伦萨久留。他同我一起回到我的住处，与我一起吃了饭，替我牵了马来，看到我出了佛罗伦萨之后，他才离去。"

瓦尔基还另外补充说："米开朗琪罗在三件衬衫上缝上一万二千金弗罗林，再把衬衫做成短裙。在逃出佛罗伦萨时并非没有困难，他是从把守不严的正义门逃出去的，带着里纳多·科尔西尼和他的学生安东尼奥·米尼。"

"我不知道是神还是鬼在后面推着我。"几天后，米开朗琪罗写道。

是他的那个惯常的荒唐恐惧的魔鬼在怂恿着他。据说在半路上，在卡斯泰尔诺沃，他在前行政长官卡波尼处下榻时，他绘声绘色地讲述了他的遭遇与预感，以致老人吓得九天之后便死去了！如果此言当真，可见他当时该是处于多么恐惧的状况之中。

9月23日，米开朗琪罗在费拉雷。在狂乱之中，他拒绝了公爵的盛情邀请，不愿留在城堡中，而是继续逃亡。9月25日，他到了威尼斯，市政议会得知，立即给他派了两位侍从前去，以满足他的一切需要。但是，羞愧与粗犷的他拒绝了，退隐到乌德卡去。他认为这躲得还是不够远，他想逃往法国。在他到达威尼斯的当天，就给弗朗索瓦一世在意大利采购艺术品的代理人巴蒂斯塔·德·帕拉写了一封急切的信：

"巴蒂斯塔，亲爱的朋友，我离开了佛罗伦萨，要到法国去。可是，到了威尼斯之后，我打听了路径，人家跟我说，要去法国，必须穿过德国地界，这对我来说是既危险又艰难的。您还想去法国吗……请您告诉我，我在哪儿等您好，我们可以一起走……请您收到此信之后尽快地回答我，因为我急不可耐地要去法国。如果您已无意再去法国，也请告诉我，以便我横下心来独自前往……"

法国驻威尼斯使节拉扎尔·德·巴尔夫赶忙写信给弗朗索瓦一世和蒙莫朗西陆军统帅，请他们赶紧趁机把米开朗琪罗留在法国宫廷。法国国王立即表示要给米开朗琪罗一笔年金和一幢房子。但是，信件往返自然需要一定的时间；当弗朗索瓦一世的复信到来时，米开朗琪罗已经回到佛罗伦萨了。

他的狂热消退了，在吉乌德卡的寂静之中，他有时间为自己的恐惧而羞惭。他的逃亡在佛罗伦萨闹得沸沸扬扬。9月30日，市政议会下令，但凡逃亡的，如果在10月7日之前不归，将以反叛罪论处。到了指定的那一天，逾期未归的逃亡者都被定为反叛者，财产全被没收。然而，米开朗琪罗的名字尚未列在名单上；市政议会给了他一个最后期限，佛罗伦萨驻费拉雷的使节加莱奥多·朱尼通知佛罗伦萨共和国说，米开朗琪罗得到此法令的时间太晚了，并说他正在准备返回，如果对他赦免的话。市政议会饶恕了米开朗琪罗，并让石匠巴斯蒂阿诺·迪·弗朗切斯科把一张特别通行证带到威尼斯交给米开朗琪罗。巴斯蒂阿诺同时还给他带去十封友人的信，全都是恳求他回去的。其中有一封是豪爽的巴蒂斯塔·德·帕拉写给他的，充满着对祖国的爱的召唤：

"您所有的朋友，不论持何种观点，都毫不迟疑地、异口同声地恳求您回来，为了您的生命、您的祖国、您的朋友、您的财产以及您的荣誉，并且还为了享受这个您曾强烈渴求与盼望的新时代。"

他相信对于佛罗伦萨来说，黄金时代回来了，而且他还毫不怀疑正义事业胜利了。但这个可怜的人成了梅迪西家族归来后反动势力的第一批受害者之一。

巴蒂斯塔的话打动了米开朗琪罗。他归来了——慢慢地归来的，前往卢克奎迎接他的巴蒂斯塔·德·帕拉等了他多日，都快不抱希望了。最后，11月20日，米开朗琪罗才回到佛罗伦萨；23日，市政议会撤销了对他的指控状，但却决定三年内不许他参加大会议。

从此，米开朗琪罗英勇地恪尽职守，直到最后。他又恢复了在圣米尼亚托的职位，那里已遭敌人的炮击有一个月之久。他重新加固了高地上的防御工事，发明了一些新的武器，还从钟楼上垂下毛线包和被褥，据说大教堂因此而完好无损。有关他在围城期间的最后一个行动是1530年2月22日的一则消息上传的，说他爬上大教堂的圆顶，以便监视敌人的行动，或者是为了察看圆顶的状况。

然而，预料的灾难降临了。1530年8月2日，马拉泰斯塔·巴利翁叛变；12日，佛罗伦萨投降，皇帝把该城交给了教皇的特使巴乔·瓦洛里，于是行刑开始了。开始几天，什么也无法阻止战胜者们的报复行为。米开朗琪罗的挚友们，诸如巴蒂斯塔·德·帕拉，是属于第一批被杀害的。据说，米开朗琪罗躲藏在阿尔诺河对岸的圣尼科洛教堂的钟楼里了。他完全有理由害怕：谣言说他曾想拆毁梅迪西府。但是，克雷蒙七世对他的关爱丝毫未减。据塞巴斯蒂安·德·皮翁博说，在得知米开朗琪罗在围城期间的情况时，克雷蒙七世很是寒心，但他也就只是耸了耸肩说："米开朗琪罗很不应该，我可从未伤害过他。"战胜者们最后的怒气刚一消去，克雷蒙七世便给佛罗伦萨写信，命令寻找米开朗琪罗，并且补充说道，如果他愿意继续搞梅迪西家族陵寝的话，他将会受到他应有的待遇。

米开朗琪罗露面了，重新为他曾反对的那些人的荣耀工作。这个可怜的人还不止于此，他还同意替教皇干过各种坏事的工具以及杀害其好友巴蒂斯塔·德·帕拉的凶手巴乔·瓦洛里，雕刻《拈了搭箭的阿波罗》。不久，他便否定佛罗伦萨的被逐者们。一个伟大人物的可悲的弱点，把他逼得卑怯地在物质力量的暴虐淫威之下低头，为的是保全自己那艺术之梦，否则就会被任意扼杀至死！他把自己整个晚年全都用于为使徒彼得建造一个超凡的纪念碑上，那是不无缘由的：他同彼得一样，不止一次听到雄鸡啼唱时痛哭流涕。

他被迫说谎，被迫奉承瓦洛里，被迫赞颂乌尔班公爵洛朗，他为此而痛苦不堪，羞愧难当。他一头扎进工作中，把所有的虚无狂乱全发泄在其中。他根本不是在雕刻梅迪西家族，而是在为自己的绝望雕像。当别人向他指出朱利阿诺和洛朗·德·梅迪西雕得不像时，他巧妙地回答说："千年之后谁还能看出像与不像？"他把一个雕成"行动"，把另一个雕作"思想"，而基座上的那些雕像是在诠释这两尊雕像——《昼》与《夜》，《晨》与《暮》，它们都道出了生之痛楚与对现世之厌恶，人类痛苦的这些不朽的象征于 1531 年完成。绝妙的嘲讽！谁都没有看出来。乔凡尼·斯特罗齐看到这可怕的《夜》时，写下了几句诗：

"《夜》，你看到如此甜美地睡着的《夜》，是由一位天使在这块岩石上雕成的；因为它睡着，所以它活着。如果你不信，请唤醒它，它会同你说话的。"

米开朗琪罗回答说：

"睡眠对我来说是弥足珍贵的。当罪恶与耻辱继续着的时候，成为石块则更加难能可贵。眼不见耳不闻对我来说是一大幸福，因此别叫醒我，啊！说话轻点儿！"

在另一首诗中他又呼喊道：

"人们睡在天空中，因为只有一个人能把那么多人的好的东西占为己有！"

被奴役的佛罗伦萨在回答他的呻吟：

"在您神圣的思想中，您不要被扰乱。以为已把您从我这儿夺走的那个人，是享受不到其大罪大恶的乐趣的，因为他异常恐惧。些微的欢乐对于恋人们来说是完满的快乐，因为它浇灭了欲念，而苦难则因希望太大而使欲念增强。"

必须考虑到罗马的遭劫和佛罗伦萨的陷落对当时人们心灵的影响：理智的可怕破灭和崩溃，许多人从此便一蹶不振了。

塞巴斯蒂安·德·皮翁博陷入一种及时行乐的怀疑主义之中：

"我竟然落到这步田地，宇宙可以塌陷，我可以毫不介意，我嘲笑一切事物……我不认为我仍是罗马遭劫之前的那个巴斯蒂阿诺，我无法回到我自己。"

米开朗琪罗想到自杀：

"万一允许自杀的话，那完全应该将此权利给予那个满怀信仰，却过着奴隶般的悲惨生活的人。"

他的思想极其混乱，1531年6月，他病倒了。克雷蒙七世竭力抚慰他也无济于事。他让他的秘书并让塞巴斯蒂安·德·皮翁博告诉他，别太劳累，要有节制，活儿干得轻松些，抽空散散步，不要把自己弄得像个囚犯似的。1531年秋，大家在为他的生命担心。他的一个朋友给瓦洛里写信说："米开朗琪罗已精疲力竭，瘦得不成人样了。我最近同布贾尔迪尼及安东尼奥·米尼还谈起过：我们都觉得，如果不认真地关怀他，他活不了多久了。他干活儿太多，吃得却又少又差，而睡得就更少了。一年来，他被头疼心口疼折磨得够呛。"克雷蒙七世真的担心起来，1531年11月21日，教皇下令禁止米开朗琪罗除了尤利乌斯二世陵寝和梅迪西家族陵墓以外再干别的活儿，否则将开除其教籍，为的是照顾他的身体，"使他能够更久地为罗马，为他的家庭，为他自己增光添彩"。

教皇保护他免受瓦洛里们和阔绰的乞丐们烦扰，因为他们总喜欢跑来找他要艺术品，要求他替他们搞新的作品。"当有人向你求画时，"教皇让人代为执笔写信给米开朗琪罗，"你就把画笔系在脚上，划上几道，说，'画画好了。'"教皇还常在米开朗琪罗和越来越凶的尤利乌斯二世的继承人之间充当说客。1532年，乌尔班公爵的代表们和米开朗琪罗之间就陵墓事签订了第四份合同：米开朗琪罗答应另造一座新的很小的陵墓，三年内完工，一切费用由他负担，并再付两千杜卡托，作为对他以前从尤利乌斯二世及其继承者那儿得到的一切的赔偿。"只需让人在作品中嗅到一点您的气味就够了，"塞巴斯蒂安·德·皮翁博写信给米开朗琪罗说。——可悲的条件啊，因为米开朗琪罗签下的是他的伟大计划的破产，而且他还得为此付钱！但是年复一年，米开朗琪罗在他的那些绝望之作的每一件中，签订的实际上是他生命的破产，是他人生的破产。

在尤利乌斯二世陵寝的计划破产之后，梅迪西家族陵墓的计划也泡汤了。1534年9月25日，克雷蒙七世逝世。米开朗琪罗很幸运，当时不在佛罗伦萨。他早就在佛罗伦萨活得胆战心惊的了，因为亚历山大·德·梅迪西公爵很恨他。要不是出于对教皇的尊敬，他早就会叫人把他干掉了。自从米开朗琪罗拒绝建造一座要塞以控制佛罗伦萨全城之后，公爵对他的仇恨愈演愈烈。

但对于米开朗琪罗这个胆小的人来说，他这可是一个英勇之举，是他对自己祖国伟大的爱的表现。自那以后，米开朗琪罗已准备好遭到来自公爵方面的任何打击；当克雷蒙七世逝世时，他之所以保住了性命，完全是偶然所致——他当时没在佛罗伦萨。他从此不再回到那里去了。他不能再见到它。梅迪西家族小教堂告吹了，永远也完不成了。我们所了解的所谓梅迪西家族小教堂只是同米开朗琪罗所梦想的相关的一点点情况而已，留给我们的顶多也就是墙壁装饰的那点构架而已。米开朗琪罗不仅没有完成雕像的一半，没有完成他所设想的绘画，而且当他的门徒们后来竭力地要找回和补全他的构想时，他甚至都没法告诉他们他曾经是怎么想的：他就这样地放弃了自己所有的工作，竟致把什么都忘得一干二净。

* * * * *

1534 年 9 月 23 日，米开朗琪罗回到罗马，在那里一直待到去世。他离开罗马都二十一年了。在这二十一年中，他搞了尤利乌斯二世那未竟之陵寝的三尊雕像、梅迪西家族那未竟之陵墓的未能完成的七尊雕像、圣·洛朗教堂的未竟过厅、圣·玛丽·德·密涅瓦教堂之未竟的《基督》、为巴乔·瓦洛里作的未竟之《阿波罗》。他在艺术中，在祖国，失去了健康、精力和信仰。他失去了他最爱的一个兄弟，他失去了他崇敬的父亲。为了缅怀自己的兄弟和父亲，他写了一首痛心疾首的诗，但也同他所做的其他一切那样，没有写完，诗中充满了对死的渴求：

"苍天将你从我们的苦难中搭救走了。可怜可怜我吧，我像个行尸走肉！……你得其时，变成了神明；你不必再担心生存与欲念的变化了。（我写到此几乎无法不嫉妒……）仅仅给我们带来不切实的欢乐与切实的痛苦的命运与时间，不敢跨进你们的门槛。没有任何云彩能遮挡住你们的光亮，以后的时日无法对你们施暴，必需与偶然也左右不了你们。黑夜扑灭不了你们的光华，白昼尽管光亮无比也增加不了光华……由于你的死，亲爱的父亲，我学会了死……死并不像人们所认为的那样坏，对于人生的末日亦即在神坛前的开始之日和永恒之日的人来说倒是好事一桩。在那里，我希望并相信我能仰仗神的恩惠再见到你，如果我的理智把我那冰冷的心从尘世的泥淖之中拉出来的话，如果如同一切道德那样，父子间的崇高伟大的爱能在天庭增强

的话。"

尘世已没什么可以留住他的了：艺术、雄心、温情以及各种希望都已万事皆空了。他年已六十，人生似乎已结束了。他孤苦伶仃，他不再相信他的作品了；他怀念着死亡，他渴望着最终逃脱"生存与欲念的变化"，"逃脱时间的暴力"，逃脱"必需与偶然"的专横。

"唉！唉！我被我那飞逝的时日背叛了……我太过于期待了……时间飞逝，我已垂垂老矣。我无法再同身边的死神在一起忏悔，反省了……我枉然地在哭泣：没有任何的不幸可以同你失去的时间相比拟的……

唉！唉！当我回首往事时，我没有找到哪怕一天是属于我自己的！虚假的希望与徒劳的欲念，此时此刻我承认了，它们羁绊住了我，我又哭又爱，又激动又叹息（因为没有一种致命的情感是我所不了解的），我远离了真理……

唉！唉！我要走，但却不知去往何方；而且我害怕……如果我没弄错的话——噢！愿上帝让我弄错了吧！我看见，主啊，我看见因为我认识了善却作了恶而受到了永恒的惩罚。而我只剩下期盼了……"（《诗集》卷49）

 延伸思考

米开朗琪罗为他曾反对的那些人的荣耀而工作，你怎样理解这种行为？

下篇 舍弃

一、爱情

名师导读

爱情的力量是强大的，促使米开朗琪罗振奋起来。在优美的十四行诗中，可以看出他对卡瓦列里超越友情的爱，真挚、热烈。维多莉娅的爱使他重新焕发出盎然的生机，那些计划中的雕像相继完成，他的创作达到高峰，这就是爱的力量。

这时，在这颗破碎的心灵中，当一切生机悉数被剥夺之后，一种新的生命开始了，万紫千红的春天来临了，爱情之火燃烧得更旺了。但这份爱几乎不再有任何的自私和肉欲的成分，这是对卡瓦列里的美貌的神秘崇拜，这是对维多莉娅·科洛娜的虔敬的友谊，是两颗灵魂在神明方面的激烈相撞。这是他对他的失去父亲的侄儿们的慈父般的爱，是对穷苦人和弱者的怜悯，是神圣的仁慈。

名师点评

米开朗琪罗的爱是柏拉图式的精神上的爱。

名师点评

这是一种怎样的爱？

米开朗琪罗对托马索·德·卡瓦列里的爱是一般平庸思想——无论是正直的或不正直的思想——所理解不了的。甚至是在文艺复兴晚期的意大利，它也可能会引起一些使人恼火的解释，阿莱廷对此大加影射和挖苦。但是，阿莱廷们的辱骂（这总是少不了的），不可能损害米开朗琪罗。"他们以自己那小人之心去度米开朗琪罗的君子之腹"（米开朗琪罗致某人的一封信中语）。

没有任何灵魂比米开朗琪罗的更加纯洁的了，没有任何人对爱情的观念比他的更加虔敬的了。

"我曾经常听见米开朗琪罗谈论爱情，"孔迪维常说，"在场的人都说他所说的爱情全是柏拉图式的。就我而言，我不知道柏拉图关于爱情都说了点什么，但我很清楚，在我和他那么长远那么亲密的交往之后，我从他嘴里听到的只是最可敬的话语，可以扑灭青年人心中骚动狂躁的欲火。"

但这种柏拉图式的理想并无丝毫文学气味和冷酷无情：它与一种思想上的疯狂是一致的，这种疯狂使得米开朗琪罗成为他所看到的一切美的东西的奴隶。他自己也知道这一点，因此，有一天，在拒绝他的朋友贾诺蒂的邀请时，他说道：

"当我看见一个具有点才气或思想的人，一个为人所不为，言人所不言的人时，我便禁不住喜欢上他，于是，我便一心扑在他的身上，竟致不再属于我自己了……你们大家都是那么有才华，所以我要是接受了您的邀请，我就会失去自己的自由，你们每一个人都会窃去我的一部分。即使是舞蹈者和古琴手，如果他们在其艺术中出类拔萃的话，也将会使我听任他们的摆布！我非但不能因你们的陪伴而得到休息，增强体力，心情平静，反而使自己的心灵随风飘荡，无处停息。这样一来，日复一日地我就不知道自己会死在何处了。"（《对话录》，贾蒂诺著）

如果说他被思想、言语或声音如此这般地征服了的话，那他将被肉体之美更加地征服了！

"一张漂亮的脸蛋儿对我来说犹如马刺！世间没有什么能给我这么大的快乐的了。"

对于这位俊美外形的伟大创造者——同时又是一位虔诚笃信者来说，一个美丽的躯体就是肉体"面纱"之下显现的神圣。如同如火丛林前的摩西一样，他只是一个劲儿地颤抖着走近它。他所崇敬的对象对他来说，真的如他所说是一个"偶像"。他拜倒在它的面前，伟人的这种心悦诚服的谦卑，连高贵的卡瓦列里都看不过去。在美貌的偶像有着一颗庸俗可鄙的恶魂时——如费博·德·波奇奥——就更加地不可思议了。但米开朗琪罗对此视而不见……他真

人人都爱美，米开朗琪罗却不以为然。

的是视而不见吗？他是不愿意看到，他在自己的心中要把构思的雕像塑制完成。

那些理想情人中最早的，那些活生生的梦幻中最早的，是1522年的吉拉尔多·佩里尼。后来，米开朗琪罗于1533年又恋上了费博·德·波奇奥，1544年又恋上了塞奇诺·德·布拉奇。他对卡瓦列里的友情并非是一心一意的，但这友情却是持久的，而且达到了一种狂热的地步。从某种意义来说，不仅是因其朋友之美貌，而且也是其朋友的高尚道德使然。

瓦萨里说过："他爱托马索·德·卡瓦列里胜过其他一切人。卡瓦列里是罗马的一个贵族，人既年轻又热爱艺术；米开朗琪罗在一张硬纸板上为他画过一张真人大小的肖像——是他画过的唯一的这样的肖像，因为他厌恶画活人，除非此人美貌绝伦。"

名师点评
足见卡瓦列里在米开朗琪罗心中的地位之高，友谊之深。

瓦尔基补充说过："当我在罗马看到托马索·卡瓦列里先生时，我觉得他不仅仅表堂堂，无与伦比，而且风度翩翩，思维敏捷，举止高雅，确实值得人爱，特别是当你更加了解他时。"

米开朗琪罗于1532年秋在罗马邂逅他。卡瓦列里对米开朗琪罗那激情表白的信的第一封回信充满了尊严：

来信收悉，此信对我来说弥足珍贵，因为实出我之预料。我之所以说"实出我之预料"，是因为我不认为自己有资格收到像您这样的人的来信。至于别人对我的称赞，以及我的那些您所表示极其钦佩的工作，我可以告诉您，它们根本不值得让您这么伟大的举世无双的天才——我敢说世上再没有第二个如您一样的天才，去给一个初出茅庐、极其无知的年轻人写信的。可我也无法相信您是言不由衷的。我相信，是的，我确信，您对我的感情只是出于像您这样乃艺术化身之人对于那些献身并热爱艺术的人所必然具有的爱。我就是那些人中的一个，而且，就热爱艺术而言，我不逊于任何人。我答应您，我要好好地回报您的爱：我还从未爱过除您以外的任何人，我还从未盼望过除您的友情以外的任何友情……需要我为您效

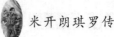

劳时请尽管说,我将永远为您效劳。

您忠诚的托马索·卡瓦列里

　　卡瓦列里似乎一直都保持着这种既尊敬又矜持的口吻。他直到米开朗琪罗临终时都一直是忠诚于他的,并为之送终。米开朗琪罗一直都信任他,他是唯一被认为对米开朗琪罗有所影响的人,而且他难能可贵地始终利用这一点来为他的朋友的幸福与伟大效劳。是他使得米开朗琪罗决心完成圣彼得大教堂圆顶的木制模型的,是他为我们保存了米开朗琪罗为建造圆顶而绘制的图纸的,是他致力于使之付诸实施的。而且,也是他在米开朗琪罗逝世之后,依照后者的意愿监督执行的。

卡瓦列里对米开朗琪罗的影响很大,可见两个人的感情很深。

　　但米开朗琪罗对他的友谊犹如一种疯狂的爱,他给他写了许多狂热的信,他仿佛头埋在灰堆里在向自己的偶像顶礼膜拜。他称他为"一个强有力的天才……一个奇迹……我们的时代之光";他恳求他"别瞧不起他,因为他无法与他相比,他是没人可以与之相提并论的",他把他的现在、他的未来全都赠予他。他补充说道:

　　"我无法把我的过去也赠予您,以便更久远地为您效劳,这对我来说是一种无尽的痛苦,因为未来是短促的:我太老了……我相信没有任何东西可以毁坏我们的友谊的,尽管我此言甚狂,因为我远不如您……我可以忘记我赖以生存的食粮,但不会忘记您的名字的。是的,我宁可忘记只是毫无乐趣地支撑着我的肉体的食粮,也不能忘记支撑着我的肉体与心灵的您的名字,它给了我那么多的温馨甜美,以致我只要想到您,我就永远不会感到痛苦,不会害怕死亡的——我的灵魂掌握在我把它交付于他的那个人的手里了……如果我不得不停止想念他的话,我就会立刻死去。"

米开朗琪罗不顾世俗的观念,真诚、直率地表达自己的爱意。

　　他赠予卡瓦列里一些精美的礼物:

　　"是一些惊人的素描,以红黑铅笔画的一些绝妙头像,那是他为了教他学习素描特意画的。然后,他还为他画了一幅《被宙斯翅膀举上天空的甘尼米》、一幅《鹰叼其心的提提厄斯》和一幅《法埃东乘太阳战车与酒神节的孩子们一起跌入波河》，全都是最精美、最上乘之作。"

他还给他寄过一些十四行诗，有时妙笔生花，但经常是阴暗的，其中有一些很快便在文学圈子中流传，并为全意大利家喻户晓。有人说下面这一首是"十六世纪意大利最美的抒情诗"：

"带着您的慧眼，我看到一缕温柔之光，那是我的盲眼所不再能看到的。您的双脚帮我承受了一个重负，那是我那瘫痪的脚所无法再承受的。因您的精神，我感到自己已飞升上天。我的意志全都包含在您的意志之中。我的思想在您的心中形成，而我的话语在您的喘息中露出。孤独时，我如同月亮，只有在太阳照亮它时，人们才能在天空中看见。"

另一首则更加著名，是赞颂完美友情的从未出现过的最美的赞歌之一：

"如果两个情人中存在着一种贞洁之爱、一种崇高的怜悯、一种同等的命运，如果残酷的命运打击了双方，如果唯一的一种精神、唯一的一种意志主宰着两颗心，如果两个躯体上的灵魂成为永恒，用同一副羽翼把他俩带往天空，如果爱神的金箭一箭穿透并焚烧两人的五脏六腑，如果一个爱着另一个，而且彼此均不自顾，如果二人都把他们的欢乐用以渴求二人同样的结局，如果成千上万的爱情不及联系着他俩的爱与信仰的爱的百分之一，那么一个怨恨的举动是否会割裂这样一条纽带？"

名师
点评

仔细品味这两首诗。

这种自我遗忘，这种把自我全部融于心上人之中的炽热馈赠，并不是总具有那种宁静清明的。忧伤重又占了上风，而被爱控制的灵魂在边呻吟边挣扎。

"我哭泣，我燃烧，我消耗自己，我的心中充满了苦痛……"

他在另一首诗中对卡瓦列里说："你呀，你把我对生的欢快夺走了。"

对于这些过于热情的诗，"被爱着的温柔之神"卡瓦列里报之以友爱和平静的冷淡，这种友谊的夸张令他心中暗自不快。米开朗琪罗对此表示歉意说：

"我亲爱的神，请勿因我的爱而恼怒，那只是奉献给你身上的优秀品德的，因为一个人的精神应该恋上另一个人的精神。我所企盼的是，我在你那俊美的面孔上所学到的，不能为一般人所理解。谁想明白它，先得死。"

当然，这种对美的激情只有诚实，毫无其他。但是，这份炽热而惶惑，而且不管怎么说都是纯洁的爱之谜毕竟还是令人不安而且头晕目眩的。

幸好，有一位女子的宁静的爱接替了这些病态的友情——为否认其生命的虚无和建立他渴求的爱而作的绝望的努力。这个女子善解这个老孩童，这个孤苦伶仃的失落于世的人，她给他那颗死了的心灵注入一点平和、信心、理智，去接受生与死的悲苦。

为何称为"病态的友情"？

* * * * *

那是 1533 年到 1534 年，米开朗琪罗对卡瓦列里的爱达到了顶峰。1535 年，他开始结识维多莉娅·科洛娜。

维多莉娅·科洛娜生于 1492 年。其父是法布里齐奥·科隆纳，帕利阿诺的富人，塔利亚科佐的亲王。其母名叫阿涅丝·德·蒙泰费尔特罗，是乌尔班亲王费德里戈的女儿。她家系意大利的一个名门望族，是深受文艺复兴光辉思想影响的家族之一。十七岁时，她嫁给了佩斯卡拉侯爵、大将军费朗特·弗朗切斯柯·德·阿瓦洛，即帕维尔的征服者。她很爱他，但他却一点儿也不爱她。她不漂亮，人们在那些纪念章上所看到的她的像，是一张男性的、有个性的、有点严厉的脸：高额头，长而直的鼻子，上唇短而苦涩，下唇微微前伸，嘴巴紧闭，下巴突出。

认识她并为她作传的菲洛尼科·阿利卡纳塞奥尽管措辞委婉，但仍流露出她长得很丑："当她嫁给佩斯卡拉侯爵时，她努力地提高思想天赋，因为貌不惊人，她便钻研文学，以获取这种不像容貌

通过文中的肖像描写，可以看出维多莉娅并不漂亮。

那样会消失的永不会磨灭的美。"她对智力一往情深。在一首十四行诗中，她写道："粗俗的感官无力造就一种能产生高贵心灵纯洁之爱的和谐，它们绝对激发不起欢乐与痛苦……闪亮的火焰把我的心升华到那么高，致使一些卑劣的思想会使它恼怒。"她生就没有能使英俊纵欲的佩斯卡拉爱她的地方。但是，爱的怪诞却使得她天生就是爱他并为之而痛苦的。

名师点评
一个痴情的女人。

她确确实实地因丈夫的不忠而痛苦异常，佩斯卡拉在家里都欺骗她，闹得整个那不勒斯满城风雨。可是，当他1525年去世时，她仍旧痛苦不堪。她躲进宗教里，埋首诗歌中。她遁入空门，先是在罗马，然后在那不勒斯，起先她并未完全与世隔绝：她寻求孤独只是为了沉浸在她对爱的回忆之中，只是为了以诗词歌赋来歌颂爱情。她同意大利的所有大作家都有来往，诸如萨多莱特、贝姆博、卡斯蒂廖内，而且卡斯蒂廖内还把他的《侍臣论》手稿托付给她，还有在其《疯狂的奥兰多》中称颂她的阿里奥斯托，以及保罗·佐夫、贝尔纳多·塔索、罗多维柯·多尔斯等。自1530年起，她的十四行诗便在整个意大利广为流传，并为她在当时的女子中赢得了唯一的殊荣。退隐伊斯基亚岛之后，她仍在平静的大海里的美丽海岛的孤寂中，歌唱她那蜕变了的爱情，乐此不疲。

名师点评
维多莉娅的思想变化。

但是，自1534年起，她被宗教完全地攫住了。天主教的改革思想，当时为避免分裂而倾向于复兴宗教的自由的宗教精神，完全地占有了她。我们不知道她在那不勒斯是否结识了胡安·德·瓦尔德斯，但是，她无疑是深受锡耶纳的贝尔纳迪诺·奥基诺的宣道的影响。她是彼特罗·卡尔内塞基、基贝尔蒂、萨多莱特、高贵的雷吉纳尔德·波莱和改革派主教中最伟大的卡斯帕雷·孔塔里尼红衣主教的朋友。红衣主教孔塔里尼曾经徒劳无益地竭力要同新教徒们达成团结统一，并敢于写出如下的有力词句：

"基督的律令是自由的律令……但凡以一个其本质便倾向于恶而且受到种种情欲的驱使人的意志为准绳的政府不能称之为政府。不！任何主宰皆是一种理智的主宰。他的目的旨在通过正确道路指

引所有服从于他的人到达他们正确的目的地：幸福。教皇的权威也
是一种理智的权威。一个教皇应该知道他的权威是施于一些自由人
身上的。他不得随心所欲地或指挥、或禁止、或豁免，而只能依据
理智的规则、神明的训诫和爱（爱是一条把一切引向上帝，引向共
同的善的规则）的教导去行事。"

　　维多莉娅是意大利最纯洁的意识汇聚的这个理想主义小组中最
激越的灵魂中的一个。她同勒内·德·费拉雷，同玛格丽特·德·纳
瓦尔保持通信往来；后来变成新教徒的彼尔·保罗·韦尔杰廖称她
为"真理之光中的一道光"。但是，当冷酷无情的卡拉法领导的反
改革运动兴起时，她陷入一种可怕的怀疑之中。她同米开朗琪罗一
样，是一颗激烈但脆弱的灵魂：她需要信仰，她无力抵御宗教的权
威。"她只剩下皮包骨了，但仍在守斋，苦修。"她的朋友波莱红
衣主教强迫她屈从，强迫她否定自己的聪颖智力。舍身向神，从而
使她平静下来。她带着一种牺牲的陶醉这么做了……假若她只是牺
牲了自己就好了！她连带着牺牲了自己的朋友们。她连累了奥基诺，
她把他的作品交给了罗马的宗教裁判所。她这颗伟大的灵魂，像米
开朗琪罗一样，被恐惧粉碎了。她把自己的愧悔沉没于一种绝望的
神秘主义之中：

　　"您看到了我们处于的那无知的混沌，看到了我前往的那错误
的迷宫，看到了那永远在运动着以寻求休憩的躯体，看到了为了找
到平和而一直骚动不安的心灵。神愿意让我成为一个无用的人！让
我知晓一切均在基督身上。"（1543年12月22日维多莉娅·科洛
娜写给莫洛内红衣主教的信）

　　她召唤死神，作为一种解脱。1547年2月25日，她去世了。

* * * * *

　　在她深受瓦尔德斯和奥基诺的自由神秘主义的影响时期，她认
识了米开朗琪罗。这个悲伤的、烦恼的女人，始终需要一位向导借

这种激越的灵魂和米
开朗琪罗极其相似。

灵魂的贴近使两颗
心聚在一起。

以依靠，但同时她又需要有一个比她更脆弱更不幸的人，以便把她心中充盈着的全部母爱施于此人身上。她竭力地向米开朗琪罗掩藏自己的烦乱惶恐，她表面上平静、矜持，有点冷漠，她把自己向别人求得的平和传递给了米开朗琪罗。他俩的友谊始于 1535 年左右，自 1538 年秋天起，关系便很亲密了，但却全是建立于上帝上面的。维多莉娅时年四十六岁，米开朗琪罗已六十三岁了。她住在罗马平奇奥山脚下的圣西尔韦斯德罗修道院，米开朗琪罗住在卡瓦洛山附近。他俩每个星期日都在卡瓦洛山的圣西尔韦斯德罗相聚。阿姆布罗乔·卡泰里诺·波利蒂为他们诵读《圣保罗书信》，他俩一起讨论，葡萄牙画家弗朗索瓦·德·奥朗德在他的四本《绘画谈话录》中为我们保存了这些情景的回忆，那是他俩那严肃而温馨的友谊的真实写照。

弗朗索瓦·德·奥朗德第一次去圣西尔韦斯德罗教堂时，碰上佩斯卡拉侯爵夫人正在同几个朋友一起听诵读圣书。米开朗琪罗当时并不在那儿，当圣书诵读完了时，可爱的侯爵夫人微笑着对这位外国画家说：

"弗朗索瓦·德·奥朗德想必原本更想听到米开朗琪罗的谈话，而非这个宣道的。"

弗朗索瓦深受伤害，抢白道：

"怎么，侯爵夫人难道以为我只会画画，其他一窍不通吗？"

"请勿多心，弗朗西斯科先生，"拉塔齐奥·托洛梅伊说，"侯爵夫人的意思恰恰是说一位画家是样样精通的。我们意大利人是非常敬重绘画的！而她说话也许是想增加您所听到米开朗琪罗的谈话的乐趣。"

弗朗索瓦连声道歉，于是，侯爵夫人便吩咐她的一名仆人：

"去米开朗琪罗那里，告诉他我和拉塔齐奥先生仪式完毕之后留在这个小教堂里，这里凉爽怡人；如果他愿意浪费点时间前来，我们将非常快慰……不过，"她知道米开朗琪罗脾气很倔，便又补充说道，"别告诉他葡萄牙人弗朗索瓦·德·奥朗德在这儿。"

在等待传话人回来期间，他们在聊用什么法子能让米开朗琪罗谈论绘画，而又不让他看出他们的意图来。因为，如果被他觉察出来，他会立即避而不谈的。

"沉默了片刻之后，有人敲门。我们大家都担心大师不会来了，因为仆人这么快就回来了。但是，福星高照，住在附近的米开朗琪罗正在前来圣西尔韦斯德罗的路上。他是从埃斯基利纳街往温泉方向走，一路上在同他的门生乌尔比诺大谈哲学。我们的送信仆人在半路碰上了，把他领了来，此时便到了门口，侯爵夫人起身，同他站在那儿单独聊了好一会儿，然后才请他在拉塔齐奥和她之间坐下。"

弗朗索瓦·德·奥朗德在他身旁坐下来。但是，米开朗琪罗根本就没有注意他的这位邻座，这使弗朗索瓦大为恼火，面带愠色地说道：

"真的，不为某人看见的最佳方法就是直立于此人面前。"

米开朗琪罗闻言一惊，看了看他，立即十分谦恭地表示歉意：

"真对不起，弗朗西斯科先生，我没有看见您，因为我眼睛只盯着侯爵夫人了。"

此时，维多莉娅稍停片刻，用一种我们不敢恭维的巧妙方法开始同他委婉谨慎地东拉西扯，就是不触及绘画。仿佛像是某人在艰难而巧妙地包围一座坚固的城池；而米开朗琪罗则像是一个警惕的、多疑的被围困者，这儿设岗，那儿拉起吊桥，别处埋设地雷，并严密地守卫着各处城门和墙垣。但是，最终侯爵夫人得胜了，说实在的，没有谁能够防得住她的。

"喏，"她说，"必须承认，当你用自己的武器，也就是说用计谋，攻击米开朗琪罗的时候，你总是被他击败的。拉塔齐奥先生，我们必须同他谈诉讼案，谈教皇的敕令，然后么……再谈绘画，如果我们想弄得他哑口无言，自己掌握主动权的话。"

这种巧妙的转弯抹角把谈话引到艺术上来了。维多莉娅同米开朗琪罗商谈她计划修建的一座宗教建筑，米开朗琪罗立即主动提出

名师点评

米开朗琪罗的忽视让客人很生气。

名师点评

谈话犹如打仗，侯爵夫人步步为营让米开朗琪罗走进她设好的陷阱。

要去就地察看，以便绘制一张草图。

"我本不敢要求您帮这么大的忙的，"侯爵夫人回答说，"尽管我知道在所有的事情上都遵从抑强扶弱的主的教导……因此，认识您的人敬重米开朗琪罗本身甚过其作品，而不像那些不认识您本人的人，只尊崇您自己最弱的部分——出自您手的那些作品。我还要赞扬您常常躲在一边，避开我们的无聊谈话，而且不为所有那些跑来求您的王公显贵们作画，而是几乎把您的整个一生奉献给了唯一的一件伟大的作品。"

米开朗琪罗对这番恭维谦逊地颔首致谢，并表达了自己对于闲聊之人与无所事事之人——王公显贵与教皇的厌恶，他们我行我素，强迫一个艺术家去陪着他们胡扯闲聊，殊不知这个艺术家已来日无多，难以完成自己的使命了。

接着，谈话转入艺术的那些最崇高的题材，侯爵夫人认真严肃地讨论着。一件艺术作品对于她来说，如同对于米开朗琪罗一样，是一个信德的行为。

"好的绘画，"米开朗琪罗说道，"靠近上帝，并与之结合在一起……它只是上帝之完美的一个复制品，是它的笔的影子，是它的音乐，它的旋律……因此，画家光伟大和灵巧还是不够的。我倒是认为他的生命尽可能地是纯洁和神圣的，以便圣灵能指导他的思想……"

他们在圣西尔韦斯德罗教堂的氛围中，在一片庄严肃穆之中，就这么神圣地交谈着，时光便慢慢地流逝了。有时候，朋友们更喜欢到花园中继续交谈，如同弗朗索瓦·德·奥朗德向我们描述的那样，"在泉水旁，在桂树的树荫下，坐在靠着长满藤蔓的一堵墙的石凳上"，他们从那儿俯临着在他们脚下延伸的罗马城。

这些美好的交谈可惜并未持续下去，佩斯卡拉侯爵夫人所经受的宗教危机使得谈话突然中止。1541 年，她离开了罗马，前往奥尔维耶托，后又去维泰尔贝的一座修道院修身养性。

"但她常常离开维泰尔贝前来罗马，专程看望米开朗琪罗。他

视艺术作品为一种信德的行为，这是他们的特点。

迷恋她那神圣的精神，而她也投桃报李。他收到并保留了她的许多信，封封都充满着一种圣洁而温柔的爱，正像这颗高贵的心灵所能写的那样。"

"根据她的意愿，"孔迪维继续写道，"他绘制了一张裸体的基督像。画上的基督离开了十字架，要是没有两位天使各挽住他的一只胳膊，他就会像具瘫软的尸体似的落在圣母的跟前。圣母坐在十字架下，满面泪痕，痛苦不堪，她张开双臂，举向苍天。米开朗琪罗出于对维多莉娅的爱，还画了一张十字架上的耶稣基督像，但那耶稣基督不是死了，而是活着，他的脸转向父亲，喊道：'哎呀！哎呀！'那躯体不是瘫软的，它在临终前的最后的痛苦中扭曲着，抽搐着。"

也许现藏于卢浮宫和不列颠大英博物馆中的那两张伟大的《复活》画像也是受了维多莉娅的启迪。在卢浮宫的那张上，大力神似的基督愤怒地推开墓穴的石板，他还有一只腿在墓穴中，但却高昂着头，举着双臂，在一阵激越之中，冲向天穹，使人想起卢浮宫中的多幅《囚徒》中的一幅。回到上帝跟前去！离开这个尘世。离开这些他看都不看的，匍匐在他面前的惊愕的、吓坏了的人！挣脱了这人生丑恶，终于挣脱了！而不列颠大英博物馆的那一张宁静得多，那基督已走出了坟墓：他在飞翔，强壮的身躯在轻抚着他的空气中飘荡着，双臂环抱着，头往后仰，闭目养神，宛如一缕阳光升到光明之中去。

就这样，维多莉娅为米开朗琪罗的艺术重新打开了信仰的世界。不仅如此，还激活了他那曾被卡瓦列里唤醒的诗的才华。她不仅在他影影绰绰感觉到的启示方面照亮了他，而且还如索德所指出的那样，她为他在诗中歌颂这些启示作出了榜样。维多莉娅的《灵智的十四行诗》正是在他们友谊的初期产生的，她一边写一边把该诗逐首地寄给其友米开朗琪罗。

米开朗琪罗从中汲取了一种抚慰人的温馨、一种新的生命。他唱和给她的一首漂亮的十四行诗表示出他的真情感激：

"幸福的精灵，以炽热的爱，为我那颗垂危的心保留了生命，而你在钱财与欢乐当中，有那么多高贵的人你看不中，唯独选中了我，——正如你从前出现在我眼前一样，如今你显现在我的心灵中。以安慰我……因此，得到在我焦虑时想到我的你的恩泽，我要写诗向你致谢。如果我认为以一些可怜的画来偿还你对我的美好关怀，那简直是狂妄自大，奇耻大辱了。"

1544 年夏，维多莉娅回到罗马，住进圣安娜修道院，一直到她逝世。米开朗琪罗常去看望。她温情地思念着他，她尽力地在让他的生活有趣点、舒适点，偷偷地送他点小礼物。但是，这个倔老头"不愿接受任何人的礼物"，即使他最爱的人的礼物也不接受，所以他不肯给她这个乐趣。

她死了，他看着她死的，并说了这句让人动容的话，足见他俩之间的爱有着一种多么矜持的圣洁：

"每每想到看着她死而竟然没有像吻她的手那样吻一下她的额头和面孔，我真是后悔莫及。"（据孔迪维记述）

纯洁的柏拉图式爱情。

"她的死，"孔迪维说，"使他很长一段时间里痴呆麻木着，他仿佛失去了知觉。"

"她把我视作一件奇珍异宝，"稍后他悲伤地说，"我也一样，死神夺走了我的一位好友。"

他为悼念她作了两首十四行诗。一首浸满柏拉图精神，是一种粗犷的矫揉造作，一种狂乱的理想主义，宛如一个电闪雷鸣之夜。米开朗琪罗把维多莉娅比作雕塑神的锤子，从物质上砍出崇高的思想火花来：

"如果我的粗糙的锤子把坚硬的岩石忽而凿出一个形象，忽而凿出另一个形象的话，那是因为它从握着它、引导它、指挥它的那只手那儿接受了动作。它被一种外在的力驱动着来回动着。但雕塑神的锤子举起来，以自己唯一的力在天国创造自己的美和其他人的美。没有任何一把锤子能够不用锤子而自行创造的；只有它在使其他一切富有生气，因为锤子举得越高，砸下去的力量就越大，而这把锤子举在我头顶，高举在天穹上。所以，倘若神的铸铁场现在能帮帮我，它就能将我的作品臻于完善。迄今为止，在尘世间，那是唯一的一把锤子。"

另一首则更温柔，宣布爱战胜了死亡：

"当那个把我从哀叹中拯救出来的女子在我面前悄然离世，悄然离开了她自己的时候，曾经认为我们能与她相提并论的大自然落入羞愧之中，而所有见到此情此景的人为之恸哭。但是，死神今天且莫吹嘘自己熄灭了众太阳中的那个太阳，犹如它曾熄灭了其他的太阳那样！因为爱神胜利了，使她在天上人间，在圣人中间复活了。可恶的死以为把她的回声窒息了，把她的灵魂之美黯淡了。但她的诗词恰恰相反：它们给予她更多的生命，甚过其生前，使她更加光彩照人，而死后，她征服了她未曾征服的天国。"

* * * * *

正是在这段严肃而宁静的友谊期间，米开朗琪罗完成了他的绘画与雕刻的最后大作：《最后的审判》、波利内教堂的壁画和——终于完成了——尤利乌斯二世陵寝。

当1534年，米开朗琪罗离开佛罗伦萨前往罗马安家时，因为克雷蒙七世已死，他已从所有其他的工作中摆脱了出来，他就想安安静静地搞完尤利乌斯二世陵寝。然后，良心上已卸掉了压了他一辈子的重负，可以了却此生了。但是，刚一到罗马，他又让一些新主人的锁链给套住了。

"保罗三世召唤他去为他效劳……米开朗琪罗拒绝了，说他不能这样做。因为他与乌尔班公爵签约在先，必须先完成尤利乌斯二世的陵寝。于是，教皇勃然大怒，说道：'三十年来，我一直有此愿望，而我现在已是教皇，难道还不能满足这一夙愿吗？我将撕毁你签的那张合同，我要你无论如何也得为我效劳。'"（据瓦萨里记述）

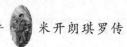

米开朗琪罗正准备逃走。

逃走的原因是什么？

"他想躲到热那亚附近的一座修道院去，住持阿莱里亚主教是他的朋友，也是尤利乌斯二世的朋友：那里紧挨卡拉雷，他本可以在那里安安稳稳地完成自己的佳作。他也想过要隐居到乌尔班去，那儿环境安静，他希望那儿的人因缅怀尤利乌斯二世而善待他。他已经派了一个人去打前站，替他买一幢房子。"（据孔迪维记述）

但是，到了下决心的时候，他又像往常那样没了勇气，他担心自己这么干的后果，他始终怀着那种幻想——他可以通过某种妥协脱身，但那永远是个破灭的幻想。他又被套牢了，继续拖着那沉重的负担，直至生命结束。

对艺术孜孜不倦的追求注定了米开朗琪罗终日辛劳。

1535年9月1日，保罗三世下了道敕令，委任他为圣保罗大教堂的总建筑师、雕刻师和绘画师。早在4月，米开朗琪罗就接受了《最后的审判》的工作。自1536年4月起到1541年11月，即维多莉娅在罗马逗留期间，他整个身心全扑在这一创作上。在完成这项巨大的任务的过程中，想必是在1539年，米开朗琪罗从脚手架上摔下来过，腿部受了重伤。"他既痛苦又冒火，不愿意让任何医生诊治。"（据瓦萨里记述）他讨厌医生，当他得知他家人中有一位竟贸然地延医求治时，他在他的信中表达了一种挺可笑的不安来。

"幸好，在他摔下来之后，他的朋友，佛罗伦萨的巴乔·隆蒂尼是一位非常有头脑的医生，而且与他关系甚笃，因可怜他，有一天便前去他家。敲门时，无人应声，他便径直上楼，挨着房间寻找，一直找到米开朗琪罗正躺在床上的那间房间。米开朗琪罗看见他时，很不高兴。但巴乔却并不想走，直到替他诊治了之后才离去。"（据瓦萨里记述）

"如从前尤利乌斯二世那样，保罗三世常来看米开朗琪罗作画，还要发表自己的意见。他来时都由其礼仪长比阿奇奥·德·切塞纳陪同。有一天，教皇问切塞纳对作品的看法"，瓦萨里记述说，"切塞纳是个非常迂腐的人。他声称在这么庄严的地方画那么多的不成体统的裸体画是极其有伤大雅的。他还补充说道，这种画只配装饰浴室休息厅或旅店。米开朗琪罗心里憋着一肚子气，等切塞纳离开之后，凭着记忆把他画进画里，把他画成判官米诺斯的样子，待在地狱中，双腿被一条大蛇缠住，置身于一群鬼怪中间。切塞纳便去教皇面前抱怨，保罗三世打趣他说：'要是米开朗琪罗把你放在炼狱里的话，我还能想点办法把你救出来，但他把你放在了地狱里，在那里我可无能为力：进了地狱，就没有任何赎罪可说了。'"

切塞纳并非唯一一个认为米开朗琪罗的画有伤大雅的人。意大利正在装假正经，而且，当时离韦罗内塞因其《西门家的基督的最后晚餐》之有伤风雅而被送上宗教裁判所的时间不远了。看到《最后的审判》时，大叫有伤大雅的不乏其人。叫喊得最凶的是拉莱廷，这个淫秽大师竭力在给贞洁的米开朗琪罗一些廉耻教育。他给米开朗琪罗写了一封无耻的伪君子的信，他指斥他在表现"一些连妓院都要脸红的东西"，而且他还向刚成立的宗教裁判所揭发米开朗琪罗不虔诚。他说，"如此这般地亵渎他人的信仰比自己不信教更加罪过。"他恳请教皇把壁画毁掉。他在指控米开朗琪罗是路德派的同时，还卑鄙地影射他道德败坏，而且，为了置他于死地，还指控他偷了尤利乌斯二世的钱。这封卑鄙无耻的信把米开朗琪罗心灵中最深刻的东西——他的虔诚、他的友谊、他的荣誉感——玷辱殆尽。对于这样的一封信，米开朗琪罗读的时候不禁报之以轻蔑的一笑，

并且伤心地哭了，但他并未给以回击。想必他想到了自己在提到某些敌人时以不屑一顾的神情说的："他们不值得回击，因为战胜他们毫无意义。"而且，当阿莱廷和切塞纳对他的《最后的审判》的看法占了上风时，他也并未有任何的反应，未做任何事情去加以阻止。当他的作品被当作"路德派的垃圾"时，他也什么都没说。当保罗四世要把壁画弄掉时，他也一声不吭。当达尼埃尔·德·沃尔

泰尔根据教皇的命令给他的英雄们"穿上短裤"①时，他还是一句话也不说。当人家问他的意见时，他毫不动气地带着讥讽与怜惜的口吻回答说："请禀告教皇，这是小事一桩，很容易整顿的。但愿教皇也把世界给整顿一下：整顿一幅画是费不了多大的事的。"他很清楚自己是在什么样的热烈的信念之中，在与维多莉娅·科洛娜的宗教谈论之中，在这颗洁白无瑕的灵魂的庇护之下，完成这件作品的。若是捍卫自己的英雄思想所寄托的贞洁的裸体人物，以抗御伪君子们和卑劣灵魂的肮脏猜测和影射，他会感到羞愧的。

当西斯廷的壁画完成时，米开朗琪罗终于认为自己已有精力完成尤利乌斯二世陵寝了，但贪得无厌的教皇要求这位七十高龄的老人绘制波利内教堂的壁画。他差点儿就要从用于尤利乌斯二世陵寝的雕像中弄走几尊，用到他自己的小教堂的装饰上去了。米开朗琪罗应该感到幸运，因为人家同意他同尤利乌斯二世的继承人签了第五份也是最后一份合约。根据此合约，他正在交付已完成的雕像，并雇了两名雕塑家来结束陵寝的工作：这样一来，他便永远摆脱了他的任何其他责任了。

他的苦难尚未结束。尤利乌斯二世的继承人一个劲儿地逼他还清他们声称以前支付给他的钱。教皇让人告诉他别去想这件事，专心一意地搞他的波利内教堂的壁画好了。米开朗琪罗则回答说：

"但是，我们是用脑子而不是用手去画的，不考虑自己的问题的人是丢人的，因此只要我心里有事，我就什么好的东西都搞不出来……我整个一生都曾与这个寝陵拴在了一起；我浪费了自己的青春去在利奥十世和克雷蒙七世面前为自己辩白；我被自己那太认真的良心给毁了。这是命中注定的事！我看见不少人每年能弄到两三千埃居；可我呢，我玩命地努力干，最终还是受穷。而且，还被人当作窃贼！……在人们面前（我不说是在神的面前），我自认为

米开朗琪罗遭受不公平的待遇，他不明白自己是一个诚实的人，为什么要被如此对待。

名师注解

① "穿上短裤"：意即"对他的画进行修改"。

是个诚实的人；我没有骗过任何人……我不是个窃贼，我是佛罗伦萨的一个有产者，出身高贵，是一位体面之人的儿子……当我不得不同这帮混蛋斗的时候，我最终变成了疯子！……"

为了赔偿他的对手们，他亲手完成了《积极的生命》与《凝思的生命》，尽管合约上并没强迫他这么做。

最后，尤利乌斯二世陵寝于 1545 年 1 月在温科利的圣彼得大教堂落成。原先的美好计划还剩下什么——只有《摩西》了，它以前只是个细部，现在变成了中心。一个伟大计划的讽刺画！

至少，终于结束了。米开朗琪罗从一生的噩梦中摆脱出来了。

延伸思考

1. 这段时期，米开朗琪罗完成了哪些伟大的作品？
2. 米开朗琪罗不愿为保罗三世效劳，他本想逃走为何最终又放弃了？

二、信仰

名师导读

　　一个七十高龄的老人毅然接受圣彼得大教堂总建筑师的职务，这是一项神圣的使命。为了这项神圣的使命，他不接受任何报酬。敌人们联手反对他，他拒绝一切辩论，一心专注于自己的创作中。米开朗琪罗排除一切困难，坚持自己的信仰，终于完成了不朽的作品。

　　维多莉娅去世之后，他本想回到佛罗伦萨的，以便"让自己那把老骨头在父亲身边歇息"。但是，在毕生都为几位教皇效劳之后，他想把自己的残年奉献给上帝。也许他这是受了他的那位女友的怂恿，也许他是想了却自己最后的意愿中的一个。1547 年 1 月 1 日，维多莉娅·科洛娜死前的一个月，米开朗琪罗确实被保罗三世的一纸敕令委任为圣彼得大教堂的总建筑师，受命全权修造这座建筑物。他并非是毫无难色地接受下来的，而且也不是因为教皇的一再坚持他才决定把他还从未承担过的最重的重担压在自己七十高龄的肩上，而是因为他从中看到一个义务，一项神的使命：

　　"许多人认为——而且我也认为，我是被上帝安置在这个岗位上的，"他写道，"不管我有多老，我也不愿放弃它，因为我是由于对上帝的爱服务了一辈子的，而现在把我的全部希望都寄托在他的身上。"

　　为了这项神圣的使命，他不接受任何报酬。

　　在这件事情上，他又与不少的敌人交过手，诸如瓦萨里所说的"桑迦罗派"，以及所有的管理人员、供货商、工程承包商等，他揭发了他们的营私舞弊，但桑迦罗却始终视而不见，不闻不问。瓦萨里说："米开朗琪罗把圣彼得教堂从窃贼与强盗的手中解救了出来。"

　　敌人们联手反对他，为首的是厚颜无耻的建筑师巴乔·比奇奥，瓦萨里指斥他曾盗窃米开朗琪罗，并伺机取而代之。有人散布谣言，说米开朗琪罗对建筑一窍不通，完全是在浪费钱财，一个劲儿地在毁坏前人的作品。圣彼得大教堂行政委员会也在反对米开朗琪罗，于1551年搞了一次以教皇主持的慎重调查；监工们与工人们都跑来指证米开朗琪罗，他们受到萨尔维亚蒂和切尔维尼两位红衣主教的支持。米开朗琪罗几乎不愿申辩，他拒绝一切辩论。他对切尔维尼红衣主教说："我不必非要把我应该做或想要做的事告诉您或任何其他的人。您的任务是监督支出，剩下的事只与我有关。"他一向骄傲难缠，从不肯把自己的计划告诉任何人。对他的那些一个劲儿地抱怨的工人，他回答说："你们的任务就是抹灰、凿石、锯木，你们就做你们的事，执行我的命令好了。至于想知道我脑子里在想些什么，你们是永远也不会知晓的，因为这有损于我的尊严。"

多亏了教皇们的恩宠，他才压住了被他人那一套激起的仇恨，否则他一刻也甭想安生。因此，当尤利乌斯三世去世，而切尔维尼成为教皇时，米开朗琪罗就准备离开罗马了。但马尔赛鲁斯二世登上教皇宝座不久便逝世了，保罗四世成为新教皇。米开朗琪罗重新获得教皇的庇护，所以继续在奋斗着。如果放弃这个创作，他会认为是丢人的事，而且他也担心自己无法超脱。

"我是违心地承担下来这项任务的，"他说，"八年来，我在各种各样的烦恼与疲惫之中徒劳地在耗尽自己。现在，工程进展得很好，都可以造圆顶了，如果我此刻离开罗马，那此作将功亏一篑，对我来说那将是莫大的耻辱，而且对我的灵魂来说，也将是一个很大的罪孽。"（致其侄儿利奥那多的信，1555年5月11日）

他的敌人们根本就没有放下武器，斗争一时间带有一种悲剧的特色。1563年，在圣彼得大教堂的工程中，米开朗琪罗最忠实的助手比尔·吕伊吉·加埃塔被诬告盗窃，进了监狱；而工程总管切萨尔·德·卡斯泰尔迪朗特被人刺杀了。米开朗琪罗为了报复，便任命加埃塔接替切萨尔。可行政委员会赶走了加埃塔，任命了米开朗琪罗的敌人南尼·迪·巴乔·比奇奥。米开朗琪罗勃然大怒，不再去圣彼得教堂视事了。于是，流言四起，说他被解职；而行政委员会又让南尼替代他，南尼立即以主宰自居了。他打算干脆让这个病重垂危的八十八岁的老人感到厌烦丧气，但他并不了解自己的对手。

米开朗琪罗立即前去晋见教皇,他威胁说要离开罗马,如果不还他以公道的话。他要求重新调查,证明南尼无能加撒谎,把他赶走。这是 1563 年 9 月,他去世前的四个月的事情。因此说,直到他生命的最后一刻,他都不得不同嫉妒与仇恨进行斗争。

我们也不必为他抱屈,他善于自卫。而且,在将死之时,他也能独自——如他以前对他弟弟乔凡·西莫内说的——"把这帮畜生打得落花流水"。

* * * * *

除了圣彼得大教堂那件大作之外,其他的一些建筑工程也占满了他的晚年时光,诸如朱庇特神殿、圣玛丽亚·德利·安吉利教堂、佛罗伦萨圣洛朗教堂的楼梯、皮亚门,特别是像其他计划一样流产了的大计划之一——圣乔凡尼教堂。

佛罗伦萨人曾要求他在罗马建一座他们的教堂,科斯梅公爵还就此亲笔写了一封恭维的信给他;米开朗琪罗因对佛罗伦萨的爱而怀着一种年轻人的激情去搞这一建筑。他对自己的同胞们说:"如果你们按我的图纸施工的话,那么无论罗马人还是希腊人也都永远无出其右。"据瓦萨里说,这种话他以前或以后都从来不说的,因为他极为谦虚。佛罗伦萨人接受了他的图纸,未做丝毫的改动。米开朗琪罗的一个朋友,蒂贝廖·卡尔卡尼在他的指导之下,作出了教堂的一个木质模型。瓦萨里说:"这是一件极其罕见的艺术品,无论在美的方面,富丽堂皇和风格各异方面,人们都从未见过一座同样的教堂。建设开工了,花费了五千埃居。后来资金短缺,只好停工,米开朗琪罗简直痛不欲生。"该教堂终未建成,连那木质模型也不翼而飞了。

这便是米开朗琪罗的最后一次艺术上的失望。他怎么还会在临死之时抱有幻想,以为圣彼得大教堂将会建成,他的佳作中会有一件彪炳青史呢?即使他本人,如果是自由的话,他也许都会把它们毁掉的。他的最后一件雕塑——佛罗伦萨大教堂的《基督下十字架》的故事就表明了他对艺术已经到了多么不关心的程度了。如果说他仍继续在雕塑的话,那已不再是出于对艺术的信仰,而是由于对基督的信仰,而且因为"他的精神与他的力量已无法阻止他去创作"。但是，当他完成了自己的作品时，他就把它给毁掉。"如果不是他的仆人安东尼奥哀求他把它赏赐给他的话，他本会把它彻底毁掉的。"

这便是米开朗琪罗行将就木时对其作品所表现出的冷漠感情。

* * * * *

自从维多莉娅去世之后，再没有任何伟大的爱照亮他的人生了。爱已远去：

"爱情的火焰没有在他的心中存留，最糟的病痛（衰老）始终在驱走最轻微的病痛：我已折断了灵魂的翅膀。"（《诗集》卷 81）

他失去自己的兄弟们和最要好的朋友们，卢伊吉·德·里乔于 1546 年去世，塞巴斯蒂安·德·皮翁博死于 1547 年，他的弟弟乔凡·西莫内死于 1548 年。他同他最小的兄弟吉斯蒙多一向没有多少来往，后者也于 1555 年去世了。他把他对家庭的粗暴的爱转移到他的已成孤儿的侄儿辈的身上，转移到他最喜欢的弟弟博纳罗托的孩子们身上。他们是一男一女，侄女名切卡（弗朗西斯卡），侄儿叫利奥那多。米开朗琪罗把切卡送进一座修道院，替她支付食宿费用，还常去看她；当她出嫁时，他把自己的财产分了一份给她作嫁妆。他亲自负责利奥那多的教育，其父死时，他才九岁。一封封语重心长的信往往让人回想起贝多芬同其侄儿的通信来，表现出的是一种竭尽父责的严肃，但并不是说他就不常发脾气了。利奥那多常惹他伯父发火，米开朗琪罗也常常耐不住性子。侄儿那歪七扭八的字就够米开朗琪罗气不打一处来了，他认为这是对他的不尊敬：

"每次收到你的信，还没有看，我就气不打一处来。我不知道你是在什么地方学习写字的！毫不用心！……我相信你就是给世界上一头大蠢驴写信，也会多用点心的……我把你上一封信扔进火炉里了，因为我没法读下去，所以我也没法回你的信。我已经跟你说过，而且不厌其烦地一再地说，我每次收到你的信，还没看就先来气。你干脆别再给我写信算了，如果你有什么事要告诉我，你就找个会写字的人代笔吧。因为我的脑子里还有别的事要考虑，没工夫去辨认你那胡涂乱画的字。"

生性多疑，再加上兄弟们令他失望，更加使他疑心重重，所以他对自己的这个侄儿的谦卑恭顺的爱已不抱多大的幻想了。他觉得侄儿的那份情感是冲着他的钱来的，因为他知道自己是继承人。米开朗琪罗也毫不客气地向侄儿挑明了这一点。有一次，米开朗琪罗发病，生命垂危，他得知利奥那多跑来罗马，并做了一些有失检点的事，米开朗琪罗怒不可遏地冲他喊道：

"利奥那多！我病倒了，你却跑到乔凡·弗朗切斯科先生家去探听我都留下了点什么没有。你在佛罗伦萨，我给你的钱还不够吗？你不能同你的亲人撒谎，也别学你父亲的样儿，他竟然把我从佛罗伦萨自己的家中赶走！要知道，我已立了一个遗嘱，上面没有你什么事儿。所以，去同上帝在一起吧，别再出现在我的面前，也永远别再给我写信了！"

他的这种愤怒并未太深触动利奥那多，因为往往随后便是一封封慈爱的信和礼物。一年之后，受了三千埃居馈赠的许诺的诱惑，利奥那多又跑来罗马。米开朗琪罗见他对金钱如此情急，非常伤心，又写信给他：

"你如此心急火燎地跑来罗马。我不知道如果我一贫如洗，为吃喝发愁时，你是否也会这么快地跑来看我！……你说这是出于对我的爱才跑来的。是的！这是蛆虫之爱！如果你真爱我的话，你就会给我写信说：'米开朗琪罗，您留着那三千埃居，自己花吧，因为您已经给了我们太多了，已足够了，您的生命对我们来说比财富更加宝贵……'——可是，40年来，你们吃我的用我的，但我却从未从你们那儿听到过一句好听的话……"

利奥那多的婚姻大事是一个严重的问题，它让伯侄二人操了六年的心。利奥那多很温顺，为了遗产而哄着伯父；他听从伯父的一切安排，让他帮他挑选、商谈或拒绝，他自己则似乎毫不介意。而米开朗琪罗反倒十分积极，好像是他自己要娶亲似的。他视婚姻为一件严肃的事，其中的爱情不爱情的倒是无所谓。而且，穷富也不太计较，重要的是人品好，身体健康。他提出一些生硬的看法，毫无诗情画意，极端而肯定：

"这是终身大事，你要记住，丈夫和妻子之间一定得相差十岁；你要当心，你所选择的那个女子不仅人品要好，而且要身体健康……别人跟我提了好几个，有的我觉得不错，有的则觉得不行。如果你相中了哪一个，你就写信告诉我，我将把我的意见告诉你……你选择哪一个是你的自由，只要她是良家女子，有教养，而且不在乎她有多少嫁妆，没有反倒更好。那样，日子反而过得安生……有位佛罗伦萨人跟我说，有人跟你提起吉诺里家的一位姑娘，说你也中意。我倒是不太满意，因为她父亲看中的是你的钱，要是他能替他女儿置办得起嫁妆，他才不会把女儿许给你哩。我希望想把女儿许给你的人是看中你的人，而不是你的钱……你唯一必须考虑的是对方的灵魂与肉体是否健康，是否出身良家，是否人品端庄，还得知道其父母是何许人也，因为这一点非常地重要……你要费点神思去找一个受穷时不以洗洗涮涮、料理家务为耻的女子……至于相貌，因为你也不是佛罗伦萨最英俊的年轻男子，所以也别太认真了，只要她不是残废或丑八怪就可以了……"

多方寻求之后，似乎终于找到了那稀罕尤物。但是，到了最后时刻，却发现对方有一个让他不得不另作考虑的缺点。

"我获悉她视力很差，我觉得这可不是个小缺陷。因此，我什么都还没有答应。既然你也什么都没有允诺，我的意思是，若你的消息是千真万确的话，这事就算了吧。"

利奥那多灰心了，他很惊讶伯父为什么那么坚持要他结婚。

"没错儿，"米开朗琪罗答复侄儿说："我是希望你结婚，因为你结婚了，我们家的香火就不至于断了。我很清楚，即使我们的香火断了，世界也不会毁灭的。但是，每一种动物都是在努力地繁衍的。因此，我希望你结婚生子。"

最后，米开朗琪罗自己也烦了。他开始觉得很滑稽了，怎么总是他在瞎起劲儿，而他的侄儿利奥那多却好像无所谓似的。他宣布他今后不再掺和这事了：

"六十年来，我一直在操心你们的事；现在我老了，我得想想自己的事情了。"

正在这时候，他得知侄儿刚同卡桑德拉·丽多尔菲订亲了。他很高兴，他祝贺他，并答应给他一千五百杜卡托。利奥那多结婚了，米开朗琪罗写信向新郎新娘祝福，并答应送卡桑德拉一条珍珠项链。他尽管很高兴，但仍提醒他侄儿说，尽管他不很清楚这类事情，但他觉得利奥那多本应在把那女子领到家来之前，很明确地处理她所有有关金钱的问题，因为在这些问题上，总是存在着一颗不和的种子的。信末，他又写上了下面这句挖苦嘲讽的劝告：

"喏！……现在，好好地生活吧，但得好生想想，寡妇的人数总是多于鳏夫的人数的。"

两个月后，他寄给卡桑德拉两只戒指，而不是他曾许诺的珍珠项链。一只戒指上镶有钻石，另一只上镶着红宝石。卡桑德拉为表示感谢，给他寄了八件衬衣。米开朗琪罗写信说：

"衬衣很漂亮，特别是布料，我非常喜欢。但是，你们如此破费，我却不高兴，因为我什么都不缺。代我谢谢卡桑德拉，告诉她若需要什么尽管来信，我可以给她寄我在这里所有能找到的一切，无论是罗马出的还是别处生产的产品。这一次，我只寄一个小玩意儿；下一次，我尽量寄点她喜欢的东西去。不过你得告诉我她喜欢什么。"

不久，孩子们相继诞生了：老大叫博纳罗托，是照米开朗琪罗的意思取的；老二叫米开朗琪罗，出生后不久便夭折了。1556 年，老伯父还邀请年轻夫妇前来罗马他的家中。他总是与他们同欢乐共悲伤，但却从不允许他的家人管他的事情，甚至他的身体健康。

* * * * *

除了与家人的联系以外，米开朗琪罗也有不少著名的、高贵的朋友。尽管他脾气暴躁，但要把他想象成像贝多芬似的多瑙河的一个农民，那就大错特错了。他是意大利的一个贵族，文化素养很高，又是世家名门。从他少年时在圣马可花园与洛朗·梅迪西在一起玩耍时起，他同意大利的最高贵的爵爷、亲王、主教以及作家、艺术家过从甚密。他常同诗人弗朗切斯科·贝尔尼切磋，他同贝纳代托·瓦尔基有书信往来，他同卢伊吉·德·里奇奥及多纳托·贾诺蒂作诗唱和。人们在收集他的谈话录，收集他关于艺术的深刻见解，他关于无人像他那么透彻了解的有关但丁的看法。有一位罗马贵夫人曾经写道，当他愿意的时候，他是"一位温文尔雅、风度迷人的绅士，是欧洲几乎见不到与之相提并论的人"。在贾诺蒂和弗朗索瓦·德·奥朗德的谈话录中讲到了他的彬彬有礼和交际习惯。在他写给亲王们的某些信件中，人们甚至可以看出，要是他愿入朝做官的话，他会是个完美无缺的朝臣的。社交场从未拒绝过他，而是他总在与之保持距离。他只要想过一种风光的生活，那是不成问题的。对于意大利来说，他是其天才之化身。在他艺术生涯的末期，他已是伟大的文艺复兴的最后的幸存者，他在体现着文艺复兴，他独自一人就代表着整整一个世纪的荣光。不光是艺术家们认为他是个超凡入圣之人，就连亲王们也在他的威望面前俯首致意。弗朗索瓦一世和卡特琳娜·德·梅迪西都向他表示过敬意。科斯梅·德·梅迪西想委任他为元老院议员，当米开朗琪罗来罗马时，他平等相待，让他坐在自己身旁，与他亲切交谈。科斯梅之子，堂·弗朗切斯科·德·梅迪西，把红衣主教帽脱下拿在手里，接见了他，"对这位旷世之才表示出无限的敬意"。人们对他的天才与对"他崇高的道德"一样地表示崇敬。他的晚年所享有的荣光可与歌德或雨果相媲美。但他是另一类人物，他既无歌德那种对获得民望的渴求，也没有雨果那份资产阶级的尊敬。他对世事，对现存秩序的态度是自由的。他蔑视荣耀，他蔑视上流社会；如果说他为教皇效劳，"那是迫于无奈"。他还毫不掩饰，"他连教皇都觉得讨厌，他们有时在同他说话时，并派人找他时，都让他恼怒"，而且，"他还不顾他们的命令，不高兴时，就是抗旨不遵。"

"当一个人天生如此，而且也由于其所受教育，使他憎恶繁文缛节，蔑视虚伪时，你也没有道理不让他想怎么生活就怎么生活。如果他对你无所求，也不想跻身你的圈子，那你去干扰他干什么？你为什么要让他屈就于这些无聊的事，非要把他拉到这个社会中来呢？此人并非什么高人，他只想着自己的才华，而不愿媚俗。"

因此，他与社会只有着不可避免的那些联系，或者纯属知识方面的关系。他不让世人接近其隐私，而教皇、亲王、文人和艺术家们在他的生活中并不占有什么位置。即使对他们中的一小部分人他有着一种真正的好感，那他们之间也极少有持久的友情的。他爱他的朋友们，他对他们很慷慨，但是他的坏脾气、他的傲岸、他的疑惧，使他经常把最要好的朋友变成死敌。有一天，他写了如下这封漂亮而悲伤的信：

"可怜的忘恩负义者天生如此，如果你在他危难之中帮助他，他就说他先前就帮助过你。如果你给他工作做，以表示你对他的关照，他就声称你是不得已而为之，因为你对这工作一窍不通。他所得到的所有恩惠，他都说成是施恩者不得不这么做。而如果他受到的恩惠非常明显无法否认的话，忘恩负义者便久久地等待着，等到他受其恩惠的那个人犯下一个明显的错误，他就有借口说他的坏话，用不着再感激他了。人们总是这么对待我来着，然而，没有一个艺术家有求于我而我不是真心实意地有求必应的。可后来，他们竟借口我脾气古怪，或者说我患了癫狂症，便大说我的坏话。即使我真的患了疯病，那也只是伤害了我自己呀！他们就这么对待我，好心没有好报。"

* * * * * *

在他自己家里，他倒有几个比较忠实的助手，但多半是平庸无能的。有人怀疑他是有意选些平庸之辈，好把他们当作驯服的工具，而非合作者——不管怎么说，这倒也言之成理。但是，孔迪维说：

"许多人说他不愿教自己的助手，这种说法是不对的。恰恰相反，他很愿意教他们。不幸的是，命中注定他所教的人不是无能之辈，就是虽有能力但却没有恒心，刚学了几个月，就不知天高地厚，俨然是个大师了。"

不过，毋庸置疑，他要求自己的助手的第一条就是绝对地服从。他对于桀骜不驯者毫不客气，而对谦虚与忠诚的徒弟则宽容大度有加。懒惰的乌尔巴诺"不愿好好干"——而且是不无道理，因为他一干，就因笨手笨脚而把密涅瓦教堂的《基督》弄坏，难以修复。他有一次病了，受到米开朗琪罗慈父般的照料，他称米开朗琪罗"如最好的父亲一样的亲爱的人"。彼特罗·迪·贾诺托被他"视为儿子"。西尔维奥·迪·乔凡尼·切帕雷洛从他那儿出去替安德烈多里亚干活，觉得心里过意不去，要求米开朗琪罗重新收留他。安东尼奥·米尼的感人故事是米开朗琪罗对其助手宽宏大度的明证。据瓦萨里说，米尼是他的徒弟中有毅力但不聪明的一个，他爱上了佛罗伦萨一个穷寡妇的女儿，米开朗琪罗按照他父母的意思把他从佛罗伦萨调开。安东尼奥想去法国，米开朗琪罗送了他好多作品：所有的素描、所有的纸样、《丽达》以及为作此画所作的全部模型，有蜡制的也有陶制的。安东尼奥带着这些馈赠走了，但是，打击米开朗琪罗的计划的厄运更加凶猛地打击了他的那个卑微朋友的计划。安东尼奥去巴黎，想把《丽达》献给国王。弗朗索瓦一世不在巴黎，安东尼奥便把《丽达》存放在他的一位意大利朋友朱利阿诺·博纳科尔西那儿，便回到他居住的里昂去了。几个月后，他回巴黎时，《丽达》不见了，博纳科尔西把它卖给了弗朗索瓦一世，钱他自己得了。安东尼奥气疯了，没有经济来源，又无力自卫，流落在这座异国城市里，终于在1533年底，忧伤而亡。

但在他所有的助手中，米开朗琪罗最喜欢，而且因为他的爱护而名垂青史的是弗朗切斯科·德·阿马多雷，绰号乌尔比诺。自1530年起，他便为米开朗琪罗工作，在米开朗琪罗的指导下建尤利乌斯二世陵寝。米开朗琪罗对他的前途十分关心。

"我死后，你怎么办？"米开朗琪罗问他。

"我将为另一个人工作。"乌尔比诺回答。

"噢，可怜虫！"米开朗琪罗说，"我想拉你一把。"

于是，他一下子拿出两千埃居给他，出手这么大方，只有皇帝和教皇方可比拟。

（据瓦萨里记述）

但乌尔比诺却先他而去。他死的第二天，米开朗琪罗写信给他侄儿说：

"乌尔比诺昨日下午四点去世了。他的死让我悲从中来，心如刀绞，我要是同他一起死反倒好受一些，因为我太喜欢他了，而且他也应该得到我的爱：他是一个光明磊落、忠贞不二的高尚的人。他的死让我觉得活不下去了，让我心绪永难平静。"

他的痛苦难以言表，三个月后，在他写给瓦萨里的那封有名的信中更加令人伤心落泪地流露出来：

"乔奇奥先生，我亲爱的朋友，我已无心写信，但为复您的信，我简单写几句吧。您知道，乌尔比诺去世了——这对于我来说是一个残酷无比的剧痛，但也是上帝给我的一大恩泽。之所以说是恩泽，是因为他在世的时候给了我活下去的信心，他死时却教会我不必忧心忡忡而是企盼着地去死。他在我身边待了二十六年，我一直都觉得他为人忠实可靠。我让他致富了，而我原指望他养老送终的，可他却走了；我别无指望，只能希冀在天国重见他了。赐给了他幸福之死的上帝明显地表示了天国是他的归宿。对于他来说，比死更痛苦的是把我留在了这个欺瞒的世界，留在了无尽的烦恼不安之中。我自身的最精美的部分已随他而去，留下的只是无穷无尽的苦难。"

在他极大的悲痛之中，他请求他的侄儿前来罗马看望他。利奥那多和卡桑德拉对他的悲痛感到惴惴不安，连忙赶来，发现他极其虚弱不堪。乌尔比诺死前把自己的儿子托付给了他，其中有一个还取了"米开朗琪罗"作为自己的名字，他从托孤的重任中汲取了一种新的力量。

* * * * *

他还有一些怪怪的朋友。因他生性执拗，对社会的种种限制有一种逆反心理，所以他喜欢结交一些头脑简单的人。他们往往异想天开，不拘小节，是一些与一般人不一样的人。有一个叫托波利诺的，是卡拉雷的石匠，"他幻想自己是个出类拔萃的雕塑家，所以每艘载满大理石开往罗马的船上，他都要塞上他雕刻的三四件小雕像，令米开朗琪罗笑破肚皮"。还有一个叫梅尼盖拉的，是瓦尔达诺的画家，"不时地跑到米开朗琪罗那儿去，求他为他画一张圣洛克或圣安东尼，然后他着上色，卖给农民。而连国王们都难得其画的米开朗琪罗，却扔下手头活计，按照梅尼盖拉的要求替他作画，其中有一幅上乘之作——《基督受难图》"。还有一个理发师，也喜欢画，米开朗琪罗便为他画了一幅《圣弗朗索瓦受刑》图。他的一个罗马工匠，是为尤利乌斯二世陵寝干活儿的，因为言听计从地听命于米开朗琪罗的指教，竟然在

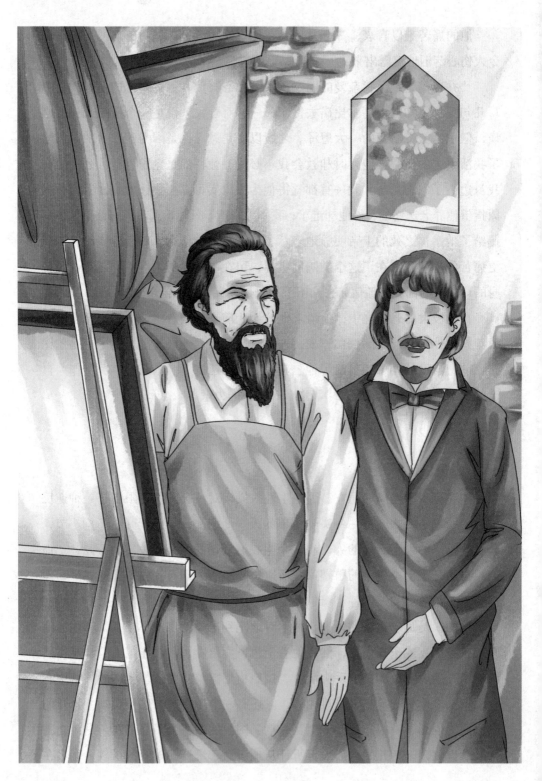

大理石中自己也不相信地就雕出了一尊美丽的石雕像来，因此而自认为一不留神倒成了一名大雕塑家了。此外，还有那滑稽的金匠皮洛托，外号拉斯卡；懒散的怪画家英达科，"他讨厌作画，倒喜欢神侃"，他老爱说"总是干活儿不知玩乐不配当基督徒"。特别是那个可笑而无伤大雅的朱利阿诺·布贾尔蒂尼，米开朗琪罗对他特别青睐。

"朱利阿诺天性善良，生活简朴，无邪无欲，米开朗琪罗非常喜欢他。他唯一的缺点就是太爱自己的作品了。但米开朗琪罗却认为这是好事而非坏事，因为他自己就因常常不能自我满足而十分地痛苦……有一次，奥塔维亚诺·德·梅迪西要朱利阿诺替他画一张米开朗琪罗的肖像。朱利阿诺便开始画了，他一句话不说地让米开朗琪罗坐了两个小时之后，突然冲他喊道：'米开朗琪罗，你来看，你起来呀，你相貌的主要部分我已经抓住了。'米开朗琪罗站了起来，但当他看见那幅肖像时，大笑着对朱利阿诺说：'你搞什么名堂？你把我的一只眼睛嵌进太阳穴里去了，你自己瞧瞧吧。'朱利阿诺一听，十分生气。他来回地看了好几遍肖像和真人，然后大胆地回答说：'我没这种感觉。不过，你坐回去，看看有什么要改动的。'米开朗琪罗知道他是怎么回事，笑着坐在朱利阿诺对面，后者反复地看看他又看看画，然后站起来说道：'你的眼睛就是我画的那样嘛，你是天生这样的。'米开朗琪罗笑着说道：'那好吧，是天生的错。继续画吧，别吝惜颜料。'"

（据瓦萨里记述）

这么宽容，米开朗琪罗对别的人可从来没有这样。他把这份宽容施于这些小人物，也是他对这些自以为是大艺术家的可怜的人们的一种幽默的嘲讽，也许他们使他想起了自己的疯癫狂乱来。这其中自有其悲伤的滑稽的嘲弄。

精华赏析

　　米开朗琪罗对家人倾注了很多心血，却没有得到亲情的回报。他给侄儿的信同贝多芬有很多相似之处，这也是作者的巧妙安排。二人同为天才的艺术家，一生未婚，关心自己的家人，对侄儿抱有很大的期望，结果却竹篮打水一场空。他们没有享受家庭的温馨，终生饱受孤独的折磨。二人虽是不同国籍不同时代的人，却有很多相似之处，他们都为了寻求真理和正义，为创造表现真善美的不朽杰作，而献出了毕生精力。

延伸思考

　　1.作为一个备受敬仰的天才艺术家，米开朗琪罗却拥有很多怪怪的朋友，你怎么看待这件事？你的交友观是怎样的？
　　2.米开朗琪罗为何对侄儿的婚事很用心？谈谈你的婚姻观。

三、孤独【精读】

名师导读

> 高处不胜寒，伟大的天才都是孤独的。这似乎成为一种定律，米开朗琪罗也同样如此。他的孤芳自赏和乖僻的性格让常人难以理解。他只能沉浸在自己的艺术世界之中，这注定了他将孤独终老。大自然和基督成为他心灵的慰藉，陪伴着那颗孤寂的心。

　　他就这样与那些卑微的朋友们交往着，他们是他的助手和他的开心果。而且，他还同另一些更卑微的"朋友"生活在一起，他的家畜——他的母鸡和猫咪。

　　但他骨子里是孤独的，而且愈来愈厉害。"我总是孤独得很，"1548 年，他写信给他侄儿时说，"我同谁都不说话。"他不仅渐渐地与人类社会隔绝，而且与人类的利害、需求、快乐、思想也都分隔开来了。

名师点评

米开朗琪罗为何会有这样的想法？

　　把他与他那个时代的人们维系在一起的那个最后的激情——共和热情——也熄灭了。1544 年和 1546 年，在他两次重病染身时，他的被放逐的共和党人朋友里乔把他接到斯特罗齐家中时，他那股激情还放射了最后一道闪电似的光芒。米开朗琪罗病愈后，便让人去求亡命里昂的罗伯特·斯特罗齐向法国国王请求履行诺言。他还补充说道，如果弗朗索瓦一世前来佛罗伦萨为罗伯特·斯特罗齐恢复自由的话，他保证自己出资为他在市政议会广场建一尊骑在马上的青铜像。1546 年，为感激斯特罗齐留他在他家养病，他把两尊《奴隶》雕塑送给了他，后被斯特罗齐转赠给弗朗索瓦一世了。

　　但这只是政治狂热的一次——最后的一次迸发，他在 1545 年与贾诺蒂的谈话录的一些片段中，几乎表达了同托尔斯泰的斗争无用

名师
点评

在后文《托尔斯泰传》中找出这种思想。

论和不抵抗主义相同的思想：

"敢于杀害某个人是一种妄自尊大，因为你无法肯定地知道死是否能产生善，而生就产生不了善。因此，我无法忍受那些人，他们认为如果不以恶——也就是以杀戮——为开始的话，就不可能产生善。时代变了，一些新的情况出现了，欲望也转变了，人也厌倦了……总而言之，总是有人们从未预料到的事情发生的。"

从前大肆颂扬弑君的那个米开朗琪罗，而今在横眉冷对那些想以行动改变世界的革命者了。他很清楚，他也曾是这些革命者之一，而他此刻痛苦地谴责的正是他自己。如同哈姆雷特，他现在怀疑一切，怀疑自己的思想、仇恨以及他以前所相信的所有一切。他背向行动了。

名师
点评

米开朗琪罗的"怀疑"与哈姆雷特有何不同？

"这个勇敢的人，"他写道，"在回答某人时说：'我不是个政治家，我是个正直的人，一个有良知的人。'此人说的是真话。要是我在罗马的那些活儿像国家事务似的让我少操点儿心就好了！"

其实，他这是不再憎恨了。他无法再憎恨了，为时太晚了：

名师
点评

对于剥削他的家人和仇恨他的敌人们，米开朗琪罗一直保持着宽恕与爱。

"我好不幸，因久久地期待而筋疲力尽；我好不幸，那么迟才达到自己的欲望！现在，难道你不知道吗？一颗慷慨大度的、高傲而伟大的心在宽恕，在向冒犯他的人奉献着爱。"

* * * * *

他住在特拉扬广场一带的马塞尔·德·柯尔维街。他那儿有一所房子，带有一个小花园。他同一名男仆、一个女佣和一些家畜住在那儿。他同他的男仆和女佣不太协调，据瓦萨里说，"他们全都马马虎虎的，脏兮兮的"。他常换仆人，老是痛苦地抱怨他们。他同贝多芬一样，跟仆人老有矛盾。在他的笔记（如同贝多芬的《谈话笔记》）中，仍留有这些主仆争吵的痕迹。1560年，他把女佣吉罗拉玛辞退之后写道："啊！要是她从未来过这里多好！"

名师
点评

阴暗颓败的环境正如他此时的心灵。

他的卧室暗得像一座坟墓。"蜘蛛肆虐，到处是蛛网。"在楼梯间，他画了一幅《死神》，肩上扛着一口棺材。

他活得像个穷苦人，吃得很少，而且"夜间因难以成眠，常常

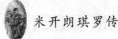

爬起来，拿着剪刀干活儿。他给自己做了一顶硬纸壳帽，戴在头上，中间插上一支蜡烛。这样一来，他的双手便腾了出来，借着烛光干他的工作"。

名师点评

随着年岁增大，他愈发地形单影只了。当罗马万籁俱寂时，他隐藏在自己夜间的工作中，这对于他来说正是一种需要了。寂静对他是一件好事，而夜晚则是他的朋友：

天生的工作狂，一个视工作为生命的人。

"噢，黑夜；噢，尽管暗黑。但却恬静的时光，一切努力终将达到平和，称颂你的人仍看得清楚，弄得明白；而赞美你的人仍具有其完整的判断。你用你的剪刀剪断一切疲愈的思想，那被潮湿的阴影和歇息深入的思想；从尘世，你常把我在梦中带入天国，那是我希望去的地方。噢，死亡的阴影，通过它，心灵的一切敌对的灾难都停止了，痛苦的灵丹妙药啊，你使我的病残的肉体恢复健康，你擦干了我们的眼泪，你消除了我们的疲劳，你替好人涤净了仇恨与厌恶。"（《诗集》卷78）

一天夜晚，瓦萨里前去看望这个老人，只见他形单影只地待在那所空荡荡的屋子里，面对着他那凄切的《哀悼基督》在沉思默想。

当瓦萨里敲门时，米开朗琪罗站起身来，手执烛台前去开门。瓦萨里想看看他的雕塑，但米开朗琪罗把烛台弄掉在地上熄灭了，让他什么也看不见。当乌尔比诺去找另一支蜡烛时，米开朗琪罗转向瓦萨里说："我已经垂垂老矣，死神老来拉我裤腿，让我与它一起走。有一天，我的躯体会像这个烛台似的摔落，我的生命之光也就像它一样地熄灭了。"

死的念头缠绕着他，缠得越来越紧，越来越挥之不去。

他对瓦萨里说："我心中的每一个念头都被死神紧紧地缠着。"

现在，对于他来说，死是他一生中的唯一幸福：

名师点评

为何"死"是"唯一幸福"？

"当往昔浮现在眼前时——我经常出现这种情况——噢，虚假的世界，我这才清楚地了解到人类的谬误与过错。终于相信你的谄媚和你那虚妄的快意的那个人，正在为他的灵魂准备剧痛般的悲伤。

经历过这些的那个人，他清楚地知道你常常许诺平和与幸福，但你根本没有，也永远不会有。因此，最失意的人是那个在尘世羁留得最久的人；而生命越短的人，却更容易回返天国……"（《诗集》卷32）

名师点评

你怎样理解这句话？

"拖了年年岁岁才到我的最后时刻。噢，世界，我承认你的欢乐太迟太迟。你许诺平和，但你却没有；你应允憩歇，但除非是胎死腹中……我这么说，凭的是经验：生下来便夭折者是天国的选民。"（《诗集》卷34）

名师点评

他自己此时正期待着自己的死期，"欢乐"中透着心酸与无奈。

当他侄儿为喜添贵子而庆贺时，米开朗琪罗狠狠地训了他一顿：

"这种排场我很不高兴。当全世界都在哭泣时，是不允许笑的。为了一个刚诞生的孩子而大事铺张是不懂事的表现。应把欢乐留到一个饱经风霜之人死的那一天再宣泄出来。"

等到第二年，他侄儿的第二个孩子小小年纪便夭折了，他倒写信去向他祝贺。

名师点评

孩子夭折为何要祝贺？这和"生下来便夭折者是天国的选民"有关吗？

* * * * *

被他的狂热和天赋一直忽视的大自然，在他的晚年却是他的一个安慰。1556年9月，当罗马受到西班牙阿尔贝公爵大军威胁时，他逃出罗马，途经斯波莱特，在那儿待了五个星期，成天在橡树和橄榄树林中，让秋日的晴朗充满心田。十月末，他被召回罗马，他是非常遗憾地回去的。"我把自己的一大半留在了那里，"他写信给瓦萨里说，"因为确确实实平和只有树林中才有。"

回到罗马后，这位八十二岁的老者作了一首漂亮的诗献给田园与乡间生活，他把田园和乡间生活与城市的谎言做了对比。这是他最后的一篇诗作，充满了青春的朝气。

但是，在大自然中，犹如在艺术中，犹如在爱情中，他寻找的是上帝，他每天都在更加靠近上帝。他一向是虔诚笃信的。如果说他不受神父、僧侣、善男信女的骗，而且一有机会就狠狠地嘲讽他们，那他好像对信仰却是从未产生过怀疑的。在他父亲及兄弟们患病或死的时候，他首先关心的是领圣事的问题。他对于祈祷是绝对相信的，"他相信祈祷甚于所有的药物"；他把自己所得到的一切幸运与没有轮到的灾祸全都归功于祈祷。他在孤独时，有着神秘的崇拜狂热。他的这种狂热有一次纯属偶然地给我们留存了下来：当时的一次记述向我们描述了西斯廷这位英雄的陶醉沉迷的面相，夜深人静时，他独自一人在罗马的他家花园里祈祷，痛苦的双眼在哀求地仰望着星斗满天的苍穹。

有人说他对圣贤们与圣母的信仰是很淡漠的，这种说法不正确。他把自己的最后二十年用来建造使徒圣彼得大教堂，而且他的最后的那件因其亡故而未竟之作也是一座圣彼得的雕像，所以把他视作新教徒那简直是在开天大的玩笑。我们不会忘记他多次想去远处朝圣，1545 年想去朝拜科姆波斯泰雷的圣雅克，1556 年想去朝拜洛雷泰，而且他还是圣·让·巴蒂斯塔兄弟会的成员。但是，正如一切伟大的基督徒一样，他的生与死都和基督在一起，这一点也是千真万确的。1512 年，他写信给父亲时说："我同基督在一起过着清贫的生活。"临终时，他请求人家让他回忆基督的苦难。自从与维多莉娅·科洛娜交友之后，特别是在她去世之后，他的这种信仰更加具有强烈的色彩。在他把自己的艺术几乎完全奉献给基督的激情之荣光的同时，他的诗作沉浸在神秘主义之中。他否定了艺术，而躲进受难的基督张开的巨臂之中：

基督是他的信仰，能够安慰自己孤独的心灵。

"在波涛汹涌的海上，我乘着一叶扁舟，我的生命旅程到达了共同的港口，人们都在此登岸，以汇报并说明自己的一切虔敬的与亵渎的作品。因此，使我把艺术视为一种偶像和君王的那份激烈的幻想，今天看来，我发觉它充满着多少的错误啊；而且，我清楚地看到人人都在希冀的东西其实都是苦难。爱情的思念、徒然的快乐的念头，当我此刻已临近二者均已死亡的时刻，它们现又如何呢？对其中的一个我是确信无疑，而另一个却在威胁着我。无论绘画还是雕刻都无法再平静我的心灵，我的心灵已转向在十字架上向我们张开双臂欲搂抱我们的那份神圣的爱了。"（《诗集》卷 147）

"确信无疑"和"威胁着我"分别指什么？

* * * * *

但是，信仰和痛苦在这颗不幸的衰老的心灵中绽放的最纯洁的花朵，是那神圣的仁慈。

这个被其仇敌指斥为吝啬鬼的人，一生从未停止施恩于认识或不认识的落难的人。他不仅对自己的老仆和他父亲的仆人始终恩爱有加。其中有一个叫莫娜·玛格丽塔的女佣，在布奥纳洛蒂死后，被他收留，而且她的死"使他比死了亲姐妹还要伤心"。还有一个普通的木匠，他对他也爱护备至，这个木匠曾在西斯廷教堂的脚手架上干过活儿，他女儿出嫁时，米开朗琪罗为她置办了嫁妆。而且，他还经常不断地周济穷苦人，特别是害羞的穷苦人。他常喜欢让自己的侄儿和侄女也参与布施，培养他们这方面的感情，让他们代为布施，而又不道明他这位施主，因为他不想让人知晓他的这种仁慈。"他喜爱行善而不喜欢显摆。"——出于一种温柔细腻的情感，他特别想到穷苦的女孩子，他想方设法地暗中为她们置办嫁妆，使她们能够婚配或入修道院。

名师
点评

米开朗琪罗经常关心底层的穷苦人民，并且做好事不留名。

"你想法去结识一个有女儿待字闺中或要送去修道院的穷市民，"他写信给他侄儿说（他又补充说：我指的是没钱而又羞于启齿的人。），"把我寄给你的钱送给他，不过，要悄悄地去送，但千万摸清楚了，别让人家给骗了……"（1547 年 8 月写给利奥那多的信）

后来，他又写道：

"你若还认识什么急需用钱的高贵的市民的话，立即告诉我，特别是有女待嫁的；我若能为他做点什么的话，我会很高兴的，我的灵魂可以得救了。"（1550 年 12 月 20 日写给利奥那多的信。）

名师
点评

为什么要强调"有女待嫁"？

米开朗琪罗是孤独的。他同仆人有矛盾，被家人不理解和剥削，几乎没有朋友。他的心被死神紧紧地纠缠，他的诗歌清晰地透着一股哀伤与无奈。"死亡的阴影，通过它，心灵的一切敌对的灾难都停止了。"死亡是解决灾难的办法，获得幸福的路径，真的如此吗？

1. 怎样看待"生"与"死"这个问题？

2. 你有孤独的时候吗？有什么办法摆脱这种状态？

结束语

死亡对于这位饱受痛苦折磨的天才艺术家而言也许是一种解脱，他终于可以在天堂中获得安宁。他一直牵挂着未完成的作品，直到临死前的大前天才同意躺在床上。在他病入膏肓之时，所有的人都在等待着他的遗嘱和财产。他终于从时间里超脱出来，得以安息。

死亡

"久盼而迟迟不来的死神终于来临。"

他那修士的严峻生活所维系的身体虽然壮健，但逃不脱病患缠身。1544年和1546年，他两次患上恶性疟疾，而且未完全恢复，外加结石、痛风和各种各样的病痛，把他彻底地击垮了。在他晚年的一首苦中作乐的诗中，他描绘了他那被种种残疾折磨的可怜的躯体：

"我孤苦伶仃地悲惨地活着，犹如树皮中的髓质……我的声音如同被困于皮包骨头的躯体中的胡蜂的嗡嗡声……我的牙齿如琴键似的松动了……我的面孔像个稻草人的脸……我的耳朵老是嗡嗡直响：一只耳朵里像蜘蛛在结网，另一只耳朵里有一只蟋蟀在整夜鸣唱……我的卡他性炎症使我老喘粗气，彻夜难眠……给了我荣耀的艺术竟把我弄成这么个结局。可怜的老朽，如果死神不快来救我，我就被歼灭了……疲劳肢解了我，撕裂了我，压碎了我，等待着我的归宿，就是死亡……"（《诗集》卷81）

"我亲爱的乔奇奥，"1555年他写信给瓦萨里说，"您从我的字迹就可以看出我已到了年终岁末了……"

1560年春，瓦萨里前去看他，见他极其虚弱。他几乎不出门，晚上几乎也无法入睡，种种迹象表明他将不久于人世了。越是衰老，他变得就愈是多愁善感，动不动就流泪。

"我去看过我们伟大的米开朗琪罗，"瓦萨里写道，"他没有想到我会去，所以像一位找回丢失的儿子的父亲似的激动不已。他双臂搂住我的脖子，一边不停地吻我，一边快活得直流眼泪。"

然而，他仍旧头脑清醒，精力旺盛。瓦萨里这一次去看他时，他拉着瓦萨里就艺术方面的各种问题说了很久，对瓦萨里的创作提了一些建议，并陪他骑马去了圣彼得大教堂。

1561年8月，他突然病倒。他光着脚连续作画三个小时，忽然一阵疼痛，倒在地上，浑身抽搐。他的仆人安东尼奥发现他已不省人事，卡瓦列里、班迪尼和卡尔卡尼赶紧跑来。等他们到来时，米开朗琪罗已经苏醒了。几天之后，他又骑马出门，继续搞他那皮亚门的图稿。

古怪的老人不许别人以任何借口照料他。他的朋友们得知他孤苦伶仃地经受又一次病魔的袭击，而仆人们总是大大咧咧，漫不经心，他们心里实在是难受至极。

他的继承人利奥那多从前因想来罗马看看他身体怎么样，竟挨了他一顿臭骂，现在也不再敢贸然前来。1563年7月，他托达尼埃尔·德·沃尔泰尔问米开朗琪罗他可否前来探望他，而且为了防止生性多疑的米开朗琪罗怀疑他别有他图，他还让沃尔泰尔补上一句，说他生意挺好，生活富裕，不再需要什么了。精明的老人让人转告他说，既然如此，他非常高兴，那他就把自己所存的一点点钱周济穷人了。

一个月后，利奥那多很不甘心，又托人向米开朗琪罗表达他对他的身体及他的仆人们的不放心。这一次，米开朗琪罗回了他一封怒气冲冲的信，我们从中可以看出这位八十八岁高龄的老人，在他死前的六个月，是多么地充满活力：

"从你的来信可以看出，你听信了某些嫉妒成性的混蛋的话，他们因为偷不了我，也奈何不了我，所以就给你写信说了一大套谎话。这都是一些渣滓，可你真蠢，关于我的事你竟然去相信他们，好像我是个小孩子似的。让他们哪儿凉快就去哪儿吧。他们这种人到哪儿都惹是生非，只知道嫉妒别人，纯粹是些无赖。你信中说我的仆人们对我漠不关心，可我要告诉你，他们对我再忠实不过了，处处事事都非常尊敬我。你信中流露出担心我被人偷窃，可我要告诉你说，在我家里的那些人个个都让我放心，我也相信他们。因此，你关心你自己吧，别管我的事，因为必要时我会自卫的，我不是个小孩子。你多保重吧！"

关心遗产的并不止利奥那多一个。整个意大利都是米开朗琪罗的继承人——特别是托斯卡纳公爵和教皇，他们矢志不让圣洛朗和圣彼得两处的有关建筑的图稿和素描丢失。1563 年 6 月，在瓦萨里的怂恿下，科斯梅公爵责成其大使阿韦拉尔多·塞里斯托里秘密地去教皇面前活动，以便密切监视米开朗琪罗的仆人们和经常往他那儿跑的人，因为他的身体在每况愈下。一旦他突然去世，便应立即把他的财产全部登记造册：素描、图稿、文件、金钱等，并且还要密切注意别让人乘一开始时的混乱浑水摸鱼，为此而采取了一些措施。当然，大家十分小心，绝不让米开朗琪罗对此有所觉察。

这些预防措施是必需的。

关键时刻到了。

米开朗琪罗的最后一封信是 1563 年 12 月 28 日的信。一年来，他几乎不再亲自动笔了，他口授并签字，达尼埃尔·德·沃尔泰尔负责他的通信。

他一直在工作。1564 年 2 月 12 日，他一整天都站着在搞《哀悼基督》；14 日，他发烧了。蒂贝里奥·卡尔卡尼闻讯，立即赶来，但未见他在家中。尽管下雨，他还是跑到乡间去散步去了。当他回来时，卡尔卡尼对他说这样很不应该，天下雨怎么还往外跑？

"您要我怎么办？"米开朗琪罗回答说，"我病了，可我在哪儿都不得安生。"

他说话时语无伦次，他的目光，他的脸色，都让卡尔卡尼十分不安。"可能马上就不行了，"卡尔卡尼立即给利奥那多写信说，"但我非常担心为期不远了。"

同一天，米开朗琪罗让人去请达尼埃尔·德·沃尔泰尔来待在自己的身旁。达尼埃尔请了医生费德里艾·多纳蒂来；2 月 15 日，他按照米开朗琪罗的盼咐写信给利奥那多，说他可以来看他，"但要多加小心，路上不太平"。

沃尔泰尔又补充了几句：

"八点过一些，我离开了他，他神志清醒，情绪稳定，但为身子发麻所苦。他浑身难受，所以下午三四点钟时，他想骑骑马，就像好天时，他习惯做的那样。天气很冷，而且他又头疼又腿乏力，所以也骑不成马，他返回来，靠近壁炉坐在一把扶手椅里。他喜欢坐在扶手椅上而不喜欢躺在床上。"

在他身旁的是忠实的卡瓦列里。

直到他临死前的大前天，他才同意躺在床上。他在其朋友们及仆人们的围绕下，神志清楚地口授了他的遗嘱。他把"他的灵魂献给上帝，把自己的躯壳送给大地"。他要求"至少死后回到"他亲爱的佛罗伦萨去。然后，他便"从可怕的风暴中回到甜美的宁静之中"。（《诗集》卷152）

这是2月的一个星期五，下午五点钟光景，暮色降临……"他生命的最后一天，也是平和的天国的第一日……"

他终于安息了。他达到了自己所向往的目的：他从时间里超脱出来了。

"幸福的灵魂，时间在其中不再流逝！"（《诗集》卷59）

精华赏析

侄儿利奥那多对米开朗琪罗财产的惦记，着实让人心寒。一手照顾他长大的伯父饱受病痛的折磨，利奥那多却没有一丝温情，心中只惦记着财产。他为防止伯父的怀疑，故意说自己的生意很好，从米开朗琪罗愤怒的回信中可以看出他识破了利奥那多的小伎俩，对其极其失望。

这便是他那神圣痛苦的一生

英雄们不只有光彩照人的一面，更多的是承受着非常人所能忍受的苦难。只有看到他们的挣扎与痛苦，才能完整地了解他的人生，了解其作品的魅力所在。

在这个悲怆的故事结束时，我因一种顾虑而颇觉痛苦。我在扪心自问，在希望给那些痛苦的人找一些能支撑住他们痛苦的同伴时，我是否在把这些人的痛苦加给那些人了。我是否本该像其他许多人那样，只表现英雄们的英雄主义，而在他们心中的忧伤的深渊上蒙上一层面纱？

——不行！要说真话！我并没有许诺我的朋友们以谎言为代价的幸福，没有许诺不惜一切代价要让他们幸福。我许诺他们的是真情实况，哪怕是以牺牲幸福为代价，我许诺的是壮美的真实，它雕塑了永恒的灵魂。它的气息是令人讨厌的，但却是清纯的，让我们贫血的心沐浴在其中吧。

伟大的心灵俨如高高山峰。风吹袭它，云遮住它，但你在那儿比在别处呼吸更畅、更爽。那里空气清新，涤尽心灵的污秽；而当云开雾散时，你俯临着人类。

这就是那座高大的山峦，它矗立在文艺复兴的意大利的上方，远远望去，可见其巍峨的身影消失在天空中。

我并不是说普通人可以生活在这些山峰上。但是，一年中有一日，他们可以登山朝拜。他们将可以在那儿吐故纳新，透析血管中的血液。在那上面，他们将会感到自己更加接近永恒。然后，他们再下到人生的平原上来，心中充满了日常战斗的勇气。

罗曼·罗兰

延伸思考

1. 米开朗琪罗对艺术的执着追求给了你什么启示?

2. 你怎样看待米开朗琪罗那痛苦而又伟大的一生?

托尔斯泰传

序 言

（第十一版）

这第十一版恰逢托尔斯泰一百周年诞辰，所以经过了修改润色。其中增加了自 1910 年起发表的托尔斯泰的通信。作者增加了一整章，用以叙述托尔斯泰同亚洲各国——中国、日本、印度以及伊斯兰国家思想家们的关系，他同甘地的关系尤为重要。我们全文收录了托尔斯泰逝世前一个月写的一封信，他在信中绘制的"不抵抗主义"的整个计划，印度圣雄甘地后来从中获取了巨大的力量。

罗曼·罗兰

1928 年 8 月

托尔斯泰传

名师导读

> 托尔斯泰在 19 世纪末那阴霾浓重的黑暗时代，像一道光照耀着世人的心灵。他的宏伟巨著和伟岸人格，带给人们希望，给予人们战胜恐惧的力量。

一

一百年前在大地上火光闪亮的俄罗斯的伟大灵魂，对于我们这一代人来说，曾经是照耀我们青年时代的最纯洁的光芒。在 19 世纪末那阴霾浓重的日暮黄昏，它是那抚慰人的星辰，它的目光吸引着、安抚着我们青少年的心灵。在法国，为数众多的人认为托尔斯泰远不止是个受人爱戴的艺术家，而且还是一位朋友，一位最好的朋友。此外，其中的许多人还认为，他是欧洲全部艺术中唯一的真正的朋友——我愿给这个神圣的回忆带去我的感激和敬爱之情。

我了解托尔斯泰的那些时日，永远不会从我的思想中磨灭。那是 1886 年，在默默地萌芽了数年之后，俄罗斯艺术的美丽花朵刚刚在法兰西的大地上绽放。托尔斯泰和陀思妥耶夫斯基的著作译本同时在各大出版社争先恐后地出版发行。1885 年到 1887 年，在巴黎出版了《战争与和平》《安娜·卡列尼娜》《童年与少年》《波利库什卡》《伊万·伊里奇之死》，以及高加索短篇小说和通俗短篇小说。几个月、几个星期的时间，整个伟大人生的作品展现在我们的面前，反映着一个民族，一个新的世界。

我刚上高等师范学校。我的同学们和我，彼此意见大相径庭。在我们的小社团里，聚集有现实主义的和嘲讽的思想者，如哲学家乔治·杜马；有对意大利文艺复兴狂热至极的诗人，如美亚雷斯。有忠实于古典传统者，有司汤达信奉者和瓦格纳尊崇者，有无神论者和神秘主义者，相互间争吵不休，意见相左。但在几个月的时间里，对托尔斯泰的爱几乎把我们大家又聚在了一起。每个人爱他的原因各不相同：因为各人在其中找回了自我；而对于大家来说，那是一种人生的启迪，一扇向广袤宇宙敞开着的门。在我们周围，在我们的家庭里，在我们的外省，来自欧洲边陲的伟大声音唤起了同样的同情，有时是意想不到的同情。有一次，我听见我家乡纳韦尔的一些有产者在异常激动地谈论着《伊万·伊里奇之死》，可他们是从来就对艺术不感兴趣的，几乎从不看书的。

我在一些卓越的评论家的著作中读到过这么一种观点，说托尔斯泰的思想精髓是源于我国的浪漫主义作家：乔治·桑、维克多·雨果。且不说认为托尔斯泰是受乔治·桑（他是不能容忍她的思想的）影响的这种看法之不可信，也不必去否认让·雅克·卢梭和司汤达对他的实际影响之大，反正怀疑他的伟大和魅力是源自他的思想那是很不好的。艺术在其中活跃的思想圈子是最为狭小的。思想的力度并不在思想本身，而是在他所给予它们的表达之中，在个人的特色之中，在艺术家的特征之中，在其生命的气息之中。

不论托尔斯泰的思想是不是输入的——我们将在后面看到——反正与他的声音相仿的声音还从未在欧洲回荡过。怎么去另外解释我们在听到这种心灵的乐声时所感到的激动的震颤呢？这心灵的乐声是我们期盼已久的，是我们所需要的呀。赶时髦在我们的情感中毫不存在。我们中间的大多数人都像我一样，只是在读了托尔斯泰的著作之后才了解欧仁·米尔希奥·德·沃居埃[①]的《俄国小说论》那本书的；他的崇羡在我们看来，与我们的赞赏相比较，显得苍白无力。沃居埃先生尤其是以文学家的态度在评论，但是对我们来说，只是赞赏作品就太不够了，我们身在作品之中，它是我们的。由于他那炽热的生命，由于他那年轻的心，他是我们的。由于他那嘲讽式的幻灭，由于他那冷峻的洞察力，由于他对死亡的恐惧，他是我们的。由于他对博爱的梦想以及人与人之间和平相处的梦想，他是我们的。由于他对文明的谎言

名师注解
① 欧仁·米尔希奥·德·沃居埃（1848－1910 年）：法国作家，曾发表研究俄罗斯小说的专著。

的深恶痛绝，他是我们的。而且，由于他的现实主义以及他的神秘主义，他是我们的。由于他的大自然的气息，由于他对无形之力的感受，由于他对于无限的晕眩，他是我们的。

这些作品对于我们来说如同《少年维特之烦恼》对于当时那一代人的影响一样：是我们的强与弱、希望与恐惧的明镜。我们压根儿就没去想调和所有一切的矛盾，特别是没有去想把这颗反映宇宙的复杂心灵纳入狭隘的宗教的或政治的范畴，像诸如布尔热^①那样的人一样，在托尔斯泰死后不久，就以党派的观点把《战争与和平》的这位荷马式的诗人加以批评。仿佛我们匆匆拼凑的小集团能够成为衡量一位天才的尺子似的！托尔斯泰是否与我同属一个党派，于我何干！难道我要先看看但丁和莎士比亚属于何党何派之后再去呼吸他们的气息和沐浴他们的光华吗？

我们绝不会像今日的批评家们那样去想："有两个托尔斯泰，一个是危机前的，另一个是危机后的；一个是好的，另一个是不好的。"对于我们而言，只有一个托尔斯泰，我们爱他这整个人。因为我们由衷地感到，在这样的心灵之中，一切都站得住，一切都相关联。

延伸思考

1. 托尔斯泰的思想来源是什么？
2. 文中最后一段批评家说有两个托尔斯泰，你如何理解？

名师注解

① 布尔热（1852－1935年）：法国作家、批评家。

二

托尔斯泰出生于一个高贵的、古老的双重家族。由于父母早逝，他并不怎么了解自己的父母。他的两个姑妈心地善良，对托尔斯泰的成长有很大影响。托尔斯泰的小说中有很多人物原型来源于自己的亲戚，我们可以从本章中了解作品背后的故事。

我们一直未加解释而从本能所感觉到的东西，今天得由我们的理智去加以证实。现在，这长久的生命到达了终点，无遮无拦地展现在我们的眼前，变成了思想天空中的太阳，我们就能够这么做了。立刻让我们震惊的是，自始至终，它依然如故，尽管有人想要用藩篱将它一段段地截开——尽管托尔斯泰本人因自己是个激情满怀之人，当他在爱的时候，在相信的时候，他以为是第一次在相信，第一次在爱，而且以为他的生命是从这时开始的。开始，重新开始，同样的危机、同样的挣扎，在他心中发生过多少次啊！人们无法谈论他的思想——它从来就不是统一的——但却在谈论那些在他思想中顽固地存在着的各种因素，它们时而是同盟，时而是敌对，但更经常的是敌对。在像托尔斯泰这样的一个人的心中和思想上，统一是绝不存在的，它存在于他自身激情的斗争中，它存在于他的艺术和他的生命的悲剧中。

艺术和生命是统一的。就作品与生命的密切联系而言，没有胜过托尔斯泰的人了，他的作品几乎常常具有一种自传的特点。自他二十五岁起，其作品让我们一步一步地紧跟着他那冒险生涯的矛盾经历。

自二十岁之前开始直到他去世前的《日记》，以及他提供给比鲁科夫先生的笔记，补足了我们的这种认识，使我们不仅能够几乎逐日地了解托尔斯泰的意识，而且还再现了其天才赖以生根、其心灵得以滋养的那个世界。

一份丰富的遗产。十分高贵、十分古老的双重家族（托尔斯泰家族和沃尔康斯基家族），自称可追溯到留里克①，家谱中记有亚历山大大帝的侍从，有七年战争中的几位将军，有对拿破仑数次战役中的一些英雄，有十二月党人，有政治流放犯。从家人的回忆录中，托尔斯泰选取了好几个作为《战争与和平》中的最特殊的典型人物。诸如：他的外祖父，沃尔康斯基老亲王，是叶卡捷琳娜二世时代的伏尔泰式的专制贵族的代表；尼古拉·格雷艾里维奇·沃尔康斯基，他母亲的一位堂兄弟，在奥斯特利茨战役中受伤，并从拿破仑眼前被救了回去，如同安德烈亲王一样；他的父亲，长得有点像尼古拉·罗斯托夫；他的母亲，玛丽亚公主，温柔的丑妇，但眼睛却很美，其善良心地照耀着《战争与和平》。

他不怎么了解他的父母。如大家所知，《童年时代》和《少年时代》里的那些动人叙述极少真实性。他还不满两周岁时，他母亲就去世了。因此，他只是从小尼古拉·伊尔捷涅耶夫的含泪讲述中回想那张亲切的面庞，那张笑脸在她的周围洒满了欢乐……

"啊！要是我在艰难岁月中能瞥见那微笑的话，我就不会知道何为烦愁了……"（《童年时代》第二章）

但母亲无疑是把她的坦率无邪，把她的不畏人言以及她讲述自己编造的故事的绝妙天才传给了他。

对于他的父亲，他至少还留有一些回忆。他父亲是个可爱的、风趣的人，眼睛略含忧伤，在自己的庄园里过着一种独立的、没有野心的生活。托尔斯泰九岁时失去了父亲，父亲的死使他"第一次明白了悲苦的现实，使他的心灵充满了沮丧绝望"。这是儿童与恐怖的幽灵的第一次相遇，他一生的一部分将用来战胜它，另一部分将用来在把它改变形态的同时赞扬它……这悲痛在《童年时代》的最后几章中留下了一些难忘的印痕。在书中，他把那些回忆移植到对母亲的死和安葬的叙述中去了。

在亚斯纳亚·波利亚纳的古宅中，他们一共是五个孩子，列夫·尼古拉耶维奇于 1828 年 8 月 28 日在这个宅子里出生，直到他八十二年后逝世时才

名师注解

① 留里克：古代君王，死于公元 879 年，创建了洛夫哥罗德大公国，亦即俄罗斯之雏形。

离开。最小的是女孩，名叫玛丽亚，后来当了修女（托尔斯泰临死前，逃离了自己的家及家人，就是躲到她那儿去的）。其余是四个儿子：谢尔盖，很自私，但很迷人，"他的真诚达到了一种我从未见过的高度"；德米特里，热情而又内向，后来上了大学，毫无顾忌地信奉宗教，奉斋节食，探访穷人，接济残疾人，后来又以同样的激情放浪形骸，随后又懊悔不迭，为一个与他相好的妓女赎了身，收了房，二十九岁时患肺痨而死；老大尼古拉，兄弟中最受爱戴的一个，从其母那儿继承了编故事讲故事的能耐，为人风趣，胆怯，感情细腻，后来在高加索当军官，在那儿染上了酒瘾，心中装满基督教的温情，他也常探访穷人，把自己所有财产悉数分给了穷人。屠格涅夫说他"在生活中实践着谦恭，而其弟列夫只满足于在理论上发展它"。

在这帮孤儿身边，有两位心地善良的女性：塔佳娜姑妈，托尔斯泰说，"她有两个好品德：镇静和爱"。她一辈子只知道爱，她一直是舍己为人……

"她让我知道了爱的精神欢悦……"

另一位是亚历山德拉姑妈，她永远地为别人服务，而避免让人服务自己。她不雇仆人，最喜欢的消遣就是读圣人传，以及同朝圣者和无邪的人聊天。这些无邪的男女中，有好几个住在他们家中。其中有一位朝圣老妪，会吟诵赞美诗，成了托尔斯泰妹妹的教母。另一位朝圣者名叫格里萨，只知道祈祷和垂泪……

"啊，伟大的基督徒格里萨！你的信仰是那么坚定，以致感到自己在走近上帝，你的爱是那么炽热，以致言语从你嘴里流露出来，而你的理智却无法驾驭。由于你赞颂上帝的庄严，当你找不到词语的时候，你满面泪痕地匍匐在地上！……"（《童年时代》第七章）

这所有卑微的心灵对于托尔斯泰成长的影响，有谁会看不出来呢？晚年的托尔斯泰似乎开始显现和实践这些卑微的灵魂。他们的祈祷、他们的爱在孩提时的托尔斯泰的精神上播下了信仰的种子，在老年时的托尔斯泰的精神上看到这些种子成熟了。

除了无邪的格里萨而外，托尔斯泰在《童年时代》里并未提到这些帮助其心灵成长的卑微的人们。但是，在另一方面，这颗童心却通过那本书显露出来，"这颗纯洁的、仁慈的心，宛如一道明亮的光华，永远能从别人身上发现他们最优秀的品质"，这种极其温柔的心啊！当他幸福时，他想到的只是那个他知道其不幸的唯一的人，他为之哭泣，他愿为之献出爱心。他搂着一匹老马，求它原谅他让它受苦了。他很高兴去爱，即使不被人爱也无妨。人们已经窥见他未来天才的萌芽：他为自己的身世而哭泣的想象力；永远试图想象人们在想些什么，他那工作不息的头脑；他早熟的观察和记忆能力；他那敏锐的目光能在丧礼参加者身上，看透别人的面容，知晓别人是真伤心还是假装悲戚。他说，他在五岁时就第一次感受到"人生并非一种享乐，而是一种沉重的劳作"。

幸好，他忘了这种情况。在那个时候，他在用民间故事、俄罗斯的神话和传说、《圣经》故事，尤其是《圣经》里约瑟那高贵的历史。在他晚年时，他仍把它当作自己艺术的楷模——还有《一千零一夜》，编织着自己的梦幻。《一千零一夜》是他每天晚上在祖母家中坐在窗台上，听一个盲人说书人讲述的。

 精华赏析

这一章简单交代了托尔斯泰的家庭背景以及这种环境对他的影响。他把自己的亲戚塑造成小说中的人物，足见艺术源于生活又高于生活。由此可以看出，家庭环境对一个人的性格和成长有很大的影响。

三【精读】

名师导读

　　每个人在少年时期都怀有梦想，梦想是我们前进的动力。托尔斯泰也有自己的梦想，他想走近平民的生活，为他们服务，让他们摆脱贫困。他严格律己，进入天真的幻想之中，进入对人类的爱之中。

　　他在喀山求学，成绩平平。在说到这三位兄弟时，大家都说："谢尔盖想干什么都干得成，德米特里想干却干不成，列夫不想干也干不成。"

　　他经过了他所说的"青少年荒漠时期"。荒凉的沙漠，一阵阵疯狂劲风猛刮着。关于这一时期，《少年时代》，特别是《青年时代》的叙述中，充满着内心的忏悔。他很孤单，他的头脑处于一种持续不断的狂热状态。在一年的时间里，他又为自己找到了并试验着种种学说。他是斯多葛派①，对自己进行肉体的折磨。他是伊壁鸠鲁②主义者，放荡不羁。后来，他相信了轮回之说。他终于落入一种狂乱的虚无主义之中：他觉得如果自己较快地转变，就可能面对着虚无。他解剖自己，自我剖析……

名师点评

"荒漠时期"指什么？真的如此吗？

名师注解

　　① 斯多葛派：指古希腊罗马哲学的一个主要派别，创始人芝诺。该学说强调人的社会职责和义务，强调以心灵平静和坚持道德价值的行为准则。世人常以其代表坚忍和苦行主义。

　　② 伊壁鸠鲁（前341－前270年）：古希腊哲学家，唯物主义的感觉论者，提倡一种"乐生"哲学。世人常以其代表纵欲享受。"伊壁鸠鲁主义者"指的即是此种生活态度的人。

"我只想着一件事了，我在想我想着一件事……"（《少年时代》第十九章）

这种永不停息的剖析，这台推理的机器，这台空转的机器，将成为他的一种危险的习惯，他自己就说，"在生活中经常妨碍他"，但他的艺术却从中汲取了闻所未闻的养分。

在这当中，他丧失了所有的信念，至少他是这么认为的。十六岁时，他便不再祈祷，不再去教堂。但信仰并未消亡，它只是潜伏着：

"然而，我一直相信某种东西。相信什么？我说不出来。我仍相信神明，或者不如说是我并未否定它。是哪个神明？我不知道。我也不否认基督及其教义；但这种教义是建立在什么上面的，这我却说不清楚。"（《忏悔录》第一章）

有时候，他满脑子的仁慈幻梦。他想卖掉自己的马车，把卖的钱分给穷人，还想把自己财产的十分之一拿出来散发给他们，他不想雇仆人……"因为他们是同我一样的人。"一次病中，他写了一本《人生规则》。他在其中天真地为自己定下了责任，"研究一切，深化一切：法律，医学，语言，农业，历史，地理，数学，在音乐和绘画中达到登峰造极的程度"……他坚信"人类的命运是在于不断完善之中的"。

但是，在少年人的热情、强烈的感官需要和巨大的自尊心的驱动之下，不知不觉地，这种追求完美的信念转向了，丧失了无私的特点，变得实用和物质化了。如果说他想使自己的意志、肉体和精神趋于完美，那是为了征服世界，为了获得爱戴，他想讨好别人。

这并不容易。他长得像猻猴一般丑陋：脸又长又厚又粗犷，头发很短，向前盖着，使额头显低，两只小眼睛深陷在阴暗的眼眶里，严峻地盯着别人，鼻子宽阔，嘴唇厚而前伸，耳朵大大的。因为无法把这张丑脸改变——他小的时候，因它而引发了几次绝望的危机——他便自称要实现当个"体面人"的理想。这种理想，因为要

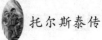

做得和其他的"体面人"一样，而把他引向赌博，疯狂地借债，彻底地放荡。

一件东西永远地救了他：他那绝对的真诚。

"您知道我为什么爱您胜过爱别人吗？"涅赫留多夫对他的朋友说，"您具有一种惊人的、罕见的品质：坦率。"

"是的，我总是说出连我自己都羞于启齿的事情。"

在他最放浪的时候，他也总是用一种无情的敏锐在判断自己。

"我完全像个牲畜似的活着，"他在其《日记》中写道，"我是完全堕落了。"

而且，他还用他那分析怪癖，详细地记下了自己错误的根由：

"1. 犹豫不决或缺乏魅力；2. 自欺欺人；3. 操之过急；4. 知耻而不改；5. 脾气坏；6. 惶惑；7. 模仿性；8. 心猿意马；9. 不动脑子。"

这种独立判断的做法，在他上大学时，就已经用于对社会习俗和知识迷信的批判上去了。他蔑视大学教育，拒绝认真地研究历史，因思想的大胆放肆而遭校方处罚。在这一时期，他发现了卢梭，看到了他的《忏悔录》《爱弥儿》，他为之倾倒。

"我向他顶礼膜拜。我把他的肖像纪念章像圣像似的挂在脖颈上。"（《与保尔·布瓦耶先生的谈话》1901年8月28日《时报》）

他最初的几篇哲学文章就是对于卢梭的评论（1846—1847年）。

然而，因厌倦了大学和"体面人"，他回到家乡亚斯纳亚·波利亚纳，住在乡间（1847—1851年）。他又同百姓们接触了，他自称前来帮助他们，要成为他们的恩人和教育者。他这一时期的经历在他最初的几部作品中的一部——《一位绅士的早晨》（1852年）中已有叙述。这是一部优秀作品，其主人公是他最喜爱用的名字——涅赫留多夫亲王。

涅赫留多夫年方二十，他抛开了大学学习去献身于农民，他努力地为他们谋福利已有一年了。而且，在一次到村中去探访时，我

真诚是一项美好的品质，它解救了托尔斯泰。

善于反思总结，勇于承认错误。

托尔斯泰走近底层百姓，对他以后的平民思想有很大影响。

们看见他受到了冷遇，受到了根深蒂固的猜忌，遇到了因循守旧、无所用心、下流无耻、忘恩负义。他的一切努力全是枉然，他心灰意冷地回来，心里想着自己一年前的梦想，想起自己那慷慨的热情，想起自己的理想——"爱与善是幸福，是这个世界上唯一可能的真理"。他觉得自己败下阵来了，他羞愧而厌倦。

"他坐在钢琴面前，手下意识地在按着琴键。弹出了一个和音，然后是第二个，第三个……他开始弹奏起来。和音不完全是规则的；它们经常是平凡到庸俗的程度，表现不出任何音乐才华来。但他在其中找到了一种无法确定的、忧伤的乐趣。每遇和音变化时，他就心跳不已，等着新的音符出来，并通过想象模模糊糊地去补足那缺陷。他听到合唱、乐队……他主要的乐趣便来自想象的被迫活动，它虽无关联但却以惊人的明晰，向他显示出那些过去和未来的最多变的形象和情景……"

他又看见他刚刚与之聊天的下流的、猜忌的、撒谎的、懒惰的、冥顽的农民们。但这一次他所看到的他们，是他们好的一面而不再是坏的一面。他以爱的直觉深入他们的心中，他在他们身上看出了他们对被压迫的命运的忍耐和避让，看出了他们对一切不公的宽容，看出了他们的家庭和睦以及他们对往昔的那种因循守旧的和可怜巴巴的眷念。他让他们回想起劳累但健康的好好劳动的时日……

"这真美。"他喃喃道……"我为什么不是他们中间的一分子呢？"（《一位绅士的早晨》全集第二卷）

整个托尔斯泰已经存在于这第一部短篇小说的主人公中了：他目光敏锐，想象持续不断。他以一种无瑕疵的现实主义在观察人们，但当他一闭上眼睛，他又进入梦幻之中，进入对人类的爱之中。

延伸思考

1. 托尔斯泰少年时期的经历对他人生观的形成有怎样的影响？

2. 身为贵族的托尔斯泰为何想成为一个平民？

名师点评

他为什么会有这种想法？

名师点评

欲扬先抑，众多的贬义词是为了体现他对农民看法的转变，突出他们美好的一面。

名师点评

他渴望成为平民，这种想法一直缠绕着他，以致最后离家出走。

四

名师导读

　　在高加索的军队里，托尔斯泰的心灵受到很大触动。托尔斯泰在《日记》中记下了吞食他的那三大恶魔：毒瘾、肉欲、虚荣。1852 年，托尔斯泰的天才崭露头角，他感激赐予他灵感的上苍。

　　然而，1850 年时的托尔斯泰可没有涅赫留多夫那么有耐心。亚斯纳亚让他失望，他对于百姓们同对于精英们一样地厌倦了，他的角色压迫着他，他承受不了了。此外，债主们在追逼着他，1851 年，他逃往高加索，躲入军队里，藏在他那已当了军官的哥哥尼古拉身边。

　　刚刚进入安宁静谧的山里，他便精神抖擞起来，他又寻找到了上帝：

　　"昨夜里，我几乎一夜未眠……我在向上帝祈祷。我无法描绘我在祈祷时所感受到的情感之温馨。我背诵了通常的祷文，然后我就久久地祈祷着。我向往着某种非常伟大、非常美好的东西……是什么呢？我说不出来。我想让自己同神明融为一体，我祈求宽恕我的过错……可是不，我不祈求这样，我感到，既然它赋予了我这一恬静的时刻，那就是说它已宽恕我了。我在祈求，而同时我也感觉到，我一无所求，而且我不能也不会请求。我感谢它，但不是用言语，也不是在思想中……一小时刚过，我便听到罪恶的声音。我梦想着光荣和女人睡着了：这比我强有力得多。管它哩！我感谢上帝给了我这一刻的幸福，使我看到了自己的渺小和伟大的这一刻。我想祈祷，但我不知如何祈祷；我想弄明白，但我又不敢。我把自己交给你的意志处理。"（《日记》）

　　肉体未被击败（它从未被击败），情欲和上帝间的争斗在心中秘密地继续下去。托尔斯泰在《日记》中记下了吞食他的那三大恶魔：

1. 可能战胜之。

2. 很能战胜之。

3. 其中最难战胜之恶魔。

在他幻想着为他人而生活，为他人而献身的时刻，肉欲或轻浮的念头缠绕着他：某个高加索女人的形象使他魂牵梦绕，或者"如果他左边的胡子翘得比右边的高点儿，他会感到沮丧"。"没有关系！"上帝就在那儿，他再也不离开他了。斗争本身的骚动也孕育良多，所有的生命力都因此而受到激赏。

"我认为我曾经想去高加索一游的轻浮念头是上苍给我的启迪。上帝的手指引了我。我因此而不断地感激它。我感到自己在这里变得好多了，而我坚信，我可能遇到的事情都将对我有益，因为是上帝自己的意愿使我……"（致塔佳娜姑妈的信，1852 年 1 月）

这是大地回春的感恩圣歌。大地鲜花盛开，一切都好，一切都美。1852年，托尔斯泰的天才绽放了最初的几朵鲜花：《童年时代》《一位绅士的早晨》《入侵》《少年时代》，他感激使他充满灵感的上苍。

延伸思考

高加索的经历，对托尔斯泰有什么影响？

五

名师导读

托尔斯泰的思想一直是不断变化的，高加索的战争对于他是一场洗礼。战争向托尔斯泰揭示了他生命中的宗教根源。同时，一种狂热的自然崇拜在煽惑并吞噬着他的心灵。

故事始于 1851 年秋的蒂弗里斯，止于 1852 年 7 月 2 日高加索的皮亚季戈尔斯克。颇为奇怪的是，在那使之怦然心动的大自然的氛围中，在崭新的生活里，在战争的惊心动魄的危险中，一心想要发现一个不能不了解的富于特色和激情的世界的托尔斯泰，在这第一部作品里，开始对往事进行回忆。但当他写《童年时代》时，他正在病中，军队事务突然停止了。在长期休养的闲暇中，孤独而痛苦的他，颇为伤感，往事便不由得浮现在了眼前。经历了近几年的颓废而紧张疲惫的日子之后，能重温童年那"美好的、无邪的、诗情画意的和快乐的时期"，重塑一颗"善良的、多情的、会爱的童心"，他觉得非常之甜美。总之，托尔斯泰此时此刻，怀着青春的热情和无穷的计划，怀着循环式的诗情想象的特点（他很少酝酿一个孤立的题材，他的那些大部头只是他从未能实现的博大精深的历史画卷的一部分，历史长链中的一截儿），把他的《童年时代》只看作他的《人生四部曲》的第一篇而已，它本该包括进去他在高加索的生活，并且无疑应以通过大自然获得的上帝的启示为终结的。

后来，托尔斯泰对这部有助于其成名的《童年时代》的叙述态度十分严厉。

他对比鲁科夫先生说道："它太差了，太缺乏文字的诚实性了！简直无可取之处。"

这只是他的一家之说。未署作者名的原书稿寄给了有名的《现代人》杂志，立即被刊登了（1852 年 9 月 6 日），并获得一致好评，欧洲各国的读者都表示认同。但尽管它有诗一般的魅力，细腻的笔触，微妙的情感，我们还是明白它为什么后来为托尔斯泰所不悦。

它使他不悦的原因正好是它使其他人喜爱的那些同样的原因。必须指出的是，除了在某些地方人物的记述和极少的篇幅中有着吸引人的宗教情感或感情的现实意味以外，托尔斯泰的个性在其中的表露非常之少。书中弥漫着一种温情轻柔的感伤，为后来的托尔斯泰所一直反感的，也是他在其他的小说中所摒弃的。那种幽默和那些眼泪，我们是熟悉而又熟悉的，它们源自狄更斯。他在其《日记》中指出，他在十四岁到八十一岁之间最喜爱的作品中，他最喜欢狄更斯的《大卫·科波菲尔》，称"影响巨大"，他在高加索时又读了这部著作。

他还指出了另外两位对他影响较大的作家：斯特恩和特普费尔。他说道："我那时深受他们的启迪。"

谁会想到《日内瓦短篇》是《战争与和平》的作者的第一模型呢？但是，一旦知道了，就能在《童年时代》的叙述中重新找见被移植到一种更加贵族化的秉性中的那种热情而狡黠的淳朴。

因而托尔斯泰在其初期显现出来的就是众人所熟悉的一个面孔，但他的个性特征很快便得以确定。不像《童年时代》纯粹而完美的《少年时代》（1853 年），显示出一种更新颖的心理，一种对于大自然的极其强烈的情感，以及一颗狄更斯和特普费尔深感忧虑的被折磨的心灵。在《一位绅士的早晨》（1852 年 10 月）中，托尔斯泰的那带有其观察的深刻敏锐和对爱的崇信的性格特征好像很明显地形成了。在这个短篇小说中所描绘的一些农民的形象中，人们已经发现《民间故事》中最美丽的描写之一的雏形：那位养蜂老人（《两位老人》，1885 年）即为一例。在那棵桦树下的矮小的老人，双手张开着，眼望上方，光头在太阳下闪亮，在他的周围，金色的蜜蜂飞舞，并不螫他，在他头顶形成一个王冠……

但这一时期的代表作则是那些直接反映其当时激情的著作，如《高加索纪事》。其中第一篇《入侵》（1852 年 12 月 24 日完稿）中的壮丽景色令人叹为观止：一条河边，群山中的日出；以极大的渲染手法描绘出的声和影的惊人的夜景；当远处积雪山峰在紫雾中消失时，夜归的士兵唱出的美丽歌声在清纯的空气中飘荡的美景。《战争与和平》中的好几位典型人物已在其中显现：赫洛波夫上尉，真正的英雄，他打仗绝非兴趣所致，而是因为那是他的职责，他是"那些淳朴的、平静的、令人用眼直接看着十分简单而惬意的面孔之一"。他笨拙，不灵活，有点傻乎乎的，对周围的一切很漠然，在战斗中，其他所有的人全改变了，唯独他仍依然故我，"他完全像人们总见到的那样：同样平静的动作，同样平稳的声音，天真而呆滞的脸上同样的朴素表情"。在他身边，那位中尉在扮演着莱蒙托夫的主人公，心地善良，但却装出粗野蛮横的样儿来。而那个可怜巴巴的矮个儿少尉，初次参战，兴奋异常，既可爱又可笑，见到谁都想扑上去拥抱一下，最后却无谓地被杀死了，如彼加·罗斯托夫。在这幅图景中，托尔斯泰的影子显现出来，他在观察着，但并未参与到他的同伴们的思想中去，他已经让人听见了他反对战争的呐喊：

"在这个美丽的世界上，在这片繁星点缀的广袤天空下，人们难道不可以安适地生活吗？他们在这里怎么会保存着一些凶狠的、复仇的情感，保存着消灭同类的狂怒呢？人类心中所有恶的东西都应该在与大自然接触时消失掉，这是善与善的最直接的表现。"（《入侵》，全集第三卷）

这一时期因观察而写下的其他高加索纪事只是后来在1854年到1855年才又加工写成，如《伐木》系一种准确的写实，有点冷峻，但却充满了对俄罗斯军人心理的奇特记述——是为了未来的一些记述：1856年，完成了《在小分队中和一个莫斯科熟人的相遇》，描写了一个失意的上流社会的人物，是一个放荡的下级军官，怯弱、酗酒、还爱说谎，他连想都不敢想会被杀死，就像被他蔑视的士兵似的死去，士兵们中最差劲儿的都要比他强过上百倍。

在所有这些作品之上，屹立着群山的第一道山脉的最高峰，是托尔斯泰所写的最美的抒情小说之一，是他的青春赞歌，是高加索的颂诗——《哥萨克》。白雪皑皑的群山在晴朗的天空下蜿蜒巍峨，那如诗如歌的壮美洋溢在全书之中。因它那天才之花的绽放，这部小说是独一无二的，正如托尔斯泰所说："青春的强大神威，永不能复得的天才迸发。"多么雄伟的春之泉！爱情在狂涌！

"我在爱，我深深地在爱！……勇士们！善良的人们！……"他反复地说着，而且很想哭泣。为什么？谁是勇士？他爱着谁呀？他不太清楚。（《哥

萨克》，全集第三卷）

这种心灵的陶醉在无节制地流淌着。主人公奥列宁如同托尔斯泰一样，重回高加索，探寻冒险生活。他恋上了一位哥萨克年轻女子，陷入种种相互矛盾的希望之中。他时而在想，"幸福就是为他人而活着，就是自我牺牲"，时而又想，"牺牲自己那是很愚蠢的"；于是，他几乎与那位哥萨克老人叶罗什卡同样认为，"一切都是值得的。上帝创造一切就是为了人类的欢乐。没有什么是罪恶的，那是在拯救灵魂"。那他还需要想什么呢？只要活着足矣。生命是整个的美，整个的福，那强大的、普遍存在的生命：生命就是上帝。一种狂热的自然崇拜在煽惑并吞噬着他的心灵。奥列宁在森林中迷了路，"周围尽是野生植物，无数的野兽和飞鸟，成群的飞虫，草木幽暗，空气芳香温热，浊流在叶下淙淙流淌"，就在离敌人埋伏点不远处，他"突然感到一种无缘无故的幸福，他按照儿时的习惯，画着十字，开始感谢某个人"。他像一个印度托钵僧人似的满意地说，他独自一人迷失在这吸引他的人生漩涡之中，到处潜伏着的一些看不见的生物此刻正在窥伺着他的死，那成千上万的小虫在他身边嗡嗡地叫着：

"过来呀，过来，伙伴们！那就是我们要螫的人！"

他显然很清楚，在这里他不再是个俄罗斯绅士，不再是莫斯科上流社会中人，不再是某某人的朋友或亲戚，而就只是一个生物，如蚊蚋，如雉鸟，如雄鹿，如现在在他周围生活着、游荡着的那些生物。

"我将像它们一样生活，一样死亡。而青草将在上面生长……"

他的心里充满欢乐。

在青春的这一时刻，托尔斯泰生活在人生的力和爱的狂热之中。他搂抱住大自然，与之融为一体。在大自然中，他倾泻，他麻痹，他激赏他的忧愁、他的欢乐和他的爱情。但这种浪漫的陶醉从未损害他目光的敏锐。只在这首炽热的诗中才有如此强烈的景色描写，以及真实的人物刻画，在其他作品中则是很少见的。自然与人之间的对立是该作品的精髓，也将是托尔斯泰整个一生的思想中最喜爱的主题之一，他的信条之一。这种对立已经使他找到《克莱采奏鸣曲》的某些严酷的语调，用以斥责人间的喜剧。不过，他对自己所爱的人们也同样是真实的：大自然的生物、那位美丽的哥萨克年轻女子和他的朋友们，他都目光敏锐地对他们的自私、贪婪、欺诈、恶习加以痛斥。

高加索尤其向托尔斯泰揭示了他生命中的宗教根源。人们没能足够地阐释这种真理精神的最初昭示。他自己也是一再要求严守秘密才向他青年时代的密友、他年轻的姑妈亚历桑德拉·安德烈耶夫娜·托尔斯泰吐露的。在1859年5月3日的一封信中，他向她发表了他的"信仰声明"，他写道：

"小时候，我不加考虑，只是带着热情和感伤在信仰。十四岁光景，我开始思考人生。因为宗教与我的理论不相协调，我便把毁灭宗教看作是一种值得称赞的行为……在我看来，一切都是清楚的、符合逻辑的、分门别类的。可是对于宗教，却一点地方也没留给它……后来，人生不再赋予我任何秘密的时刻到来了，但自此，它也就开始失去它的全部意义了。那时候——那是在高加索——我是孤独而不幸的。我付出了我精神的全部力量，如同一个人一生只能这么做一次的那样……这是殉道和至福的时期。在此前或此后，我都从未达到如此高的思想境界，我只是在这两年中才看得如此的深透。我那时所发现的所有一切都将成为我的信念……在这两年的持之以恒的灵智活动中，我发现了一条简单的、古老的真理，不过是我现在才知道而谁也不知道的真理：我发现有一种不朽，有一种爱，人为了永远幸福应该为别人而活着。这些发现令我惊讶不已，因为它们与基督教相似；于是，我不再深入探寻了，开始在《福音书》中去寻觅。但我收获甚微，我既没找到上帝，也没找到救世主，更没找到圣事，什么都没找到……但我仍在竭尽我全部的灵魂之力去找呀找呀找呀，我哭泣，我折磨自己，我只求得到真理……这样一来，我孤独地同我的宗教待在一起了。"

 精华赏析

　　文中穿插介绍的几部作品，是这一时期托尔斯泰的代表作。通过人物和故事情节的介绍，我们可以看出托尔斯泰的思想。那是对大自然的热爱，对生命的热爱。所谓文如其人，在字里行间能够感受到托尔斯泰思想的流动。

延伸思考

　　大自然和宗教两种思想因素在一起是否矛盾？他们是如何改造托尔斯泰的思想的？

六

俄国对土耳其的战争爆发了，托尔斯泰应征入伍，他的胸中燃烧着激情和爱国心。在隆隆的炮声中，他坚持写作。三篇纪事记述了战争中的状况，感人肺腑，俄国皇后读后哭了，沙皇下旨把它译成法文，将作者调离危险区。

1853 年 11 月，对土耳其的战争爆发了。托尔斯泰先被征召到罗马尼亚军团，然后去了克里米亚军团，并于 1854 年 11 月 7 日开拔到塞瓦斯托波尔。他胸中燃烧着激情和爱国心，他勇敢地尽着自己的责任，常常身处险境，尤其是在 1855 年的四五月间，他三天中就有一天在第四炮台轮值。

一连数月生活在一种接连不断的紧张和战栗中，与死神面对面，他的宗教神秘主义复活了，他和上帝进行交谈。1855 年 4 月，他在其《日记》中记下一段祷文，感谢上帝在危险之中保佑他，并祈求上帝继续保佑他，"以达到我尚不了解的生命之永恒与光荣的目的……"这个生命之目的，绝非艺术，而是宗教。1855 年 3 月 5 日，他写道：

"我已被引至一种伟大的思想，我感觉自己能够奉献我全部生命去实现这一思想。这一思想就是创立一种新的宗教，基督的宗教，以便通过宗教把人类团结起来。"

这将是他晚年的规划。

然而，为了避开周围的景象，他又开始了写作。在隆隆的炮声之中，他又怎能找到必要的思想自由来创作他的回忆录的第三部《青年时代》呢？该书写得很凌乱，而它的凌乱以及有时出现的带有司汤达式的层层剖析的某些抽象分析，是他写书时的条件造成的。但人们赞赏他对一个年轻人脑子里的模糊梦幻与思想的冷静而深刻的探索。该作品是一种罕见的心灵坦露。而且有时候，在春季城市的美景中，在忏悔的叙述中，以及为了突然想起的罪恶而奔向修道院去的叙述中，充满着多少的清新诗意啊！一种狂热的泛神论调给了他书中的某些篇章以一种抒情美，其笔调令人想起《高加索纪事》来。譬如，那夏夜的一幕：

"清亮的新月那平静的光芒。闪烁的池塘，一棵棵的老桦树，枝繁叶茂，月光下的一面呈铝白色，背着月光的一面的树影遮蔽着树丛和大路。鹌鹑在池塘后面鸣叫，还有两棵老树轻轻相触时的难以辨出的沙沙声响。蚊蚋嗡嗡，一只苹果落在枯叶上面，一直跳到平台石阶上的青蛙，绿绿的背部在一缕月光下闪亮……月亮在上升，它悬于空中，清辉满布；池塘更加地清晰明亮；暗处变得更加地黝黑，亮处则更加地清亮……而我，微不足道的小虫子，已经被笼罩在人间一切热情之中。但因有爱情的巨大力量，我觉得此时此刻，大自然、月亮和我，我们已经融为了一体。"（《青年时代》第三十二章）

但眼前的现实比对往事的梦怀更加地直接，它毫不通融地让人注意。《青年时代》因此而未能完成。而副连长列夫·托尔斯泰伯爵在防御工事的掩体里，在隆隆的炮声中，在他的连队里，观察着活着的人和垂死者，在他的《塞瓦斯托波尔纪事》的难忘的叙述中记下他们和他自己的焦虑悲凉。

这三篇纪事《1854年12月之塞瓦斯托波尔》《1855年5月之塞瓦斯托波尔》《1855年8月之塞瓦斯托波尔》，通常是被笼统地用同样的观点加以评论的，然而它们之间却是迥然不同的。特别是第二篇，在艺术情感上有别于其他两篇。其他两篇中以爱国主义为主导，而第二篇中却飘忽着一种不可改变的真理。

据说俄国皇后读了第一篇纪事之后落泪了，而沙皇则在赞叹之中下旨把它译成法文，并把作者调离危险区。这是很容易理解的，在这里只准赞颂爱国主义和战争情怀。托尔斯泰刚刚入伍，他的热情保持不变，他沐浴在爱国主义之中。他在塞瓦斯托波尔的保卫者中尚未窥见野心与自负，也未窥见任何卑微的情感。这对于他来说是一首伟大的史诗，其中的英雄"堪与希腊的英雄们相比拟"。此外，这些纪事没有任何想象的痕迹，也无任何客观表现的尝试，作者漫步城市，他清晰地在观察，但叙述方式却缺少洒脱。"你们看……你们走进……你们注意到……"这是夹杂着对大自然的美好印象的大量的纪实。

第二幕则完全不同：《1855 年 5 月之塞瓦斯托波尔》，自卷首起，我们便可读到：

"数千个人类的自尊心在这儿相碰撞了，或者在死亡中消失了……"

稍后，又可读到：

"……由于有许多的人，因此也就有许多的虚荣心……虚荣，虚荣，到处是虚荣，甚至在坟墓门前！这是我们这个世纪的特殊病症……为什么荷马的人物和莎士比亚的人物谈论着爱情、光荣和痛苦，为什么我们这个世纪的文学却只是一些虚荣者与赶时髦者的无穷无尽的故事？"

纪事不再是作者的简单叙述，而是直接地把激情与人展示出来，所以它把英雄主义下面隐藏着的东西暴露出来。托尔斯泰那犀利深邃的目光在他的战友们的心灵深处搜寻着；在他们心中以及在他自己的心中，他看到了骄傲、恐惧，看到了死到临头尚在继续上演着的人间喜剧。特别是恐惧，被他指明了，被他揭去了面纱，被赤裸裸地暴露了。这挥之不去的恐惧，这死亡的阴影，被他以一种可怕的真诚毫无顾忌、毫不怜悯地剖析了。在塞瓦斯托波尔，托尔斯泰学会了抛去一切感伤，如同他轻蔑不屑地指出的，那是"一种空泛的、女性的、假惺惺的同情"。他的剖析天才在他少年时期已露出端倪，有时还几乎带有病态，但它从来没有比描写普拉斯胡辛之死达到更尖锐、更惊人的强烈程度。其中有两整页是在描写炮弹落下尚未爆炸的那一秒钟内，那不幸的人心灵之中所发生的情况，还有一页是描写炮弹炸响之后，"他被当胸炸着而立刻死去"，那一刹那间心中之所想。

如同演出中间乐队休息时那样，在这些战斗场面里，一片明媚的大自然展现开来，阳光穿过乌云，白昼的交响曲在壮美的景色中回响，尽管成千上万的人战死在这其中。基督徒托尔斯泰忘了他在第一篇纪事中的爱国主义，在诅咒那大逆不道的战争：

"这些人，是一些基督徒，他们在宣扬爱与牺牲同样伟大的法律，他们同时看到自己的所作所为，在给予他们生命的同时，又在每个人的心灵中投进带着惧死情感地对善与美的爱的那个上帝面前，竟然不下跪忏悔！他们不像兄弟那样流着幸福与欢乐的眼泪互相拥抱！"

在结束这篇其语调尖刻到他的其他作品尚没有的纪事时，托尔斯泰顿生疑惑。他这样说错不错呀？

"一种可怕的疑惑在压迫着我。也许不该把这些说出来。也许我所说的是那些可恶的真理之一。这些真理无意识地藏于每个人的心灵之中，不该表达出来，免得造成不利，如同酒糟一样，千万别去搅动，否则把酒给弄坏了。哪里是必须避免表述的罪恶？哪里是应当仿效的美的表白？谁是坏人？谁是英雄？大家都是好人，大家又都是坏人……"

但他又自豪地镇定下来说：

"我的这个短篇中的主人公，是我全身心地热爱的，是我想尽力表现其全部美的，他曾经是，现在是，将来也是美的，这是真理。"

读了这几页之后，《现代人》杂志主编涅克拉索夫写信给托尔斯泰说：

"这正是今日俄国社会所需要的：真理，真理，自果戈理逝世之后，在俄国文学中所剩无几……您带给我们艺术的那个真理在我国是完全崭新的。我只担心一件事：我担心时间和人生的怯弱以及我们周围的装聋作哑的人们会像对付我们大部分人那样把你收拾了——我担心他们会把您身上的精力耗尽。"

但这不足为惧，时间虽能消磨掉一般人的精力，但却反而能增加托尔斯泰的精力。但在当时，祖国遭受的困难、塞瓦斯托波尔的陷落，使他怀着一种痛苦怜悯的情感懊悔自己的太严酷的坦率。在第三篇纪事《1855 年之塞瓦斯托波尔》中，在叙述赌博时争吵的军官时，他戛然而止，说道：

"咱们在这幅画像前赶快把幕拉上吧。明天，也许就在今天，这些人中的每一个都将愉快地迎向死亡。在他们每一个人的心灵深处，都蕴藏着伟大的火花，将会使之成为英雄。"

如果说这种顾忌丝毫未减少纪实的力量，但对人物的选取已较好地显示了作者的同情了。马拉科夫英勇牺牲的英雄事迹，在两个动人的、自豪的人物身上得到了体现：他们是两兄弟，哥哥是科泽尔特佑夫上尉，与托尔斯泰有点相似之处；弟弟是个旗手，叫沃洛加，生性胆怯但热情，爱狂热地自言自语，爱梦想，常常无缘无故地流泪，是温情的眼泪，是怯懦的眼泪，刚到防御工事中非常恐惧（小可怜还怕黑，躺下时总要把头藏在军大衣里），常因自我孤独之感和他人的冷漠而闷闷不乐，后来，当庄严的时刻到来时，他却笑对危险。后者属于一组充满诗意的少年人（如《战争与和平》里的彼加，《入侵》中的少尉），他们心中充满了爱，欣喜欢笑着去打仗，突然间还没明白是怎么回事，就夭折了。兄弟二人是同一天——守城的最后一天——战死的。在字里行间充满着爱国主义的怒吼的那几句话中，小说结束了：

"队伍离城而去。眼望着失守的塞瓦斯托波尔，每一个士兵心中都满含着一种难以言表的悲苦，叹着气，向敌人伸出拳头。"

延伸思考

1. 在对土耳其的战争中，托尔斯泰的写作风格有什么特点？

2. 与高加索的经历相比，两个时期中托尔斯泰的思想有何异同？

七【精读】

名师导读

> 诸多的问题困扰着托尔斯泰：他的文艺观与同行格格不入，农民的教育找不到出路，使他原本坚持的信念开始动摇……

　　一年中，托尔斯泰在这个地狱之中触摸到了激情、虚荣和人类痛苦的深层处，当他从这地狱中走出来时，他于 1855 年 11 月，又回到了彼得堡的文人们中间，对他们有着一种厌恶与轻蔑的感觉。他觉得他们身上的一切都是猥琐的，虚假的。这些人，从远处望过去，他觉得像是一种艺术光环中的人物——如他曾赞赏并把他的《伐木》刚刚题献给他的屠格涅夫；离近了看，他感到一种悲哀的沮丧。1856 年的一幅画像画着他置身于他们中间，画上有屠格涅夫、冈察洛夫、奥斯特洛夫斯基、格里戈罗维奇、德鲁日宁。在其他人的随意态度中间，他那悲苦严峻的神态，他那瘦削的脑袋，他那深陷的双颊，他那双僵直的搂住的胳膊，十分地显眼。他身着戎装，站在这些文人身后，如苏亚雷斯风趣地写的，"他不像是这伙人中之一员，倒像是在看押着他们：他好像正要把他们押回牢房去"。

　　然而，大家都殷勤地围着这个年轻同行，他拥有双重的光环来到他们中间：作家兼塞瓦斯托波尔的英雄。曾经在读《塞瓦斯托波尔纪实》时流着泪喊"乌拉"的屠格涅夫，友爱地向他伸着手。但他俩无法谈得拢。如果说他俩都用同样清晰的目光观察世界的话，那么他们在自己的观察中加进了各自敌对的心灵色彩：一个是嘲讽的和激动的，爱恋的和幻灭的，是崇尚美的；另一个是粗暴的，自傲的，为道德观念而苦恼，背负着一个隐而未露的神明。

名师点评

通过这段描写，可以看出托尔斯泰的与众不同。

名师点评

托尔斯泰与屠格涅夫的不同之处。

托尔斯泰尤其不能原谅这些文人的是，他们自以为是一个精英阶层，是人类的头儿。他在对他们的憎恶中注入了一个贵族和军官对放荡的平庸作家的傲岸。他"本能地反对所有一般人都承认的判断"，他自己也承认，这也是他的性格特点之一。对人的猜疑，对人类理性的潜在的蔑视，致使他到处去探究自己或他人的欺骗和谎言。

"他从不相信别人的真诚。一切道德激情他都觉得虚假，而且他还习惯于用他那极其深邃的目光去逼视他觉得没有说真话的人……"（屠格涅夫语）

"瞧他听人说话的样儿！瞧他用深陷于眼眶中的灰眼珠直视对话者的样儿！他那紧抿着的嘴唇含着多大的嘲讽！"（格里戈罗维奇如是说）。

屠格涅夫说，他从未感到有什么比他那犀利的目光，外加两三个令人暴跳如雷的恶毒字眼儿更让人难堪的了。

话不投机半句多。

托尔斯泰和屠格涅夫第一次见面就发生了激烈的冲突。分别之后，他们平静下来，并竭力对彼此还以公道。但是，时间使得托尔斯泰同他的文人圈子更加地疏远。他无法原谅这些艺术家口是心非，一面过着堕落的生活，一面又在宣扬所谓的道德。

其他的人觉得托尔斯泰也是如此，出身贵族却大喊平民主义。

"我深信几乎所有的人都是不道德的，坏的、没有品德的，比我在军中的漂泊不定的生活里所遇到的那些人低级得多。可他们对自己却很有信心，沾沾自喜，好像完全健康的人那样。他们让我恶心。"（《忏悔录》，全集第十九卷）

他同他们分手了。然而，他在一段时间里仍保留着他们的那种对艺术的功利主义。他的傲岸在其中获得了满足。这是一种回报颇丰的宗教，它能为你提供"女人、金钱、荣誉……"

"我曾是这个宗教中的高级神职人员之一，享受着惬意的很有利益的生活环境……"

名师
点评

他是哪种性格？

为了更好地致力于其中，他退伍了（1856 年 11 月）。

但是，像他这种性格的人是不可能闭着眼睛的。他相信进步，他愿意相信进步，他觉得"这个词儿意味着什么"。去外国——法国、瑞士和德国，1857 年 1 月 29 日到 7 月 30 日，一趟旅行使这一信念倾倒了。1857 年 4 月 6 日在巴黎看到的一次行刑，"向他显现出进步的迷信之虚幻……"

"当我看到身首异处，头落到篮子里时，我的全身都感觉到，任何有关现存秩序有道理的理论都无法证明这种行为是正确的。如果全世界所有的人依据某种理论而认为这是必要的话，我却认为这是很坏的，因为决定善或恶的不是人们所说的和所做的，而是我的心。"（《忏悔录》）

1857 年 7 月 7 日，在卢塞恩，他看见寓居于施威策尔霍夫的英国富人们不愿施舍一个流浪的小歌手，他便在《涅赫留多夫亲王日记》中写下了他对所有那些在自由派们看来十分宝贵的幻想的蔑视，并对这些"在善与恶的大海上想画出几条想象的线条来的人"不屑一顾。

"在他们看来，文明是善，野蛮是恶；自由是善，奴隶制是恶。这种梦幻般的认识毁去了本能的、原始的、最好的需要。谁能向我确定何谓自由，何为专制，何谓文明，何谓野蛮？善与恶互不共存的地方在哪里？我们身上只有一个永不犯错误的指引者，那就是鼓励我们相互亲近的无处不在的神明。"

回到俄罗斯，回到亚斯纳亚，他又关注起农民来，这并不是说他对民众已不再抱幻想了。他写道：

"民众的辩护者，说民众有良知的人，都白说了，民众也许真的是正直者的集合体，但他们只是在庸俗可鄙的方面是团结的，

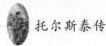

这只表示出人类本性中的弱点和残忍。"（《涅赫留多夫亲王日记》）

托尔斯泰对民众的理解，你认同吗？

因此，他所启发的并不是民众，而是每个成人、每个孩子的觉悟。因为这才是光明之所在。他创办一些学校，但却不太知道要教些什么。为了学习经验，他于1860年7月3日到1861年4月23日，第二次游历欧洲。

他研究了各种不同的教育体系。无须说，他把它们全都摒弃了。在马赛的两次逗留中，他明白了真正的民众教育是在他觉得可笑的学校之外，通过报纸、博物馆、图书馆、大街、生活等他称之为"无意识的学校"或"自发的学校"进行的。自发的学校是与强制性的学校相对立的，他认为后者是不祥的，愚蠢的。他回到亚斯纳亚·波利亚纳后，想创办的、试着创办的就是这种自发的学校。他的原则是自由，他不允许一些精英——"享有特权的自由阶层"——把他们的学识和错误强加于民众，因为他们并不了解民众。他们毫无权利。这种强制性的教育方法，在大学里面从来就无法造就"一些人类所需要的人，造就的却是一些腐败社会所需要的人：官僚，官僚教授，官僚文学家，或者一些毫无目的地挣脱了自己的原有环境的人——青少年时期就被惯坏了的、在人生中找不到方位的人，如一些病态的、骄纵的自由主义者"。应该让民众说他们需要什么！如果他们并不在乎"知识分子们强迫他们学习的读和写的技巧的话"，他们自有其道理的：他们有别的更加迫切更加合理的精神要求。试着去弄明白他们的需求并帮助他们去实现这些需求吧！

只有了解民众才能更好地教育民众。

像一位革命的保守者（托尔斯泰一直是的）的这些自由理论，托尔斯泰在亚斯纳亚努力地把它们付诸实践，他不像是他的学生们的老师，而更像是他们的同学。与此同时，他还努力地在农业种植中引入一种更加人性化的精神。1861年他被任命为克拉皮夫纳县的地方仲裁人，他保护民众与地主和国家的滥施淫威相抗争。

但是，别以为这种社会活动已使他满足，并占据了他的全部精力了。他仍继续受到种种敌对的情欲的支配。尽管他有了这种社会

人无完人，托尔斯泰也有不良喜好。

活动，但他仍永远喜爱社交，他需要社交。隔三岔五地，享乐又攫据着他，或者是好活动的兴趣又袭上心头。他甘冒生命危险跑去猎熊，他常常去豪赌。他有时甚至还受到他所蔑视的彼得堡文学圈子的影响。从这些歧途中走出来之后，他因厌恶而陷入危机之中。这一时期的作品令人遗憾地印有艺术的和精神的游移不定的痕迹。《两个轻骑兵》（1856 年）有着一股典雅、自负和浮华气味，托尔斯泰对此也很反感。1857 年写于第戎的《阿尔贝》是软塌塌的，怪里怪气的，毫无他所固有的那种深度和精确度。《记数人日记》（1856 年）虽更动人，但显得仓促，似乎反映出托尔斯泰对于自己的那份厌恶之情。他的化身，涅赫留波夫亲王，在一个下流处所自杀身亡：

"他拥有一切：财富，声望，思想，远大的希望；他没有犯过任何罪，但他却做了更糟糕的事，他宰杀了自己的心灵，他的青春；他迷失方向了，甚至并不是有什么强烈的情欲，而是缺乏意志所致。"

死亡的迫近都没能使他改变……

名师点评

他为什么会产生这种念头？

"同样的怪诞轻率，同样的犹豫不决，同样的思想轻浮……"

死，在这个时期，开始缠绕着托尔斯泰的灵魂。《三个死者》（1858—1859 年）已经预示《伊万·伊里奇之死》中对于死亡的阴沉的分析，预示着死者的孤独以及他对活着的人们的仇恨，还有他的绝望的呼号："为什么？"三个死者——富婆、患痨病的老驿站马车夫和砍倒的桦树，这"三部曲"是有其伟大之处的：人物形象的刻画细致入微，形象比较动人，尽管这部被过于吹捧的作品结构有点松垮，桦树的死也缺乏增加托尔斯泰的景物描写之美的那种确切的诗意。总体上看来，我们尚不知是为艺术而艺术占上风呢，还是道德意图占上风。

托尔斯泰自己也不知道这一点。1859 年 2 月 4 日，在俄罗斯文学爱好者莫斯科协会的新会员演说词中，他大肆宣扬为艺术而艺术；而协会会长霍米亚科夫在向他这位"纯艺术的文学代表"致意之后，则提出了捍卫社会与道德的艺术的问题，对他加以驳斥。

一年之后，1860 年 9 月 19 日，他亲爱的哥哥尼古拉因肺痨在耶尔病逝，使他悲痛欲绝，竟致"动摇了他在善与一切方面的信念"，并使他唾弃艺术：

"真理是可怕的……无疑，只要存在想知晓真理并说出真理的愿望，人们便竭力地去了解它并说出它来。这是我的道德观中唯一留存下来的东西。这是我将要做的唯一的事情，但不是在你们的艺术形式之下去做。艺术就是谎言，可我不能再爱美丽的谎言了。"（1860年10月17日写给费特的信）

但是，不到半年之后，他在《波利库什卡》中又回到了"美丽的谎言"了。该书也许是除了他对金钱和金钱之万恶的诅咒以外，最没有道德意味的作品了。这是纯粹地为艺术而艺术的作品，然而它也是一部杰作，我们所能指责它的是过于丰富的观察、足以写一个大部头的丰富素材，以及结尾的残酷和开始的幽默之间的过于强烈而又有点残酷的反差。

作者的敏感和细心捕捉到了托尔斯泰矛盾的心理。从与屠格涅夫的见面和谈话中，可以看出托尔斯泰与他所在的文人圈子更加疏远。他无法原谅艺术家的口是心非，而他自己出身贵族也在过着富足的生活。他想启发农民，却不知怎么教育他们。作者细心地将这些矛盾一一展现出来，使读者能深切地理解他心中的痛苦。

八

名师导读

　　甜蜜的爱情、美满的婚姻能够消除烦恼，令人容光焕发，精神抖擞。托尔斯泰结婚了，享受着家庭的幸福和温暖。这一时期，他创作了《夫妇间的幸福》一书。托尔斯泰的心灵和艺术变得温和，作品的形式和思想达到了和谐的均衡。

　　在这一过渡时期，天才的托尔斯泰在摸索着，在怀疑自己，似乎很激动，"没有很强烈的激情，没有主宰意志"，如同《记数人日记》中的涅赫留波夫亲王。但在这一时期却创作出了他此前从未创作过的最精粹的作品《夫妇间的幸福》（1859 年），此乃爱情之奇迹。

　　多年来，他一直是别尔斯家的好友，他相继爱过这一家的母女四人。最后，他真正爱上的是二女儿，但他不敢承认这一点。索菲娅·安德烈耶芙娜·别尔斯还是个孩子：她年方十七，可他已三十出头，他看自己像是个老头儿，已无权把自己那疲惫、污秽的生活与一位天真无邪的少女的生活结合在一起了。他隐忍了三年，后来他在《安娜·卡列尼娜》一书中讲述了他是如何向索菲娅·别尔斯求爱以及她是如何回答他的——他俩用一点铅粉在一张桌子上撒出了他们不敢启齿的词儿的第一个字母。犹如《安娜·卡列尼娜》中的列文似的，他强烈地想把自己的《日记》交给他的心上人，以便她完全了解他过去的丑事；而索菲娅则像《安娜·卡列尼娜》中的基蒂一样，为此而深感痛苦。1862 年 9 月 23 日，他俩喜结连理。

　　但在已经过去的这三年之中，在创作《夫妇间的幸福》一书时，这桩婚姻已经在诗人的思想中铸就了。三年来，他已经提前经历了那尚未被知晓的爱情的难以言表的日子，以及爱情已经被发现的醉人的日子，还有那期待之中的神圣话语悄悄倾诉的时刻，和为了"一去不复返的幸福"而流泪的时刻；接着是新婚燕尔，爱情的自私，"接连不断的无缘无故的欢乐"；再后来便是疲乏，隐隐的不快，单调生活的烦闷，两颗慢慢在分离和疏远的结合在一起的心，对于少妇而言的危险的世俗迷恋（卖弄风情，嫉妒，无法挽救的误解），于是，爱情结束了，失去了；最后，温柔和凄楚的心之秋来临了，重现的爱情的面孔是苍白的、衰老的，因泪痕，因皱纹，因对种种磨难的回忆，因对互相伤害的懊恼，以及因虚度的岁月而更加凄婉动人——随后便是夜晚的宁静，从爱情转向友情，从激情的浪漫转向母爱的庄严过渡……应该到来的一切之一切，托尔斯泰都提前梦想过，体味过。而为了更好地体验这一切，他还在她——他的心上人的身上体验过。小说的情节在一个女人的心中展开，并由她来讲述，这是第一次，也许是托尔斯泰作品中唯一的一次。讲述得多么的细腻啊！罩着一块纯洁面纱的心灵的美……这一次，托尔斯泰的剖析抛开了他那有点过强的光，它没有狂热地拼命要披露真理。内心生活的秘密让人去猜测，而不是吐露出来的。托尔斯泰的心灵和艺术温和了，形式与思想达到和谐的均衡：《夫妇间的幸福》有着拉辛式的作品的完美。

托尔斯泰所深切感知其温馨与麻烦的婚姻，应该是他的救星。他慵懒，患病，厌烦自己，厌烦自己的努力。继最初几部著作的辉煌成功之后，随之而来的是评论界的寂然无声以及公众的冷漠。他高傲地装出高兴的神情来。

"我的名声大失人心，这曾使人郁郁寡欢。现在，我平静了，我知道我有话要说，而且我有力气大声地说。至于公众，他们愿怎么想就怎么想吧！"（1857 年 10 月《日记》）

但他是在自吹自擂：对自己的艺术，他并没有把握。无疑，他是自己的文学工具的主宰，但他并不知道用它来做什么。正如他在谈到《波利库什卡》时所说："这是一个知道掌握自己的笔的人，遇到个题目就写的连篇废话。"他的社会事业失败了。1862 年，他辞去了地方仲裁人的工作。同年，警方到亚斯纳亚·波利亚纳进行搜查，把一切都翻了一个遍，最后查封了学校。当时，托尔斯泰不在场，他太疲劳了，他担心会得痨病。

"仲裁纠纷对我来说太艰难了，学校工作又是那么没有头绪，为了教育他人而不懂装懂的那份尴尬让我感到的那种强烈的厌恶，凡此种种，弄得我病倒了。如果对于我来说没有生活那尚未为人所知的另一面——家庭生活——让我看到光明的话，我也许早就陷入我十五年后几乎陷入的绝望之中了。"（《忏悔录》）

延伸思考

拥有爱情的平静生活对托尔斯泰产生了什么影响？

九

名师导读

　　在托尔斯泰伯爵夫人的影响下，托尔斯泰达到创作成熟时期的顶峰。这一时期伟大的著作《战争与和平》与《安娜·卡列尼娜》问世。其中的女主人公娜塔莎和基蒂的原型就是托尔斯泰伯爵夫人，不仅如此，托尔斯泰伯爵夫人还成为丈夫可靠和谨慎的合作者。

　　起先，他怀着在一切事情上所付诸的那种激情享受着家庭生活。托尔斯泰伯爵夫人对他的艺术的个人影响是很宝贵的。她很有文学才华，如她所说，她是"一个真正的作家夫人"，因为她把丈夫的事业挂在心上。她跟他一道工作，她记录下他的口述，誊清他的草稿。她竭力保护他不受其宗教魔鬼的侵扰，这可怕的幽灵已经在不时地吹动艺术死亡之气。她还竭力地把他的门向社会乌托邦关闭，她在激发他身上的创作天才。不仅如此，她还用她那女性的心灵带给这天才新的丰富的源泉。除了《童年时代》和《少年时代》中的一些漂亮身影以外，托尔斯泰初期作品中几乎没有女性形象的存在，或者有也是处于次要地位。在索菲娅·别尔斯的爱情的影响下写成的《夫妇间的幸福》中，女人出现了。在随后的那些著作中，少女和女人的典型大量涌现，并有着一种热情洋溢的生活，甚至胜过男人的生活。我们愿意相信，托尔斯泰伯爵夫人不仅充作她丈夫在《战争与和平》中的娜塔莎与《安娜·卡列尼娜》中的基蒂的原型，而且由于她的倾诉以及她的独特的视觉，她可能还是他的一个可贵的和谨慎的合作者。我觉得《安娜·卡列尼娜》中的某些篇章是出自一个女人之手。

　　多亏了这段姻缘的恩惠，托尔斯泰在十年或十五年中品尝到了一种他久违了的和平与安全。于是，在爱情的呵护下，他得以悠然闲适地去幻想并实

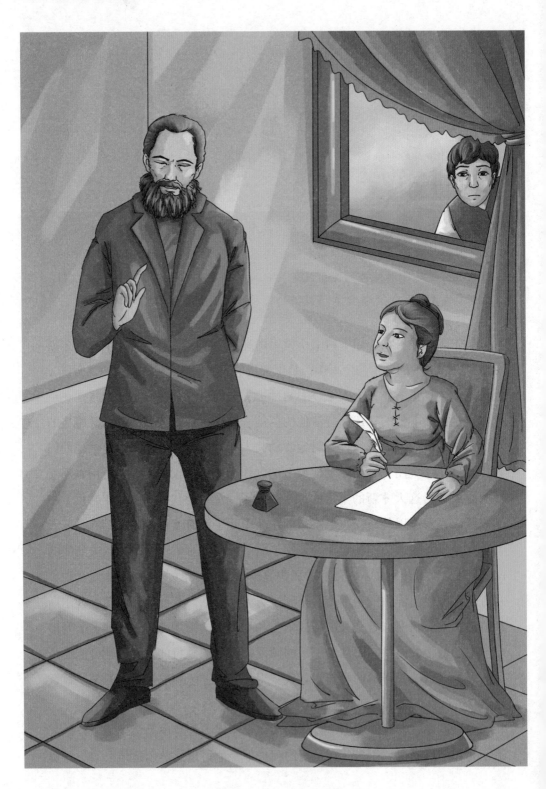

现其思想的杰作，那是凌驾于 19 世纪全部小说之上的鸿篇巨制：《战争与和平》（1864—1869 年）和《安娜·卡列尼娜》（1873—1877 年）。

《战争与和平》是我们时代的最博大的史诗，是近代的《伊利亚特》[①]，众多的人物和激情涌动于其中。在波涛汹涌的人类的汪洋中，威然雄踞着一颗灵魂，在平静不乱地鼓动着和阻遏着暴风雨。在凝视默想着这部著作时，我不止一次地想到了荷马和歌德，尽管精神和时代都大不相同。然后，我看出，在托尔斯泰创作的那个时期，他的思想确实是从荷马和歌德那里汲取了营养。而且，在他 1865 年的归纳各种不同的文学题材的笔记中，他把《奥德赛》（一译《奥德修纪》）《伊利亚特》《1805 年……》（即《战争与和平》的第一、二部分）归于同一类。他思想的自然活动把他从个人命运的小说引向描述军队和人民的小说，引向描述千百万生灵的意志在其中交织的巨大人群的小说。他在塞瓦斯托波尔被围期间的悲壮经历，终于使他懂得了俄罗斯的民族魂及其古老的生命。鸿篇巨制的《战争与和平》在他的计划中本只是一组史诗般的壁画系列——自彼得大帝到十二月党人的俄罗斯史诗中的一幅中心画。

为了很好地感受该作品的威力，必须体会它潜在的统一性。大多数的法国读者有点近视，其中的无数细枝末节把他们弄得眼花缭乱。他们迷失在这片人生的森林之中。必须登高远望，用目光去环抱那自由的天际以及那一片树林和田野；那样我们就会窥见这一部著作的荷马式的精神、永恒法则的静寂、命运气息的有力节奏、所有细节与之相连的整体情感，以及如同《创世纪》中的威临海上的上帝似的驾驭着其作品的艺术家的才华。

开始时，大海平静。和平，战争前夕的俄罗斯社会。头一百页以一种沉着镇静的精确性和卓绝的嘲讽，反映出灵魂之虚幻。仅仅在将近第一百页处，那些行尸走肉的一个——他们中最坏的一个——才发出一声叫喊：

"我们在犯罪，我们在欺骗，而一切都是为什么呀？我已年过半百，我的朋友……一切都要以死而告终的……死，多么可怕呀！"

名师注解

[①] 《伊利亚特》：一译《伊利昂纪》。古希腊著名的荷马两大史诗之一，西方文化史上最早的文学经典。记叙长达十年之久的一场残酷战争，特洛伊之战。

在这些贫乏的、撒谎的、无所用心的并会堕落和犯罪的灵魂中，有某些较为健全的天性的人显现出来：在真诚的人中，有皮埃尔·别祖霍夫那样的天真淳朴的人，有玛丽娅·德米特里耶芙娜那样十分独立、怀有古老的俄罗斯情感的人，有小罗斯托夫们那样具有青春气息的人；另外，还有像玛丽娅公主那样心地善良和忍让的人；有像安德烈亲王那样的并不善良，为人傲慢，并被这不健全的生活折磨着的一些人。

可是，波涛开始涌动了。行动开始，俄罗斯军队挺进奥地利。宿命在主宰着，在这发泄着一切兽性的场合——战争中，宿命比在其他任何地方都更加地主宰着一切。真正的将领并不是那些企图调度操纵的人，而是像库图佐夫或巴格拉季昂那样的人，他们"让人相信他们自己的意志完全与实际上只是与环境促成的效果，由部下的意志所获得的战绩以及偶然的现象等协调一致的"。听凭命运的摆布就是好！纯粹行动的幸福，正常而健全的状态。被扰乱了的精神重新找到了平衡。安德烈亲王缓过气来了，开始活泛了……而在远方，在远离生命气息和神圣风暴的地方，那两颗最优秀的灵魂——皮埃尔和玛丽娅公主——却受到他们那上流社会的传染的威胁，受到爱情谎言的威胁，在奥斯特利茨受了伤的安德烈在这突然中断了的行动陶醉中，猛然间有了无限宁静的启迪。他仰面躺着，"只看见头顶上方很高很高的地方，是一片广袤深邃的天空，几片浅灰色的薄云无力地飘浮着"。

"多么地宁静！多么地平和！"他心里在想，"这和我那狂奔猛突是多么的不同呀！这高远的天空我怎么早没有发现呢？我终于看到它了，我好幸福啊！是的，一切都是虚空，一切都是失望，除它以外……除它以外，什么也没有……感谢上帝！"

然而，他的生活恢复了，波涛止息了。心灰意冷、焦躁不安的众灵魂又在沮丧绝望，在城市的混浊气氛中，在黑夜中，四处徘徊、游荡。有时候，在被世俗毒化的气氛中，混合着大自然那醉人的、令人发狂的气息，混合着春天、爱情、盲目的力量，使得迷人的娜塔莎向安德烈亲王投怀送抱。但不一会儿，又把她投入随便一个勾引她的男人怀中。尘世糟蹋了多少诗意，多少温情，多少纯洁的心啊！而"凌驾于恶浊尘寰之上的无垠天空"却始终如故。但是人们对它却视而不见，甚至连安德烈也忘了奥斯特利茨的光亮。对于他来说，天只不过是"一个阴暗和沉重的苍穹"，它笼罩着虚无。

对于这些贫血的心灵，是到了用战争的风暴来重新刺激一下的时候了。祖国遭受侵略，鲍罗金诺村陷落。这庄严伟大的日子，前嫌尽释，道洛霍夫拥抱了他的仇敌皮埃尔。受伤的安德烈在为他曾最痛恨的人、救护车中的邻人阿纳托里·库拉金的不幸而伤心怜惜地哭泣。一切心灵通过热情的为国献身的精神和对神明的律令的屈从而结合在一起了。

"严肃地、认真地接受那可怕的战争在所难免……最艰难的考验就是让人的自由屈从于神明的律令。心灵的淳朴在于对神明的意志的屈服。"

俄罗斯的民族魂及其对命运的屈从都体现在库图佐夫大将军身上了。

"这位老人，作为激情来说，有的只是经验——激情的结果——在他的身上，旨在集合事实并从中得出结论的智慧被一种对事件的冷静观察所替代，他不创造什么，不从事什么。但他在听，在回想一切，他善于在合适时机利用这一切，不阻挡任何有用的东西，也不容许任何有害的东西。他在他的战士们的脸上窥伺那种难以捕捉的、被称之为必胜信念、战而胜之的意志力量。他承认某种比他的意志更加强有力的东西：在他眼前展现事物的必不可免的进程；他看到这些事物，他跟随着它们，并善于摒除自己个人的意见。"

总之，他有着那种俄罗斯人的心魄。俄罗斯民族那显而不露的悲壮的宿命观，在这位可怜的农民——普拉东·卡拉塔耶夫身上体现出来了，他质朴、虔诚、隐忍，面对痛苦和死亡也总露出他那慈祥的微笑。经过种种磨难，经历了祖国的遭劫和垂死的挣扎，书中的两位主人公，皮埃尔和安德烈，由于他们看到了活着的神明的爱情和信仰，终于使他们获得了精神的解脱和神秘的欢乐。

托尔斯泰并未到此收尾。1820 年的那个跋是一个时代到另一个时代，从拿破仑时代到十二月党人那个时代的一个过渡。它给人以生命的延续和重新开始的感觉。托尔斯泰没有在危机高潮之中开始和结束，而是如他开始时一样，是在一波未平而一波又起的时候结束的。读者已经瞥见未来的英雄，以及死者在活着的人们中间复活的情形，他们之间将会发生的冲突。

我已经在试图把小说的主要线条勾勒出来了，因为很少会有人愿意费劲乏力地去寻找它们的。但是，那数百个英雄各有特色，描绘得栩栩如生，他们是一些士兵、农民、贵族、俄罗斯人、奥地利人和法国人，对他们特殊的生命力又如何去看呢！这里面没有任何的临时编造。对于这一系列欧洲文学中毫无雷同的肖像，托尔斯泰事先作过无数的草图，他说"那是由数百万个构思组织起来的"，他在各图书馆里查询，动用了家庭档案、自己从前的笔记以及他个人的回忆。这种缜密的准备工作保证了创作的坚实性，但并未影响其自发性。托尔斯泰以一种与读者心灵相通的激情和欢乐，热情洋溢地进行创作。《战争与和平》之所以魅力无穷，特别是其年轻的心灵使然。托尔斯泰的其他著作没有一部似这本书那么富有童心了；而每一颗童心都是一首清纯如泉水、婉转动人如莫扎特的旋律的歌曲，诸如年轻的尼古拉·罗斯托夫、索妮娅、可怜的小彼加。

最恬静秀美的是娜塔莎。一位可爱的姑娘，爱幻想，爱笑，充满爱心，我们看着她在身边长大，怀着像是对自己姐妹似的纯洁的柔情看着她生活——谁会说自己不曾认识她？春天那美好的夜晚，娜塔莎在月光下，临窗幻想，热情似火地说着，楼上窗前的安德烈亲王在倾听着……第一次舞会的激动，爱情，爱情的期盼，欲念和乱梦的开始，黑夜里坐着雪橇在映着怪异光亮的积雪森林中的奔驰。以迷情吸引着您的大自然，歌剧之夜，艺术的奇特世界，理智在其中陶醉了；心的狂乱，因爱情而慵倦的躯体的疯狂；洗涤灵魂的痛苦，守护着垂死的心上人的神圣的怜悯……我们在回溯这些可怜的回忆时，不可能不产生那种谈论一位最亲爱的女友时的激动。啊！这样的一种创作与几乎所有的现代小说和戏剧相比较时，便可以看出后者中的女性人物的弱点有多么大了！生命被抓住了，它是那么地灵活，流畅，似乎字里行间都可以看到它在颤动、在变化。面丑心善的玛丽娅公主是一幅完美的画；在看到胆怯地怕被人看到的一颗心的所有秘密被暴露出来时，这个腼腆而笨拙的姑娘的脸羞红了，如同那些与她相仿的女子遇此情况也会羞涩难当一样。

一般来说，如我所指出的那样，女人的性格大大地高于男人的性格。特别是高于托尔斯泰在其中放进了他自己的思想的那两位英雄的性格：皮埃尔·别祖霍夫的脆弱绵软的性格和安德烈·保尔康斯基的炽热而干烈的性格。他们都是无主心骨的灵魂，这些灵魂永远在摇摆不定，不往前进，它们从一端摆到另一端，永远畏缩不前。有人无疑会说唯其如此，它们才正是俄罗斯人的心灵。可我却发现，一些俄罗斯人也有同样的批评意见。正是在这一点上，屠格涅夫指责托尔斯泰的心理停滞不前。"没有真正的发展，永远的迟疑，情感的颤动。"托尔斯泰自己也认为他有时为了历史的画卷而稍稍牺牲了个人的性格。

的确，《战争与和平》的荣光在于整个历史时代的复活，在于民族的那些变迁与民族战斗的复活。它的真正的英雄，是各民族人民；而在他们身后，如同在荷马英雄们的身后一样，神明在引导着他们，那是无形的力量，"是引导群众的无穷的渺小"，是"无穷"的气息。一种潜藏的命运使盲目的各民族相互碰撞的那些大的战斗，有着一种神秘的伟大。透过《伊利亚特》，我们想到印度的史诗。

* * * * *

《安娜·卡列尼娜》同《战争与和平》一样，也是这一成熟时期的顶峰之作。这是一部更加完美之作，是由一个对其艺术行当更加有信心的思想支配着的作品，这个思想有着更加丰富的经验，对于它来说，心灵世界已不再有任何的秘密。但其中缺少那种青春的火焰，那种朝气蓬勃——那是《战争与和平》的巨翼。托尔斯泰已经不再有同样的创作激情了。新婚燕尔的暂时宁静已经消失，在托尔斯泰伯爵夫人为他创造的爱情和艺术的欢快氛围中，精神烦恼又开始悄悄渗入了。

婚后一年写出的《战争与和平》的头几章里，安德烈亲王向皮埃尔吐露的有关婚姻的心里话，就已经表示出把所爱的女人视为陌生人，视为无辜的仇敌，视为其精神发展的不知不觉的障碍，显示了那个男人的幻灭情绪。

1865 年的一些信预示着宗教折磨的回潮。这些还只是一些短暂的威胁，生活的幸福可以将之驱散。但是，1869 年，托尔斯泰在结束《战争与和平》的那几个月里，一个更为严重的震撼出现了：

他离开家人好几天，去参观一处庄园。一天夜里，他已躺下睡了，钟刚敲过凌晨两点：

"我疲惫不堪，睡得很香，感觉挺好。突然间，我一阵焦虑，从未感到过的那么大的惊恐攫住了我。我将详细讲给你听，真的吓坏人了。我跳下床来，叫人套车。在套车期间，我又睡着了，当人家叫醒我时，我已完全平复下来。昨天，同样的情况又发生了，但程度没那么严重……"

托尔斯泰伯爵夫人用爱情辛苦建造的幻想城堡龟裂了。在《战争与和平》的完成给艺术家思想上所留下的空隙中，艺术家又被他对哲学和教育学的关注所占据：他想写一本平民百姓读的《启蒙读物》。他辛勤地写了四年，他对它比对《战争与和平》更加感到自豪。于是，他写了一本（1872 年）之后，又写了第二本（1875 年）。后来，他又学起希腊文来，从早学到晚，把其他的活儿全丢下了。他发现了"美妙的色诺芬"，发现了荷马，那个真正的荷马，而非翻译家们的荷马，不再是"所有那些茹科夫斯基和那些福斯在用庸俗、呻吟、带喉音、缠绵的声音唱出的歌声，而是另外一个魔鬼在大声地、旁若无人地唱着"。

"不懂希腊文，就没有学问！……我坚信在人类语言中，所有真正美的，属于单纯的美的，此前我还从未见过。"

这是一种疯狂，他也承认这一点。他又办起学校来，那么地狂热，竟致病倒。1871 年，他不得不到萨马拉的巴奇基尔斯家里去疗养。除了希腊文之外，他对什么都讨厌。1872 年的一场官司之后，他认真严肃地谈起要卖掉他在俄国的所有一切，到英国去定居。托尔斯泰伯爵夫人颇觉遗憾：

"如果你一天到晚埋首于希腊文里，你的病永远也好不了。是你那希腊文闹得你焦虑不安，让你对目前的生活这么冷漠的。怪不得大家都说希腊文是死的语言：它让人处于一种精神死亡状态。"

在抛开了许多刚拟定的计划之后，在 1873 年 3 月 19 日，他终于令伯爵夫人大喜过望，开始创作《安娜·卡列尼娜》了。当他创作这部小说时，他的生活被家中的丧事弄得凄凉忧伤，他的妻子病倒了，"家中没有了幸福……"。

该著作中稍稍带有这悲惨经历与那幻灭的热情的痕迹。除了列文订婚的那几章漂亮的章节以外，书中的爱情已不再有《战争与和平》中的某些章节的那种欢快的诗意了，那是与各个时代的美妙抒情诗可以相媲美的。而且，这本书中的爱情有着一种尖刻的、肉欲的、专横的特点。主宰着这部小说的宿命论不再是如《战争与和平》中的某种杀戮和宁静的神明克里希纳，不再是命运的支配者，而是爱的疯狂，是"整个维纳斯……"。在舞会那美妙的场景中，当安娜和沃伦斯基不知不觉中互相热爱时，是这个维纳斯在这无邪的、美丽的、富有思想的、穿着黑丝绒服的安娜身上，加上"一种恶魔似的诱惑"。当沃伦斯基刚刚倾诉爱情时，是她使安娜脸上光亮闪闪的——"但并不是欢乐的光辉，而是漆黑之夜的一场火灾的那可怕的火光"。是她使这个正直而理性的女人，这个情爱至深的年轻母亲的血管里，流动着一种肉欲的力量，而她还驻足于这个女人的心间，直到把这颗心摧毁之后才离去。但凡接近安娜者，没有一个没感到那潜藏的恶魔的吸力和恐怖。基蒂首先惊惧地发现了它，当沃伦斯基去看安娜时，有一种神秘的恐惧感掺杂于他的快乐之中。列文在她的面前失去了他的全部意志，安娜自己也很清楚，她已不能自主。随着故事的发展，那纠缠不放的激情在一点一点地啃噬掉这个高傲的人的整个道德壁垒。她身上所有优秀的东西——她那颗勇敢、真诚的心灵——瓦解了，堕落了。她不再有勇气牺牲掉她的世俗虚荣，她的生命除了取悦她的情人外，已别无目的。她胆怯地、羞愧地不让自己生儿育女，嫉妒心在折磨着她，奴役着她的那种性欲的力量迫使她在动作中、声音上、眼睛里装假作态，她堕落成为那种见到任何一个男人都要回眸一笑的女人了。她依靠吗啡来麻醉自己，直到那些无法忍受的折磨以及道德堕落的悲苦把她终于推向火车轮下为止。"而那个胡子拉碴的小乡下人"——那个纠缠在她和沃伦斯基梦境中的幻影——"站在车厢踏板上探身看着铁轨"，而据那带有预言性的梦所示，"他在一只口袋上勾着身子，把剩下的一些零碎往口袋里塞，那是她带着痛苦、背叛和烦恼的生命……"

"我保留了报复的权利。"上帝说……

在这受爱情煎熬、被上帝的律令压迫的一颗灵魂的悲剧——是作者一气呵成、深刻痛彻的一幅画周围，托尔斯泰如同在《战争与和平》中那样，还安插了另外几个生命的故事。遗憾的是，这些平行的故事转换得有点牵强附会，生硬造作，没有达到《战争与和平》的那种交响曲般的有机统一。我们还可以看到某些场面的完全的写实——彼得堡的贵族圈子及其海阔天空的交谈——有时毫无用处。总之，托尔斯泰比在《战争与和平》中更加直露地把他的精神人格和哲学思想并置于人生景观之中。不过，作品并未因此而减少其富丽壮观。同《战争与和平》一样，人物众多，且各具特色。我觉得对男子的描写更棋高一筹。托尔斯泰精心描绘的斯捷潘·阿尔卡杰维奇，那个可爱的自私者，谁见了都不会不回报他那友善的微笑的。还有卡列宁，高官的完美典型，优雅但平庸的政治家，总是以一种嘲讽来掩饰自己的情感：尊严与懦弱，伪善与基督精神的混合物，虚伪世界的古怪产物。这个虚伪世界，尽管他聪明且真的慷慨，他也永远无法摆脱——而且，他颇有道理地向自己的心灵挑战，因为当他任由自己心灵摆布时，最终却落入一种神秘的虚幻境界。

小说的主要情趣之所在，除了安娜的悲剧和1860年前后的俄国社会的各种画面——沙龙，军官俱乐部，舞会，剧院，赛马以外，就是它带有自传的特点。康斯坦丁·列文比托尔斯泰其他任何一个人物都更像他的化身。托尔斯泰不仅赋予列文以他那既保守又民主的思想，他那乡村贵族蔑视知识分子的反自由主义，而且还赋予列文他的生命。列文与基蒂的爱情以及他俩最初几年的婚姻生活，就是他自己家庭生活的回忆的移植，就连列文兄弟的死也是托尔斯泰兄弟德米特里之死的一个痛苦的追忆。最后那整个一部分，对该书是一种画蛇添足，让我们看到了他当时的那种种烦乱的心境。如果说《战争与和平》的结束语是转入下一部拟定的作品的一种艺术性过渡的话，那么《安娜·卡列尼娜》的结尾则是两年后在《忏悔录》中表述的精神革命的一种自传性的过渡。在本书的叙述过程中，已经一再地以一种讽刺的或激烈的形式来抨击当时的社会，而在后来的著作中，他仍在不停地抨击着它。他抨击谎言，抨击一切谎言（无论是道德的谎言还是卑鄙的谎言），抨击自由论调，抨击世俗的慈善，抨击沙龙式宗教，抨击博爱！他向社会宣战，因为这个社会歪曲所有真正的情感，并摧残心灵的慷慨激情！死亡突然向社会的陋习投下一束光芒。在奄奄一息的安娜面前，故作高傲的卡列宁伤心落泪了。在这颗没有生命、一切都是造作的心灵里，透进了一束爱之光和基督的宽宥。他们仨人——丈夫、妻子、情人——暂时地改变了，一切都变得质朴而正直。但是，随着安娜的恢复，他们仨人——又都感到，"在一种从内心中指引他们的几乎圣洁的道德力量面前，还有另一种粗暴的、强大的力量在不知不觉地支配着他们，并将不让他们得以安宁"。而他们预先就明白，在这场斗争中他们是无能为力的，"他们将在这斗争中被迫作恶，那是社会认为必要的"。

如果说列文像他所代表的托尔斯泰那样在该书结尾也得以升华的话，那是因为死亡也触动他了。在这之前，"他不能信仰，他也同样不能完全怀疑"。自从他看到他的兄弟死去之后，他便对自己的愚昧无知深感恐惧。他的婚姻曾在一段时间里把他的焦虑压住了。但是，自从他的第一个孩子出世之后，焦虑又出现了。他交替地在祈祷和否定，他徒劳无益地阅读哲学家们的著作。在狂乱时，他竟至担心自己会自杀。体力劳动使他感到轻松些：劳动中，没有怀疑，一切都是明晰的。列文同农民们聊天，其中有个农民跟他谈到那些"不为自己而为上帝活着的人"。这对于他来说是个启示，他看到了理智和心灵的对立。理智教人为了生存而进行残酷的斗争，热爱别人是毫无道理的：

"理智没有教给我任何东西；我所知道的所有一切都是心灵给予我，启示我的。"（《安娜·卡列尼娜》第二卷）

自此，平静恢复了。卑微的乡下人——其心灵是他的唯一指引者——这个词儿把他带回到上帝面前……什么上帝？他并不想知道。此刻的列文，犹如将来长时期的托尔斯泰一样，在教会面前毕恭毕敬，对于教义毫不反对。

"即使在苍穹的幻想中，在星球的表面运动中，都有一种真理。"（《安娜·卡列尼娜》第二卷）

精华赏析

　　《战争与和平》和《安娜·卡列尼娜》两部作品是托尔斯泰的代表作，标志着他创作的高峰。文中展示了这两部作品的创作背景及过程，其中摘录的情节传达了托尔斯泰的思想。他和托尔斯泰伯爵夫人的感情变化影响着作品的思想，也体现着托尔斯泰本人思想的变化。

延伸思考

　　1.《战争与和平》和《安娜·卡列尼娜》的创作背景分别是什么？

　　2.找出上述两部作品读一读，体会作者的思想。

十

"我相信神明，对于我而言，他是精神，是爱，是一切的真谛。我相信他在我心中，如同我在他心中存在着一样。" "我认为人的真正幸福就在于完成神明的意志；我认为神明的意志是，凡是人皆应爱其同类，永远为其服务。"这就是托尔斯泰的信仰。

列文的这些焦虑，他瞒着基蒂的这些自杀念头，托尔斯泰在这同一时期也在瞒着他的妻子。但是，他并未获得赋予他的主人公的那份宁静。说实在的，这种宁静并不是互相传递的。人们觉得那只是意图而不是事实，因而列文很快便又落入怀疑之中。托尔斯泰很清楚这一点。他费了九牛二虎之力才写成这部著作。他在写完之前，就对《安娜·卡列尼娜》感到厌烦了。他写不下去了，他怔怔地待着，没有心情，厌恶自己，害怕自己。这时候，在他生命的空隙中，刮起一股源自深渊的狂风，即死亡的晕眩。托尔斯泰后来在逃出深渊之后，讲述了这些蹉跎岁月。

"我还没到五十，"他说道，"我爱过，我也被爱过，我有几个好孩子，有大片庄园，有荣耀、健康和道德与体魄的力量；我能像个农民似的刈草；我连续工作十个小时也不累。突然间，我的生命停止了，我虽然能够呼吸、吃喝、睡觉，但这并不是生活。我不再有欲望了，我知道没有什么可向往的。我甚至都不想去认识真理，所谓真理，就是说人生是一种癫狂。我已到了深渊边缘，我清楚地看到，除了死亡以外，什么都没有。我，一个身体健康、幸福的人，我感到我已不能活下去了。有一个无法抗拒的力在把我引向摆脱生命……我不想说我当时想自杀。怂恿我抛开生命的那股力比我强大，那是与我过去向往生活那种吸力相似的一种吸力，只不过是方向相反而已。

我不得不对我自己运用计谋，以免退却得太快。就这样，我这么个幸福之人，竟要把绳子藏匿起来，以免我在每晚独自一人脱衣上床的卧室里把绳子结在衣橱上，悬梁自尽。我不再携枪打猎，免得顿生用枪自毙的念头。我觉得我的生命是一场闹剧，有人在故意地耍弄我。四十年的劳动、痛苦、进步，回头一看竟一无所有！一无所有，我将剩下的只是一堆烂肉和蛆虫……人只有陶醉于人生时才能活下去；但是，一旦醉意消失，你就看到一切皆是欺骗，荒谬的欺骗……家庭和艺术已不再能满足我了。家庭，也就是一些同我一样的不幸之人。艺术是一生的一面镜子，当人生不再有意义时，照镜子就不再有趣了。而最糟的是，我无法忍耐。我如同一个在林中迷路的人，非常地恐惧，因为迷失了方向，到处瞎撞，不能停下，尽管明知道每走一步，就越陷越深……"

他的得救来自民众。托尔斯泰对于民众一向有着"一种奇特的、完全是生理的情感"，而他从种种社会的幻灭中获得的经验都未能动摇这种情感。在最近的几年中，他像列文一样，大大地接近了民众。他开始想着那亿万的生灵，他们生活在那些自杀的、浑浑噩噩的，或是像他一样苟延残喘地活着的学者、富人和无所事事的人的狭小圈子之外。他在想，这亿万的生灵为什么摆脱了那种绝望，为什么没有自杀。于是，他发觉他们不是通过求助于理智而是不管理智——通过信仰而生活着。这不知理智为何物的信仰是什么？

"信仰是人生的力量，没有信仰就无法活。宗教思想早在人类思想那最初的无穷中就已经酝酿起来了。信仰对人生之谜的回答包含着人类最深刻的智慧。"

那么，认识了宗教书籍中记录的那些智慧的公式就足够了吗？不，信仰不是一门学问，信仰是一种行动，它只有被实践了才有意义。托尔斯泰看到了富有的、思想正统的人认为信仰只是一种"享乐人生的慰藉"，这令他反感，使他毅然决然地投身于普通人中间去，只有他们才把自己的生命同信仰保持一致。

"他明白劳动人民的人生是人生真谛，赋予这种人生的意义就是真理。"

但又如何使自己成为民众，并分享他们的信仰呢？你光知道别人是有道理的也是枉然，要像他们一样，并不取决于我们。我们徒劳地祈求上帝，我们徒劳地向上帝伸出贪婪的双臂。上帝躲开了。去哪儿抓住他呢？

某一天，上帝的恩泽降临了。

"早春的一天，我独自一人在森林中，听着那林涛声声。我在想我近三年来的惶惑，想我对神明的追求，想我不断地从快乐到绝望的蹦跳……突然间，我发现我只有在相信上帝的时候才活着。只要一想到上帝，生命那欢快的波浪便在我心中激荡。周围的一切都活跃了，一切都蕴含着一种定义了。但是，一旦我不再信上帝，生命也就突然停止了。

"那我还要寻找什么呀？"我心中一个声音在呼喊。"我寻找的就是他，没有了他，就无法活下去了！认识神明和生活，是一回事。神明就是生活……

"从此，这道光芒就没再离开过我。"（《忏悔录》）

他获救了，神明正在他眼前显现。

但由于他不是一个印度的神秘主义者，——光是心醉神迷对他来说还不够，因为在他的身上，亚洲人的梦幻中交织着西方人对理性的癖好和对行动的需要——所以他必须随后把所得的启示转换为实践的信仰，并从这神明的生活中寻出日常生活的一些规律来。他毫无成见，怀着真心愿意相信其家人的信仰，从研习他所属的东正教的教义开始进行。为了更加接近这教义，三年中，他遵循所有的宗教仪式，忏悔、领圣体，不敢判断使他不快的事情，对自己觉得隐晦或不理解的东西自己去寻求解释，与他所爱的人，不管是生者还是死者，团结在其信仰之中，始终保持着那个希望，认为到了一定的时刻，"爱将向他敞开真理的大门"。但是，他白忙乎了：他的理智和他的心灵起来反抗了。某些行动，诸如洗礼和领圣体，他觉得很丑恶。当别人强迫他重复圣体是基督的真实的血和肉时，他觉得仿佛心上被捅了一刀似的。然而，在他和教会之间筑起一道不可逾越的墙的不是教义，而是实际问题，特别是那两个问题：各教会相互间的仇恨难容；正式的或默许的对杀人的制裁——由此而产生了战争和死刑。

于是，托尔斯泰作了决断。三年来，他一直压抑着自己的思想，所以这一决裂更加地激烈。他无所顾忌了，他愤怒地践踏这个他昨日还在顽固实践的宗教。在他的《教义神学批判》（1879—1881年）中，他不仅视它为"不健全的，而且是有意识的和唯利的谎言"。他在其《回福音书的一致和阐释》（1881—1883年）中，提出福音书来与它抗衡。他终于在福音书中建立起自己的信仰来（《我的信仰之基础》1883年）。

这信仰全包括在下面的话语中了：

"我相信基督的教义。我认为只有当所有的人都将得到幸福时，幸福才是可能的。"

这信仰的基石是摩西的山中布道，托尔斯泰把其主要精神归纳为五诫：

一、不发怒。

二、不犯奸。

三、不发誓。

四、不以怨报怨。

五、不与任何人为敌。

这是教义的消极部分，而其积极部分只概括为一诫：爱上帝和你的邻人如爱你自己。基督曾说，谁若对这些训诫稍有违犯，在天国的位置就最小。托尔斯泰则天真地补充道："尽管这显得十分地怪诞，但一千八百年后，我仍发现这些训诫如一件新的东西。"

托尔斯泰到底是否相信基督这个神明呢？根本就不信。他提及他时是冠之以什么名呢？冠之以圣贤中最伟大的圣贤——梵天，菩萨，老子，孔子，琐罗亚斯德，比赛亚——他们向人们指点人们向往的真正的幸福以及必须依循的道路。托尔斯泰是这些伟大的宗教创始者，这些印度、中国和希伯来的半神和先知的信徒。他竭尽全力在捍卫他们，在抨击他称之为"伪善者"和"律法家"的人，去抨击现有的教会、傲慢科学的代表，或者"科学的伪哲学"的代表。这并不是说他在求助启示来反对理智。自从他走出了《忏悔录》所叙述的烦恼阶段之后，他基本上就是一个理智的信奉者，我们也可以说他是一个理智的神秘主义者。

"一开始是圣子①，"他同圣约翰一再地说道，"圣子，也就是'理智'。"

他在《生活论》（1887年）的题词中引用了帕斯卡尔的名言：

"人只不过是一根芦苇，是大自然中最脆弱的，但那是一根有思想的芦苇……我们全部的尊严都包含在思想之中……让我们好好地去思考吧：这就是道德的真谛。"

整本书都是对理智的赞歌。

不错，理智不是科学的理智、狭隘的理智，"它把部分当作整体，把动物性的生活当作全部的生活"，而是支配着人的生活的专制律令，"是应该不折不扣地依循的"。

"这是与支配着动物的生长繁衍、草木的生长繁茂、大地和星辰的运行律令相类似的律令。我们的生命只存在于奉行这条律令之中，只存在于把我们的动物性屈从于理智的律令之中，以便获得善……理智无法确定，我们也无须去确定它，因为我们大家不仅都认识它，而且我们也只认识它……人所知道的一切，是借助理智而非信仰知道……只有当理智得以显现时，真正的生命才开始。唯一真实的生命是理智的生命。"

那么，有形的生命，我们个人的生命，又是什么呢？"它不是我们的生命，"托尔斯泰说道，"因为它不取决于我们。"

"我们的动物性活动是在我们之外完成的……人们已经消灭了那种把生命视为个人的存在的观念。对于我们这个时代的富有理智的人来说，对于个人善行的可能性的否定已是一个不可动摇的真理了。"

这其中还有一系列的公设，我无须在此阐述，但它们反映出托尔斯泰对理智怀着多么大的激情。实际上，理智是一种激情，与支配着他的前半生的其他激情一样地盲目和嫉妒。一个火苗熄灭，另一个火苗燃起。或者说，始终是同一个火苗，但它改变了养料。

而在"个人的"激情和"理智的"激情之间增加它们的相似性的是，这

名师注解
① 圣子：基督教基本信条三位一体中的第二位。

些激情并不满足于爱，它们要行动，它们要实现。

"不应当说，而应该做。"基督说。

理智的活动是什么呢？——爱。

"爱是人的唯一的理性活动，爱是最合理、最光明的心灵光辉。它所需要的所有一切，就是什么也别挡住理智的阳光，只有这阳光在让它成长……爱是真实的善，是至高无上的善，它能解决人生一切矛盾。它不仅清除死亡的恐惧，还能促使人为他人做出牺牲：因为除了为所爱者献身以外没有其他的爱；只有牺牲自己时，这爱才堪称爱。因此，只有当一个人懂得不可能获得个人的幸福时，真正的爱才能实现。只是在这时候，他生命的全部精髓才能去滋润由真正的爱嫁接过来的高贵幼枝；而这个幼枝为其生长，便向这粗野的本干，汲取精气……"

因此，托尔斯泰达到的信仰方式，并未像在沙漠中不知去向的一条干涸的河流似的。他把一个强大生命过程中积攒的气势磅礴之力的激流灌注到信仰中去了——这是我们将会看到的。

这激越的信仰——理智和爱在其中热烈地结合起来了——在托尔斯泰写给开除他教籍的神圣宗教会的有名的回信中找到了最为庄严的表达：

"我相信神明，对于我而言，他是精神，是爱，是一切的真谛。我相信他在我心中，如同我在他心中存在着一样。我相信神明的意志从未比在基督人的教义中表现得更加的清楚明白的了；但我们不能将基督视作神明去祈祷，否则将是最大的亵渎。我认为人的真正幸福就在于完成神明的意志；我认为神明的意志是，凡是人皆应爱其同类，永远为其同类服务，如同神明要他们为他服务一样。《福音书》上说，这就概括出一切律令和预言的要旨。我认为对于我们每一个人来说，生命的意义只是在于助长人生的爱。我认为在我们的人生中我们爱的力量的这种增长等于是一种与日俱增的幸福，而且在另一个世界里，是一种更加完美的福祉；我认为这种爱的增长将比任何其他的力量更加有助于在这个尘世间建立起天国来。也就是说，用一种协和、真理和博爱的新秩序来替代一种分裂、谎言与暴力逞强的生活组织。我认为，为了在爱情上获得进步，我们只有一个办法：祈祷。不是在教堂中所做的那种为基督所痛斥的公共祈祷，而是基督以身作则的那种祈祷，那种使我们对于生命的定义更加坚信，使我们只依靠神明意志的那种认识更加坚定的单独的祈祷……我相信永恒的生命，我相信一个人会依据其在这里或那里，在现在和将来的行动而得到回报的。我对所有这一切坚信不疑，所以我这个偌大年纪行将就木的人，应经常地做出努力，真心地呼喊我的肉体的死亡，也就是说我的一个新的生命的诞生……"

列文是托尔斯泰笔下的人物，他代表着托尔斯泰的思想。文中将列文的焦虑和托尔斯泰的焦虑相比，更能让人感受到这种躁动不安的情绪。与其说是他像列文一样，更加密切地接近了民众，不如说是列文在他的思想支配下，走上了接近大众的道路。小说中的人物和现实中的作者融为一体，这种写法不仅让我们了解了作品，而且更深刻地了解了作者。

十一 【精读】

名师导读

托尔斯泰有幸参加了人口普查的工作，亲眼看见了大城市的贫困状况，这使他忧心忡忡。他觉得自己应对他们的痛苦和堕落负责，于是以身作则戒除狩猎的喜好，坚持守斋以锻炼自己的意志。

他想象着已经到达港湾，已经抵达其不安的心灵可能得以歇息的庇护所。其实他只是处于一种新的活动的开始。

他在莫斯科度过了一个冬天（他的家庭责任迫使他跟着家人去了莫斯科）。1882 年 1 月，他参加了人口普查的工作，这使得他有机会亲眼目睹大城市的贫困状况，这给他留下的印象是十分可怕的。

第一次接触到这被文明所掩饰的疮疤的那天晚上，他在向一位朋友讲述他所见到的情况时，"他叫喊起来，痛哭不已，挥舞着拳头"。

"疮疤"指的是什么？为何他痛哭不已？

"人不能这么生活呀！"他抽泣着说道，"这不允许存在！这不允许存在！"他又一连数月地处于可怕的沮丧之中。1882 年 3 月 3 日，托尔斯泰伯爵夫人写信给他说：

"你以前常说：'因缺乏信念，我真想上吊。'现在，你有了信念，那你怎么又悲伤苦恼了呢？"

因为他没有伪善者的信念，那种得意、自满的信念；因为他没有神秘思想家的自私自利，那种只想着自己的超升而不管他人的得救的自私自利；因为他心中有爱，因为他现在已不再能忘记他所见到的那些悲惨的人。而且，在他那颗善良仁慈的心灵中，他觉得自己应对他们的痛苦与堕落负责：他们是这个文明的受害者，而他则参与了这一文明，是牺牲了成百上千万的人而换来的一个精英阶层的特权的享有者。接受这种罪恶所换来的福利，也就是参与了这种罪恶。不揭露这些罪恶的话，他的良心就无法再得到安宁。

《我们该怎么做？》（1884—1886年）就是这第二次危机的表述，这一次病得比第一次更加地悲惨，而且后果更加地严重。在人类的苦海中，在那实实在在的、并非无病呻吟的痛苦的汪洋之中，托尔斯泰个人的宗教苦闷又算得了什么？对之视而不见是不可能的。看到之后而不竭力地不惜任何代价地去消除它也是不可能的。——唉！能办得到吗……

一幅我一见便深受感动的肖像表示出托尔斯泰当时有多么痛苦。他正面坐着，环抱双臂，身着农民外套，神色沮丧。他的头发还挺黑，但唇髭已灰白，长须和颊髯已全白了。漂亮的宽额头上爬着两重皱纹，形成一道和谐的纹沟。在那只犬状大鼻子里，在那双坦诚、清晰但忧伤地望着你的眼睛里，藏有多少善良啊！那双眼睛那么深信不疑地看透你！它们为你叹息，为你悲哀。面颊塌陷，划着一道道痛苦的印痕，眼下有着一条条泪痕，他哭泣过。但他很坚强，一直在准备投入战斗。

他有着一种英勇的逻辑。

"我对那些一再重复的话语总是觉得很惊讶：'是的，这在理论上是很好的，但在实际之中将会怎样呢？'仿佛理论就在于一些为说话所必须的美的辞藻之中，而绝非用之于实际似的……当我明白了我所思考的一件事情时，我就只能按照我所理解的去做。"（《我们该怎么做？》）

他开始以一种似摄影一样的精确去描述莫斯科的惨状，把他在贫民区或收容所参观时见到的情景如实地描写出来。

他深信，不是用金钱（如他一开始所认为的那样）就能把这些不幸者拯救出来的，因为他们或多或少地都被城市的腐化堕落所侵害。于是，他勇敢地在寻找罪恶的根源，罪恶的责任者的可怕链环一节一节地展开。首先是富人，以及他们那该诅咒的奢华的传染，使人受引诱并堕落。继而是不劳而获的生活的普遍诱惑，然后是国家这个权势者创造剥削压迫其他人的残忍的实体。再就是狼狈为奸的教会，一丘之貉的科学和艺术……如何能战败所有这些罪恶的大军呢？首先，拒绝加入其中。拒绝参与剥削人。放弃金钱与田产，不为国家效力。

但这还不够，还必须"不说谎"，不害怕真理。必须"忏悔"，摒除因教育而根深蒂固的骄傲。最后，必须亲手劳动。"以汗水换取面包"，这是第一条最重要的告诫。托尔斯泰为预先回答精英们的嘲讽说道，体力劳动根本不会影响智力，相反却能增长智慧，并符合本性的正常需要。身体在劳动中得以强健；艺术更是因之而增进。此外，它能恢复人与人之间的团结。

托尔斯泰在其后来的著作中，补充了这些精神健康信条。他焦虑不安地思考着如何拯救灵魂，增强精力，排除麻痹意识的下流娱乐和灭绝良知的残酷享乐。他以身作则，1884 年他放弃了他最喜爱的嗜好：狩猎。他守小斋，以锻炼意志。宛如一个运动员为拼搏取胜而给自己强加一种残酷的训练计划。

《我们该怎么做？》表示着托尔斯泰抛弃宗教的默思的相对平和，而介入社会的纷繁的艰难旅程的第一站。自这时起，二十年的那场战斗便开始了，亚斯纳亚·波利亚纳的老预言家立于一切党派之外（并谴责它们），孤身一人向文明的种种谎言和罪恶开战。

你如何理解体力劳动和增长智力之间的关系？

行动胜于说教，托尔斯泰以身作则。

延伸思考

1. 你认为产生贫困的根源是什么？

2. 作为一个普通人，怎样才能身体力行地帮助贫苦大众？

十二

名师导读

　　妻子无法理解托尔斯泰的思想，两人之间虽相敬如宾，心灵却越离越远。托尔斯泰无法得到家人的理解非常痛苦，但仍动摇不了他的决心。屠格涅夫的临终告诫和同仁们的呼吁阻挠着托尔斯泰前进的步伐，可是他毅然坚定地孤独地走下去。

　　在托尔斯泰的周围，其精神革命并未受到什么欢迎，这革命使其家人十分难堪。托尔斯泰伯爵夫人早就在忧虑不安地观察着她徒劳地与之抗争的一种病症的发展。自 1874 年起，她便因见其丈夫为学校浪费那么多的时间和精神而气愤不已。

　　"这启蒙读本，这算术，这文法，我不屑一顾，我不能假装对它们感兴趣。"

　　当宗教接替了教育学时，情况就大不相同了。伯爵夫人对托尔斯泰这个新皈依者最初的倾诉非常反感，以致当他在信中说到上帝时不得不请求原谅：

　　"当我提及上帝时，你别像有时所表现的那样生气发火；我无法避开他，因为他就是我的思想基础。"

　　伯爵夫人无疑为之动容，她尽力地掩饰自己的烦躁，但她在不安地观察着自己的丈夫：

　　"他的眼神很怪，直勾勾的。他几乎一句话也不说，他似乎不属于这个世界。"

　　她想他是生病了：

　　"据列夫自己说，他始终在工作。唉！他在写一些泛泛的宗教论述。他边读边思索，弄得头疼不已，而这一切只是为了表明教会与福音书的教义不一致。在俄罗斯顶多只有十来个人可能对这个感兴趣。但是，毫无办法。我只希望一件事：但愿这事尽快结束，但愿这只是像病了一场而已。"

但病一点也未消失，夫妻间的关系越来越紧张。他俩相亲相爱，相敬如宾，但二人无法相互理解。他俩都在尽力地互相做出让步，但这却像惯常的那样，让步变成了彼此的痛苦。托尔斯泰勉为其难地跟着家人们来到莫斯科。他在《日记》中写道：

"生平最艰难的一个月。羁旅莫斯科。大家都安顿下来了。他们到底何时开始生活呢？这一切并非为了生活，而是因为别人都在这么做！不幸的人们！……"（1881 年 10 月 5 日）

在这同样的时日里，伯爵夫人写道：

"莫斯科。到明天，我们来此已满一个月了。头两个星期，我每天哭泣，因为列夫不仅忧心忡忡，而且十分颓丧。他寝食难安，有时还在哭泣。我觉得我快要疯了。"（1884 年 10 月 14 日）

他们不得不彼此分开一段时间。他俩因使对方痛苦而互致歉意。他俩始终相爱着！……他写信给她说：

"你说：'我爱你，可你并不需要我的爱。'不，那是我所需要的唯一的东西……你的爱比世界上所有一切都更令我快乐。"

但是，一旦二人重新聚首，又开始格格不入了。伯爵夫人无法赞同托尔斯泰的那种宗教癖好，这癖好现在在促使他向一个犹太教教士学习希伯来语。

"其他任何东西都不再让他感兴趣了。他耗费精力去干一些蠢事。我无法掩饰自己的不悦。"（1882 年 3 月）

她给他写信说：

"你把这么多精力耗费去劈柴、烧水、缝靴，真让我伤心落泪。"

她又像一个看着自己那有点疯癫的孩子的母亲一样，温情而嘲弄地微笑着补充说道：

"'孩子爱怎么玩就怎么玩吧，只要他不哭就行了。'一想到这句俄罗斯谚语我就平静下来了。"（1884 年 10 月 23 日）

　　但这封信并未寄出，因为她想象得出她丈夫读到这一段话时，他那善良而天真的眼睛会被这嘲讽的口吻弄得很忧伤。于是，她又把信拆开，怀着激烈的爱写道：

　　"猛然间，你那么清晰地显现在我的眼前，我感到心中对你有着一股巨大的柔情！你身上有着某种那么乖巧、那么善良、那么天真、那么执着的东西，这一切被一种对大家的同情心之光，以及那直透人心的目光照耀着……而这是你所独有的。"

　　就这样，这两个相爱的人儿，以后又被无法阻止的相互给对方造成的痛苦折磨着、忧伤着。这是一种毫无出路的境况，延续了将近三十年，只有那垂死的老李尔王在迷惑之时逃往大草原时才告结束。

　　大家都没太注意到，《我们该怎么做？》末尾的那段对妇女们的热烈呼喊——托尔斯泰对当代的女权主义毫无好感。但是，对于他称之为"贤妻良母"的那种女人，对于了解人生真正意义的女人，他却表示出虔诚的崇敬。他对她们的痛苦与欢乐，对她们的生儿育女，对她们那可怕的苦难，对她们那没有歇息的岁月，对她们那不图任何人回报的无形的、劳心费神的劳动，对她们完成了任务摆脱痛苦时满心欢喜的幸福，都大加赞颂。

　　他勾勒出一位勇敢的妻子，一位是其丈夫的助手而非累赘的女人的肖像：她知道，"只有为了他人的生命而没有回报的隐秘的牺牲才是人的天职"。

　　"这样的女人不仅不怂恿其丈夫去干虚假欺瞒、只想占有别人的劳动的事情，而且还深恶痛绝地对待这种可能带坏自己孩子的活动。她将要求自己的伴侣去干真正的工作，去干需要精力、不怕危险的工作……她知道孩子们——下一代——是生来让人类看到更圣洁的人的典范，而她活着就是为了全身心地为这一神圣事业服务的。她将在自己的孩子们和自己的丈夫心中开发这种牺牲精神……统治着男人们并充当他们的引导者的就是这种女人……啊，贤妻良母！人类的命运就掌握在你们的手中！"

　　这是一个祈求并希冀的声音的呼唤……它会没人听见吗……

　　几年之后，那最后的希望之光熄灭了：

　　"你们也许不会相信的，但是你们想象不出我有多么的孤独，想象不出

真实的我被我周围的人轻蔑到何种程度。"（《致友人书》1895 年）

如果连最爱他的那些人都这么不了解他的思想变化的伟大，那我们也就无法企盼其他人对他有更深入的了解，对他有更大的尊敬了。

托尔斯泰因一种谦卑的基督教精神而非对他感情有所改变才坚持与之重归于好的，他就常常嘲讽地说："我非常替托尔斯泰抱屈，不过，正如法国人所说，各人有各人灭跳蚤的方法。"

几年后，即将死去时的屠格涅夫给托尔斯泰写了那封著名的信，他在信中恳求他的"朋友，俄罗斯大地的伟大作家"，"重新回到文学上来"。

欧洲的所有艺术家都与将死的屠格涅夫有着同样的焦虑与祈求。欧仁·迈希奥尔·德·沃居埃在 1886 年撰写的《托尔斯泰研究》一书的最后，假借托尔斯泰身着农民服装手拿缝靴锥子的一幅肖像，向他雄辩地疾呼：

"杰作的巨匠，那可不是您的工具！我们的工具是笔；我们的园地是人类的灵魂，它也应呵护和灌溉的。请允许我向您提及莫斯科的第一个印刷工，当人们让他像一个俄罗斯农民一样地去犁地时，他大声呼喊道：'我不是干播撒麦种的活儿的，我是在全世界播撒智慧的种子的。'"

好像托尔斯泰曾想放弃其思想种子播撒者的角色似的！在《我们信仰的寄托》的末尾，他写道：

"我认为我的生命、我的理智、我的光明是专门为普照众人才具有的。我认为我对真理的认识是为此目的而赋予我的一种才智，这才智是一把火，而它只有在燃烧时才是火。我认为我生命的唯一意义就是活在我内心的这种光明之中，就在于把这光明高高举起，让人们都能看到。"

但这光明，这"只有燃烧时才是火"的火，令大多数艺术家惴惴不安。最聪明的那些艺术家也不是没有预见到他们的艺术很可能会被第一个烧毁。他们假装以为整个艺术都受到了威胁，而托尔斯泰则应像普洛斯帕罗一样，永远折断他那根创造性幻想的魔棒。

这真是荒谬至极。我想表明，托尔斯泰非但没有毁灭艺术，反而在艺术中激发了一些静止的力量，而他的宗教信仰非但没有扑灭他的艺术才华，反而使他的这种才华得以更新。

文中大量引用托尔斯泰和夫人的书信对话，从中可以看出夫妻二人思想上的分歧。两个相爱多年的老夫妻，因思想的矛盾痛苦地纠结着。在这样的家庭环境中，托尔斯泰是孤独的、痛苦的。文中托尔斯泰阐述了自己心中的妇女形象，表达了对自己妻子的失望。

延伸思考

　　简述一下托尔斯泰对女权主义的看法。

十三

名师导读

　　对科学和艺术的考察是托尔斯泰思考的重要问题。经过多次质疑和探索，他提出了宗教艺术的观点。他认为"人类大多数始终懂得并爱好我们认为是最崇高的艺术的艺术：《创世纪》的史诗、《福音书》的寓言、传说、童话和民歌。"

　　奇怪的是，当人们在谈论托尔斯泰关于科学、关于艺术的思想时，却通常忽视了表述这些思想的著作中最重要的那一部《我们该怎么做？》（1884—1886年）。在此书中，托尔斯泰第一次向科学和艺术发起攻击，以后的攻击在激烈程度上再没有比这第一次更猛烈的了。我们颇为惊讶的是，在我国最近的一些冲着科学与知识分子的虚荣心发起的攻击中，谁也没有想到要重新阅读一下这本书。该书是针对下列各种人所写的最激烈的檄文："科学的太监"和"艺术的骗子"和那些知识阶层，他们在摧毁或控制了前统治阶级——教会、国家、军队——之后，占据了他们的位置，不愿或不能对人类做任何有益之事，却声称人们崇拜他们，人们在盲目地效忠他们，像一些教条似的在宣扬一种为科学而科学和为艺术而艺术的无耻信仰。这是一副骗人的面具，是他们企图借以遮挡自己个人自私自利和空虚的工具。

　　"切勿以为我否定艺术和科学，"托尔斯泰继续说，"我不仅不否定它们，而且我还要以它们的名义驱赶那些兜售神庙的人。"

　　"科学和艺术同面包和水一样地必不可少，甚至更加地必不可少……真正的科学是对使命的认识，因此也就是对所有人的真正福利的认识。真正的艺术就是对使命和所有人的真正福利的认识的表述。"

　　他赞颂那些"自人类存在时起，就通过竖琴或扬琴，通过形象和语言，来表达他们反对欺骗，表达在这斗争中的痛苦，以及为了善的胜利的希望和因恶的胜利的绝望，表达他们企盼未来的热情"的人。

于是，他在一个充满痛苦的、神秘的、热情的章节中，勾画出真正的艺术家的形象来：

"科学和艺术的活动只有在不窃取任何权利而只知义务时才能结出硕果。这只是因为这种活动就是这种情况，只是因为它的真谛就是牺牲，因此人类才称颂它。被召唤去以精神劳动服务于他人的那些人始终在为完成这一使命而痛苦，因为精神世界只诞生于痛苦与折磨之中。牺牲与痛苦，这就是思想家和艺术家的命运，因为其目的就是众人的福利。人们是不幸的，他们在受苦，他们在死亡，他们没有时间闲逛与享乐。思想家或艺术家从不会如我们习惯认为的那样，坐在奥林匹克山顶上，他们总是处于烦乱和激动之中。他们得下定决心，说出什么能给人们以福善，什么能把众人从痛苦中解救出来，可他们并没有做出决定，他们并没有说出来；而明天，也许就太迟了，他们将死去……并非是在培养艺术家和学者的学校中造就出来的人（说实在的，那儿培养的是一些科学与艺术的破坏者），也不是获得一纸文凭享受俸禄的人将会成为思想家或艺术家，而是那种自愿不去想，不去表述其内心所藏而又不能不去表述的人，因为这种人被两种无形的力量拉扯着：他内在的需求和他对众人的爱。没有心宽体胖、追求享乐、洋洋自得的艺术家。"（《我们该怎么做？》）

在托尔斯泰的天才上投下一线悲剧之光的这段光彩话语，是在莫斯科惨状给他造成痛苦的深刻印象之下，以及在对科学和艺术是当今社会一切不平等与伪善的体系和同谋的深信不疑而写成的。这种深信不疑，他将永远不会丧失。但是，他与世界的悲惨的第一次接触的印象在逐渐消退，伤口在逐渐愈合；在他后来的任何一本书中，我们都将见不到这本书中所表露的那种痛苦和复仇怒火的颤动。任何地方都不再能见到这种以自己的鲜血来创作的艺术家的崇高信仰的声明，这种"思想家的命运"的牺牲与痛苦的激动，这种对歌德式的艺术至尊的蔑视。在他以后重又拿起批评艺术的武器的著作中，他将从文学角度而非神秘的角度来对待这个问题。书中的艺术问题与人类悲惨的背景分离了，而这人类的悲惨是一直让托尔斯泰一想起来就要发狂的，正如他参观了夜间收容所的那天晚上，回到家里便绝望地哭喊起来一样。

这并不是说他的这些说教式的著作成了冷酷的了。冷酷，在他来说是不可能的，直到他生命结束之前，他仍旧是那个以前写信给费特的人：

"如果你不喜欢你的人物，甚至是最不起眼的人物，那你就把他们骂个狗血喷头，或者嘲讽他们，使他们气炸了肺。"

在他的论艺术的作品中，他就是这么干的。作品中的否定部分——谩骂与嘲讽——言辞十分激烈，是留给艺术家们印象最深刻的唯一的部分。他过于猛烈地攻讦他们的迷信与怀疑，以致他们不仅视他为他们的艺术之敌，而且是任何艺术之敌。但是，托尔斯泰的批评从来都是具有建设性的。他从来不是为破坏而破坏，而是又破又立。而且，因他生性谦虚，所以从不言创立什么新东西；他捍卫艺术，他曾经和永远都将反对假艺术家们去利用艺术，玷污艺术：

"真正的科学与真正的艺术始终存在并将永远存在；对此提出异议是不可能的，也是无用的，"1887 年，在他那部著名的《艺术论》问世前十多年，他在写给我的一封信中说道，"今天的一切罪恶都源自那些自命为文明人的人（他们身边还有学者和艺术家），其实他们都是一些如同神父一样的特权阶层，而这个特权阶层有着一切阶层的缺陷。它把它赖于组织的原则贬损了，降低了。在我们这个世界里，人们所称之为科学与艺术的东西只是一个巨大的骗局，一种巨大的迷信，是我们一旦摆脱宗教的旧有迷信便要落入的一种巨大的迷信。为了看清我们得依循的道路，必须从头开始——必须掀掉为我保暖但却遮挡了我的视线的风帽。诱惑是很大的。我们生下来，一级一级地顺着梯子爬上去，那我们就处于特权者之中了，处于文明神甫或如德国人所说的文化僧侣之中了。我们必须像婆罗门教或天主教教士一样，具有极大的真诚和一种对于真理的爱，才能把保障我们特权的原则重新加以审核。但是，一个严肃的人，在提出人生的问题时是不能犹豫的。为了开始看清楚，他必须摆脱他所陷入的迷信，尽管它对他非常有利。这是一个必不可少的条件……不要迷信。让自己处于一个孩子的状态，或处于笛卡尔一样的状态……"

这既得利益阶层所津津乐道的当代艺术的迷信，"这大骗局"，托尔斯泰在其《什么是艺术》一书中对之加以揭露。他义正词严地把它的可笑、贫乏、虚伪、彻底的腐败加以展现。他似秋风扫落叶，他对这种破坏怀有一个孩子砸烂自己的玩具的那份快乐。整个批评部分往往充满着幽默，但也有失偏颇：这是战争。托尔斯泰操起一切武器，随意地挥舞，连被打者是什么样儿都不去考虑。常常出现这种情况：如同在所有战斗中一样，他伤及了他有

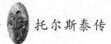

义务保护的一些人，诸如易卜生和贝多芬。过错在于他过于激动，在行动之前，无暇多加考虑，在于他的激情使他对于其理智的弱点完全盲目，而且——姑且说——也在于他的艺术修养不足。

除了阅读文学作品以外，他对现代艺术还能有什么了解？这位乡绅，一生四分之三的时间都在莫斯科郊外的村庄里度过，自1860年起就再没来过欧洲。他能看到点什么绘画？能听到点什么欧洲音乐？而且，除了他唯一感兴趣的办学以外，还能看到点什么？就绘画而言，他只是根据道听途说来谈论的，胡乱地引证一些颓废的画家，诸如皮维斯、马奈、莫奈、勃克林、施图克、克林格等。他因他们的善良情感而由衷地钦佩他们的有儒勒·布雷东和莱尔米特，但他蔑视米开朗琪罗，而在描绘心灵的画家中，他一次也没提到过伦勃朗。就音乐而言，他能很好地感觉，但却知之甚少：他只停留在他童年的印象之中，只注重那些将近1840年业已成为古典音乐家的人，对以后的音乐家却一无所知（除了柴可夫斯基，因为他的音乐让他流泪了）；他对勃拉姆斯和理查德·施特劳斯一起加以摒弃，他竟教训贝多芬，而在评论瓦格纳时，他自认为对后者已经了解了，其实他只听过一次《西格弗里格》，还是在幕启之后入场的，并且在第二幕中间就退场了。就文学而言，他（这是不言而喻的）了解更多一些。但是，不知中了什么邪了，他竟不去评论他很了解的俄罗斯作家，却跑去朝外国诗人们指手画脚，而他们的思想与他的思维相去甚远，再说，他也只是鄙夷不屑地随手翻翻他们的书籍而已！

他的顽固自信随着年龄的增长而有增无减。他竟然写了一本书，以证明莎士比亚"不是一个艺术家"。

"他可以成为任何人，但他不是一个艺术家。"

这么肯定真值得敬佩！托尔斯泰坚信不疑。他不容置辩，他掌握真理，他会对你说：

"《第九交响曲》是一个使人们分离的作品。"

或者这样说：

"除了巴赫的著名的小提琴曲，肖邦的E调小夜曲以及在海顿、莫扎特、舒伯特、贝多芬、肖邦等的作品中选取的十来件作品（不是选的全部）以外，其余的统统都该像一种分离人们的艺术一样弃之不顾，嗤之以鼻。"

或者：

"我将证明莎士比亚连四流作家都不够格。而作为性格描写来说，他简直一文不值。"

世上其他所有的人即使都持异议，他也仍坚持己见，矢志不移！

"我的看法，"他自豪地写道，"与整个欧洲对莎士比亚已形成的看法迥然不同。"

他时刻为诺言所困扰，感觉到诺言无处不在。一种观念越是普遍传播，他就越是奋起反击。他向它挑战，对它表示怀疑，如同他在谈到莎士比亚的荣光时说的那样："那是人们始终遭受到的传染病式的影响中的一种影响。如同中世纪的十字军远征，对巫师的信奉，寻找点金石，对郁金香的激情等。人类只有在摆脱之后才会看到这些影响的疯狂。随着新闻业的发达，这些传染病变得尤为猖獗。"他还拿"德雷福斯事件"作为这类传染病症的最新例证。他是所有不公正的敌人，所有被压迫者的捍卫者，他在谈到这一事件时带着一种鄙夷不屑的冷漠。这是十分明显的例子，证明他的极端态度会把他对谎言的怀疑和对"精神传染病"的本能的排斥引到何种地步。他自己也明白这一点，但又无力克服。人类道德的沦丧，不可思议的盲目，使得这个心灵的透视者、这个热情力量的召唤者把《李尔王》视作"拙著"，并把高傲的考狄莉亚视为"毫无个性的人物"。

必须指出，他十分清晰地看出莎士比亚的某些真正的缺憾，某些我们没有真心承认的缺憾，例如千篇一律地用于所有人物的诗句的人工斧凿、激情、英雄主义，甚至单纯质朴的修辞。而我完全明白，托尔斯泰因为是所有作家中最少文气的一个，所以他对文人中最富天才的那个人的艺术便缺乏好感。但是，他为什么要浪费自己的时间去谈论大家弄不明白的那些事呢？对于一个向你完全封闭的世界的评判又能有什么价值呢？

如果我们要在其中寻找打开这些奇特世界的钥匙的话，那么这些评判是毫无价值的。但如果我们要在其中寻求打开托尔斯泰艺术之门的钥匙的话，那么其价值是无法估量的。我们不能要求一个创造性的天才批判时完全公正无私。当瓦格纳、当托尔斯泰在谈论贝多芬或莎士比亚时，他们说的不是贝多芬或莎士比亚，而是说的他们自己：他们在展现自己的理想。他们甚至都没试图欺骗我们，托尔斯泰批评莎士比亚时并不想让自己变得"客观"。尤有甚者，他还指责莎士比亚的客观艺术。《战争与和平》的作者，无人称艺术的大师，对于那帮德国批评家在歌德之后"创造出莎士比亚"，并

"创造出艺术应是客观的理论，也就是说应该在一切道德之外去表现大事件——这是对艺术的宗教目标的断然否定"，对这些人，他似乎蔑视得还不太够。

因此，托尔斯泰是从一种信仰的高度来宣传自己的艺术评判的。别在他的这些批评中去寻找任何个人的成见。他不把自己当作典范，他对自己的作品与对别人的作品一样地毫不留情。他到底希望什么？他所建议的宗教理想对艺术又有什么价值？

这个理想是美妙的。"宗教艺术"一词在含义之宽广上有可能让人产生误会。托尔斯泰非但没有限制艺术，反而在扩展艺术。他说，艺术无处不在。

"艺术渗透我们的全部生活；我们称之为艺术的戏剧、音乐会、书籍、展览等，只不过是艺术极小的一部分。我们的生活充满了各种各样的艺术活动，从儿童游戏到宗教仪式。艺术与语言是人类进步的两个机能：一个是在沟通心灵，另一个是在交流思想。如果其中的一个误入歧途，那社会就要病了。今天的艺术已走上了歧途。"

自文艺复兴以来，人们已不能再谈论基督教各国的一种艺术。各阶级已经分开了。富人、特权者声称自己享有对艺术的垄断权，他们根据自己的喜好制订了美的标准。艺术在远离穷苦人的同时，变得贫乏了。

"不依靠干活儿生活的人所感受到的激动的范畴较之干活儿的人的激情狭小得多。我们现在的社会情感归之于三种：骄傲、肉欲和生活的慵懒。这三种情感及其衍生物几乎专门构成了富人们的艺术主题。"

它使世界腐化，使人民颓废，它宣扬性欲，它成为实现人类幸福的最大障碍。再说，它也没有真正的美，不自然，不真诚——是一种矫揉造作、凭空想象出来的艺术。

面对这美学家的谎言，这富人们的消遣物，让我们举起活的艺术，人类的艺术，联合大众，联合一切阶级、一切民族的艺术。过去已向我们提供了一些光辉的榜样。

"人类的大多数始终懂得并爱好我们认为是最崇高的艺术：《创世记》的史诗、《福音书》的寓言、传说、童话、民歌。"

最伟大的艺术是那种能反映时代的宗教意识的艺术。切勿以为那是一种教会教义，"每一个社会都有一种人生的宗教观：那是这个社会所向往的最大幸福之理想。"大家对此都有着一种或多或少较明晰的感情，某些前卫人士对此表达得很明确。

"始终存在着一种宗教意识。这是河水流淌着的河床。"

我们时代的宗教意识就是对由人类博爱实现的幸福的追求。只有致力于这种团结的艺术才是真正的艺术。最崇高的艺术就是那种直接通过爱的力量实现这种团结的艺术。但是，也存在着另一种艺术，它在以愤怒和轻蔑为武器来打击所有一切反对博爱的事物以参加这同一个事业。例如狄更斯的小说，陀思妥耶夫斯基的小说，雨果的《悲惨世界》，米勒的绘画。甚至达不到这么高的高度的任何艺术，只要是怀着同情与真理来反映日常生活，促进人与人之间的团结，也是真正的艺术。因此，《堂·吉诃德》和莫里哀的戏剧也是真正的艺术。的确，这后一种艺术通常因其过于琐细的写实和主题的贫乏而犯有错误，特别是"当我们把它们与古代典范，如《约瑟行传》相比较的时候"。过分精确的细节描写有损于作品，使之因此而无法变成普遍的读物。

"当代作品被一种写实主义所损害，因此更应指斥这种艺术上的狭隘性。"

就这样，托尔斯泰毫不犹豫地在批判着自己天才的根源。把自己整个奉献给未来——而他自己一生也不再留存，这对他又有何妨？

"未来的艺术将不再继续现在的艺术，它将被建立在另一种基础之上。它将不再是一个阶级的财产。艺术并非一种行当，它是真实情感的表述。可是，艺术家只有在不孤独的时候，只有在依据人类自然生活而生活的时候，他才能感受到真实的情感。因此，但凡躲避生活的人，是处于最糟糕的环境之中，他将无法创作。"

在将来，"艺术家都将是有才华的人"。"由于在小学里就开始教孩子们同时学习音乐、绘画和基本文法"，所以大家都有接触艺术活动的机会。毕竟，文艺将不再像现在那样需要一种复杂的技巧；它将趋向简朴、明晰、精炼，这是古典的和健康的艺术以及荷马式艺术的精髓。在这种线条明晰的艺术中表现普通的情感是多么美妙的事啊！为千百万人去写一个童话或歌曲，去画一幅画像，比写一部小说或一个交响曲要重要得多——也困难得多。这是一片广袤的、几乎未经开垦的园地。多亏了这样的一些作品，人类将懂得友好团结的幸福。

"艺术应该消灭暴力，而且只有艺术能做到这一点。它的使命就是要让天国，也就是爱，来统治一切。"

我们中间有谁会不赞成这番慷慨陈词呢？而且，有谁会看不到：尽管带有众多的乌托邦气息和一点稚气，但托尔斯泰的观念是多么的生动和丰富！是的，我们的艺术，整体上只是一个阶级的表白，而它又从一个国家到另一个国家，分化为一些小的敌对部落。在欧洲，没有任何一个艺术家的心灵能实现各个党派各个种族的团结的。在当今这个时代，最广博的心灵就是托尔斯泰的心灵。在他的心灵中，各国人民、各阶级的人，我们都相爱了。他像我们一样，尝到了这广博的爱的巨大欢乐，不会再为欧洲小团体的艺术所给予我们人类伟大心灵的点滴慰藉而满足了。

精华赏析

托尔斯泰对艺术一次次追问，什么是艺术？怎样看待当下的艺术？什么才是真正的艺术？托尔斯泰一问到底，苦苦思索，终于提出宗教艺术的观点。这种对科学、对艺术执着追求的精神值得我们学习。

延伸思考

简述一下托尔斯泰的艺术观。

十四

名师导读

　　托尔斯泰远离闹市，生活在农民中间，他的思维方式开始接近老百姓的想法。不仅他的文风取自于民间语言，而且他的许多灵感也源自于此。

　　最美的理论只有通过它在其中得以表现的那些著作才能有价值。在托尔斯泰身上，理论和创作如同信仰和行动一样，始终是统一的。在他构思他的艺术批评的同时，他列出了一些他所希望的新的艺术模型。那是两种艺术形式，一种是崇高的，另一种是通俗的。但就最人性的意义上来说，两种都是"宗教的"——一种是通过爱致力于人类的团结，另一种则是对爱的敌对世界开战。他写了如下几部杰作：《伊万·伊里奇之死》（1884—1886 年）、《民间故事与童话》（1881—1886 年）、《黑暗的力量》（1886年）、《克莱采奏鸣曲》（1889 年）和《主与仆》（1895 年）。这一艺术创作时期犹如一座双钟楼大教堂，一座钟楼象征着永恒的爱，另一座则象征着人世间的恨，在这一时期的巅峰与终极，矗立着《复活》（1899 年）。

　　所有这些著作因其新的艺术特征而有别于托尔斯泰以前的作品。他的观念不仅在艺术目的上，而且在艺术形式上，都有所改变。在《艺术论》或《莎士比亚论》中，人们对他所提出的趣味与表现的原则颇为震惊。这些原则大部分都与《艺术论》中的原则相矛盾。他蔑视物质效果，谴责精细的写实。而在《莎士比亚论》中，表现的则是完美的和节制的纯古典理想。"没有有节制的情感，也就不会有什么艺术家了。"——而如果说，在其新作中，这位老人没能把自己连同他的剖析天才及天生的粗犷完全抹去（在某些方面，它们表现得还更加地明显）的话，那他的艺术则发生了深刻的变化：线条变得更加的清晰、强烈，心灵更曲折繁复，内心变化更加集中，犹如一头困兽先收缩身子再蹿了出去，更加普遍的感情从一种局部的写实与短暂的细节中摆脱出来。最后，他的语言更加形象、生动，有着一股大地的气息。

他对人民的爱使他早就尝到了民间语言之美。孩提时，他就受到行吟说书人所讲的故事的熏陶。长大成人，变成著名作家之后，他在同农民们交谈时感到一种艺术的乐趣。

"这些人，"后来，他对保尔·布瓦耶先生说，"是一些大师。从前，当我同他们，或同那些肩背布袋在我们乡下流浪的人交谈时，我详细地记录下他们的那些我生平头一次听到的语汇，那是往往被我们当代的文学语言所遗忘了的，但却总是充满着俄罗斯偏远乡间气息的语汇……"

他对这种民间语言尤为敏感，因为他的思想未被文学堵塞。由于远离闹市，生活在农民中间，他的思维方法也有点老百姓的味儿了。他同农民一样，讲话绕来绕去，理解迟缓，有时又突然激动起来，令人尴尬，而且总爱重复一种人人皆知的想法，重复起来词句总是相同，没完没了，也不知疲惫。

不过，这些倒是民间语言的缺陷而非优点。只是长久以后，他才注意到民间语言中潜在的才华，它的形象生动，它的狂放的诗意，它的传奇智慧的神韵。从写《战争与和平》时起，他便开始受到它的影响了。1872年3月，他写信给斯特拉科夫说：

"我改变了我的语言和文体方式。民间语言能够表达诗人所能表述的一切的声音，它对我弥足珍贵。它是诗歌的最好的调节器。要是你想说点儿过头的、夸大其词的或虚假的事情的话，民间语言是不能容忍的。它不像我们的文学语言那样没有骨骼，人们可以随意地四面拉来扯去，舞文弄墨。"

不仅仅是文风上取自于民间语言，而且他的许多灵感也源自它。1877年，一个流浪的说书人来到亚斯纳亚·波利亚纳，托尔斯泰记录下了他讲的好几个故事。其中就有《人靠什么生活》和《三老人》这两篇传奇故事，众所周知，它们成为几年后托尔斯泰发表的最棒的《民间故事与童话》中的两篇。

那是当代艺术中独一无二之作。比艺术更高大的作品：读它的时候，有谁还会想到什么文学？福音书的精神，人人皆兄弟的纯洁的爱，与民间智慧的甜美的微笑结合在了一起。质朴、明净、不可磨灭的心灵的善良，还有时而那么自然地照耀着作品的超自然的光辉！它以一道光环笼罩着那个中心人物爱里赛老人的面孔，或者飘忽在鞋匠马丁的店铺中。就是那个人通过他那扇与地面齐平的天窗，看见过路行人的脚和上帝假扮穷人去看望的人。在这些故事里，福音书的寓言中夹杂着我说不清是哪种东方传说的芬芳，夹杂着托尔斯泰自童年时起就爱读的《一千零一夜》的芳香。还有的时候，那道怪诞的光变得十分恐怖，给予故事一种令人畏惧的伟大。譬如《农民巴霍姆》，那人拼命地大量购置田地，收购他一天之中走过的全部土地。但他在走到山丘上时却死去了。

"在山丘上，斯塔尔希纳席地而坐，看着他奔跑，他双手捂着肚子哈哈大笑。可巴霍姆倒下了。

'啊，好极了，小伙子，你得了不少的土地。'

斯塔尔希纳站了起来，把一柄十字镐扔给巴霍姆的仆人：

'行了，把他埋了。'

只有仆人独自一人。他在替巴霍姆挖个墓穴，刚好齐头顶脚：三阿尔申①——他把他埋掉了。"

几乎所有这些故事，在诗意的氛围中，包含着同样的克己和宽恕的福音精神：

"不要报复冒犯你的人。"

"不要对抗伤害你的人。"

"'报复属于我来做的。'上帝说。"

无论何时何处，结论都是爱。托尔斯泰想创立一种为所有的人的艺术，

名师注解

① 阿尔申：俄尺，旧俄长度单位，相当于 0.71 米。

一下子便获得普遍性。在全世界，他的作品获得了永不止息的成功：因为其作品从所有腐朽的元素中净化出来；书中除了永恒外，别无其他。

《黑暗的力量》没有升华到这种心灵崇高的单纯境界；书中毫无这种单纯：这是利刃剑的另一面。一面是神明之爱的梦想，另一面是残酷的现实。在读这个作品时，我们可以看出托尔斯泰的信仰和他对人民的爱是否能够使他既使人民理想化又背叛真理！

托尔斯泰在他的大部分戏剧作品中十分笨拙，但在这里却是挥洒自如的。性格与行动安排妥贴：自视俊美的尼基塔；阿尼西娅的狂乱与纵欲；老马特廖娜的无耻的淳朴，以其慈母之心掩盖其子的奸情；笨嘴拙舌的老阿基姆的圣洁——体貌可笑的活神仙。然后便是尼基塔的堕落，尽管他努力想要悬崖勒马，但这个并不算坏的弱者在罪恶的泥潭之中越陷越深，终于被其母与其妻拖进罪恶的深渊……

"农奴们一文不名。但她们这些野兽，无所畏惧……你们这些姐妹，你们是千百万的俄罗斯人，可你们却像全瞎了的鼹鼠一样，你们什么都不知道，你们什么都不知道！……那个农奴，他至少在小酒馆里，或者谁知道呢？在牢房里或兵营中，学到点东西；可是她又怎样呢？……她什么也没看到，什么也没听到。她就这么长大了，就这么死去了……她们如同盲目的小狗，东奔西窜，用头往垃圾堆里钻。她们只知道那些愚蠢的歌曲：'噢——哈！噢——哈！'……哈，哈什么呀？……她们并不知道。"

接着是杀害新生儿的可怕场面，尼基塔不肯杀。而为了他而谋害了亲夫的阿尼西娅，其思想自这一罪恶之后就一直痛苦不堪。她变得残忍、疯狂，威胁着要告发他，她叫喊道：

"至少，我不再是独一无二的罪人了，他也将是一个杀人犯。让他知道什么叫杀人犯！"

尼基塔用两块木板死命地夹孩子。在犯罪的过程中，他吓坏了，逃跑了，他威胁要杀死阿尼西娅和他的母亲，他哭泣着，他哀求着：

"我的好妈妈，我受不了了！"

他以为听见了被挤压的孩子的哭喊。

"我往哪儿逃？……"

这是一个莎士比亚式的场面——没有第四幕那么粗野，但却更加惨痛的是小姑娘和老仆人之间的对话。夜晚，只有他俩待在屋里，他们听见并猜到外面正在犯下的罪行。

最后是心甘情愿的惩罚。尼基塔在其父亲老阿基姆的陪伴下，光着脚走进一个婚礼庆典之中。他跪下来，请求大家的宽恕，供出自己所有的罪状。老阿基姆鼓励他，带着一种精神恍惚的痛苦微笑地看着他：

"上帝！噢！他就在这儿，上帝！"

给予这本剧作以一种特别的艺术韵味的是它那农民的语言。

"为了创作《黑暗的力量》，我翻遍了我的笔记本。"托尔斯泰对保尔·布瓦耶先生如是说。

这些意想不到的形象是从俄罗斯平民百姓的抒情而嘲讽的心灵之中涌现出来的，有着一种鲜明强烈的色彩，使得一切文学形象都感到相形见绌。托尔斯泰对此非常高兴。我们感觉这位艺术家在写这个剧本时，很高兴地在记录这些语汇和思想，其中的可喜可爱之处他知之甚详，而作为使徒，他却对心灵的黑暗感到遗憾。

托尔斯泰在观察人民，并从高处向他们的黑暗之中投下一束光亮时，又为富人和中产阶级那更加黑暗的黑夜送去了两本悲壮的小说。人们感到，在这一时期，戏剧形式占据着他的艺术思想。《伊万·伊里奇之死》和《克莱采奏鸣曲》两部小说都是紧凑的、集中的真正内心悲剧；而在《克莱采奏鸣曲》中，是悲剧的主人公在自述。

《伊万·伊里奇之死》（1884—1886年）是让法国读者最受感动的作品之一。在这本书一开始，我就记述到我是如何亲眼看见了法国外省的那些似乎并不关注艺术的市民被这部作品所打动的情形。这是因为该作品以一种乱人心扉的真实，描写了这帮市民中的一个。他是个自觉的公务员，不信教，无理想，几乎没有思想，成天埋头工作，过着机械的生活，直到临死时才惊慌不安地发现自己虚度了一生。伊万·伊里奇是1880年的这个欧洲资产阶级的代表，他读左拉的作品，去听萨拉·伯恩哈特的演唱会，尽管没有任何信仰，但却也不是非宗教者，因为这个资产者不愿耗费心思去信仰或不信仰——他们从来不想这个。

《伊万·伊里奇之死》通过对人世，特别是对婚姻的尖酸刻薄、嬉笑怒骂的猛烈抨击，而引出了一系列的新作品；它预示着将会出现比《克莱采奏鸣曲》和《复活》更加粗暴的画面。它描绘了人生（有成千上万的这样的人生）凄切而可笑的空虚，人人怀着粗俗的野心、虚荣心和可怜的满足感却又没有什么乐趣——"总是同自己的妻子单独度过夜晚"——还有职业的烦恼，想象着真正的幸福，顶多也就是玩玩"惠斯特①"。而这种可笑的人生却因一个更加可笑的原因而失去了，因为有一天，伊万想在客厅的一扇窗户上挂一个窗帘，却从梯子上摔了下来。人生的谎言，疾病的谎言，只想着自己的身体健康的医生的谎言，对疾病感到厌恶的家人的谎言，一心想着丈夫死后自己如何生活而又假装忠贞的妻子的谎言，全都是谎言。只有那个富于同情心的仆人在与这些谎言相对抗，他对那个垂死者并没有想法隐瞒其病况，仍友爱地照料着他。伊万·伊里奇"对自己充满了怜悯"，他在为自己的孤苦伶仃以及人们的自私而哭泣；他异常痛苦，直到那一天，他发现自己过去的生活是一个谎言，并发现这个谎言他自己是可以修补的。一下子，全都清晰明朗了——这是他死前一小时发生的。他不再想他自己，他在想他的家人，他可怜他们；他应该死去，应该让他们摆脱自己。

"你在哪里呀，痛苦——它就在这里……好吧，你就硬撑下去吧。——那死亡呢，它在哪里呀？……他已找不到它了。死没有了，有的是光明。——"完了。"有人说。——他听见这些话了，并重复了一遍。'死亡不再存在了。'他自言自语道。"

这束"光亮"在《克莱采奏鸣曲》中甚至已不再显现。这是一部残酷的作品，矛头指向社会，犹如一头受伤的野兽，因自己所受之苦而欲寻仇报复。我们切勿忘记，这是一个刚刚杀了人、被嫉妒的毒素侵蚀的凶蛮人的忏悔。托尔斯泰隐身于自己的这个人物背后。无疑，我们可以从那些对普遍的虚伪的指斥之中发现他的有声有色的思想。那普遍的虚伪是指妇女教育、爱情、婚姻——这个"日常卖淫"，社会、科学、医生——这帮"罪恶的播种者"。但是，他的主人公使之采用了一种粗野的表达方式，采用了一种激烈的肉欲

名师注解

① 惠斯特：桥牌的前身。

描绘——把一个淫逸的躯体描绘得淋漓尽致——而且，因此而又表示出极端的禁欲与对于情欲的又恨又怕，并如同一个受着肉欲的煎熬的中世纪僧侣似的诅咒人生。托尔斯泰写完这本书之后，自己也颇为惊愕：

"我压根儿没预料到，"他在《克莱采奏鸣曲》的跋中写道，"一种严密的逻辑把我引至在写这本书时所到达的境地。我自己的结论一开始让我大惊失色，我曾想不去相信这些结论，但我又办不到……我不得不接受它们。"

的确，他不得不以一种平静的形式写出杀人犯波斯德尼舍夫冲着爱情和婚姻的凶狠的呐喊：

用肉欲目光看着女人——特别是他的女人——的人已经是同她犯下了奸情。

当激情消失之后，人类就将不再有存在的理由，人类将执行自然的律令，生灵的结合就将完成了。

他依据圣马太的福音书指出，"基督教的理想不是婚姻，只有在依照基督教的观点，婚姻不是一种进步的元素，而是一种堕落的元素。而且，爱情的前后历程是人类真正理想的一个障碍的时候，才有所谓基督教的婚姻……"

但是，在波斯德尼舍夫的口中说出这些想法之前，托尔斯泰脑子里没有明确地产生这些想法来。正如伟大的作家们常常出现的那种情况一样，作品在牵引着作家，艺术家走在了思想家的前面——艺术在其中并未失去什么。就效果的强烈、激情的集中、视觉的粗犷鲜明、形式的完满与成熟等而言，托尔斯泰的其他著作没有一部可与《克莱采奏鸣曲》并驾齐驱的。

我还得阐释一下书名——说实在的，书名文不对题。它使人对该作品内容产生误解。其实音乐在书中只起到一个次要作用，如果把奏鸣曲删除，内容丝毫不会改变。托尔斯泰错误地把他念念不忘的两个问题搅和在一起：音乐那使人堕落的力量和爱情那使人堕落的力量。音乐的魔力应该另文专述；托尔斯泰在这本书中所赋予它的地位并不足以证明他所揭示的危险。就这一问题，我不得不稍微啰唆几句，因为我相信大家并不太了解托尔斯泰对音乐的态度。

他绝不是一点儿也不喜欢音乐。人就是害怕自己所喜爱的东西。请大家回想一下对音乐的回忆在《童年时代》，尤其是在《夫妇间的幸福》中所占的位置，书中那从春到秋周而复始的爱情就是在贝多芬的奏鸣曲（《月光奏鸣曲》）的语汇中展开的。也请大家回想一下涅赫留多夫和小彼加在临死前的那个夜晚在心中所听见的那些美妙的交响曲。诚然，托尔斯泰对音乐并不精通，但音乐却常使他感动得流下热泪；而且在他一生的某些时期，他曾纵情于音乐。1858 年，他在莫斯科创建了一个音乐协会，后来成为莫斯科音乐学院。

"他非常喜爱音乐。"他的妹夫别尔斯在《关于托尔斯泰的回忆》中写道，"他常弹钢琴，偏爱古典大师的作品。他常常在开始工作之前弹一会儿钢琴。他可能常从中获得灵感。他总是为我妹妹伴奏，因为他喜欢她的嗓音。我发现音乐在他身上引起的反应使他常常脸色微微泛白，而且还伴之以一种不易觉察的怪相，这可能在反映他的恐惧。"

这正是震撼他心灵深处的那些不知是什么力量所引起的他的恐惧！在这个音乐的世界里，他感到他的思想意志、他的理性、他人生的所有一切现实全都在消融。请大家重读一下《战争与和平》第一卷中的那个场面：尼古拉·罗斯托夫赌场失意，沮丧绝望地回到家里，他听见他妹妹娜塔莎在唱歌，他忘了一切。

"他极不耐烦地等着听接下去的那个音符，而在那片刻之间，世界上别无其他，只有那段三拍的节奏：Oh！ Mio crudele affeto ！^①

"——'我们的生活是多么地荒谬，'他在想，'不幸、金钱、仇恨、荣誉，所有这一切都一文不值……这才是真实的！……娜塔莎，我的小白鸽！……咱们瞧瞧她能否达到 B 调？……她唱出来了，感谢上帝！'

"而他自己也不知不觉地唱了起来，为了增强 B 调，他和着她的三度音。——'啊！上帝，多么美啊！是我赋予的吗？多么幸福啊！'他在心里想；而这三度音的颤动在他的心灵中唤起了所有最美好、最清纯的东西。与这种超人的感觉相比，他的输钱与他的承诺又算得了什么！……疯狂！一个

名师注解

① 意大利文，其意为："啊，我痛苦的爱情！"

人可以去杀人，去偷盗，但却仍旧是幸福的。"

尼古拉既不杀人也不偷盗，而且音乐对于他来说也只是一个短暂的激动，但是，娜塔莎已快要迷失于其中了。那是在歌剧院晚上看演出之后，"在这奇异的、艺术的狂乱世界中，远离现实十万八千里，善与恶、怪诞与理性混杂交织在一起"，她听着阿纳托里·库拉金的倾诉，她狂乱入迷，答应与他私奔。

托尔斯泰年岁越大，他就越是害怕音乐。有一个对他有所影响的人——奥尔巴赫，托尔斯泰 1860 年在德累斯顿见过他，他无疑增加了他对音乐的偏见。"他谈起音乐来仿佛是在谈一种无度的享乐似的。在他看来，音乐是一种向堕落陷落的玩意儿。"

卡米尔·贝莱格先生问道，在那么多的颓废的音乐家之中，为什么偏偏选中了最清纯、最贞洁的贝多芬呢？——因为他是最棒的。托尔斯泰一直都喜欢他。他最遥远的《童年时代》的回忆是和《悲怆奏鸣曲》连在一起的；在《复活》的结尾，当涅赫留多夫听到演奏 C 小调交响曲的行板时，他几乎止不住流出泪来；"他在悲叹自身"，然而在《艺术论》中，我们看到托尔斯泰在表述"聋子贝多芬的病态作品"时，心中涌出多大的气愤；而且早在1876 年，他"总想贬损贝多芬，使人怀疑其天才"的那股劲头就使柴可夫斯基十分反感，因而也冷却了他对托尔斯泰的崇敬之情。《克莱采奏鸣曲》使我们得以看出这种激烈的不公的根源。托尔斯泰指责贝多芬什么呢？指责他的强力。他同歌德一样，在听 C 小调交响曲时，受到了它的震撼，因而把一腔怒火都朝着这位使他屈从于其意志的权威大师发泄出去：

"这音乐，"托尔斯泰说道，"立即把我带到创作该音乐的那个人所处的精神状态之中去了……音乐本该是国家的事，如同在中国那样。我们不该容忍随便什么人拥有这么可怕的一种催眠力量……这些东西（《克莱采奏鸣曲》的第一个急板），只能在某些重要场合才容许演奏……"

但在这气愤之余，我们看看他是怎么屈服于贝多芬的威力的，而且据他自己承认，这威力又是多么的高尚和纯洁！在听这一片段时，波斯德尼舍夫坠入一种说不清道不明的无法分析的状态中，但对这一状态的体味让他感到快乐；嫉妒在其中不再存在了，那女人也同样地被感化了。她在演奏时，"有着一种庄重的表情"，继而，"在她演奏完了时，脸上浮现出一丝微微的、动人的、幸福的笑容"……在这一切之中，有什么腐败堕落的？——有的只是精神被锁住，一股不可名状的声音之力量在操纵着它。如果这种力量愿意的话，精神会被它摧毁。

这是真的，但托尔斯泰只是忘了一点：听音乐或创作音乐的人大多数是生命平庸或缺乏的。对于那些什么也感觉不到的人来说，音乐是不会有危险的。一般感觉麻木的听众是绝不会受到歌剧院演出的《沙乐美》的病态情感的感染的。只有像托尔斯泰那样生活丰富的人才有受其影响之虞。其实，真正的情况是，尽管托尔斯泰对贝多芬太不公平，但他比今天部分崇拜贝多芬的人对其音乐更加地感受良深。他起码是了解"老聋子"艺术中那澎湃汹涌的疯狂激情和粗野的强力的，而今天的演奏者和乐队对此却是感受不到的。贝多芬也许对托尔斯泰的恨比对其崇拜者对他的爱更加地满意。

延伸思考

1. 民间语言对托尔斯泰的创作有什么样的影响？

2. 从托尔斯泰的作品中，找出一段运用民间语言的文字。

3. 文中说托尔斯泰年岁越大，越害怕音乐，这是为什么呢？谈一下托尔斯泰的音乐观。

十五 【精读】

名师导读

　　托尔斯泰小说中的主人公都带有自己的影子，传递了作者的思想。阅读这一章，你将能了解托尔斯泰作品的风格和特点，同时更加深刻地理解托尔斯泰的思想精髓。

名师
点评

想想《复活》的主题思想，为什么这么说呢？

　　《复活》与《克莱采奏鸣曲》相隔十年，这是日益专心于道德宣传的十年。这十年把《复活》与这渴望永恒生命所企盼的终极相隔开来。《复活》可以说是托尔斯泰的艺术上的遗嘱，它如同《战争与和平》光照着他的成熟时期一样，笼罩着他的暮年。这是最后的高峰，也许是最高的高峰（如果不是最雄伟的高峰的话），不得而见的峰顶消失在云雾之中。托尔斯泰已是古稀之年，他凝视着世界，凝视着他的人生、他往日的错误、他的信仰、他圣洁的愤怒，他从高处注视着它们。这是同以往的作品中所表述的同样的思想，是反对虚伪的同样的战争；但艺术家的精神如同在《战争与和平》中一样，凌驾于他的主题之上；他往《克莱采奏鸣曲》和《伊万·伊里奇之死》的阴沉嘲讽与骚动的心灵加入了一种宗教的明净，那是从他内心确切地反映着的那个世界分离出来的一种明净。我们有时甚至可以说他是基督教的歌德。

名师
点评

基督教的歌德有什么特点，怎样理解这样说的托尔斯泰？

名师
点评

托尔斯泰写作的艺术特征。

　　我们在其最后阶段的那些作品中所强调的所有艺术特征又在这里表现出来，特别是叙述的凝练，在一部长篇小说中比在短篇小说里更加地突出。该作品是一致的，在这一点上与《战争与和平》和《安娜·卡列尼娜》迥然不同。几乎没有穿插什么小故事，只有一个行动，紧凑地展开着，而且所有的细枝末节都搜索一空。同在《克莱采奏鸣曲》中一样，人物形象栩栩如生，刻画得淋漓尽致。一种越来越清晰、坚实、毫无顾忌的写实性的观察，使他看到了人身上的兽性——"那种人身上的劣根性的兽性，越是未被发现，越是藏于所谓诗意的外表之中，就越是可怕。"那些沙龙中的交谈，只不过足以满足一种以肉体需要为目的："在蠕动舌头和喉头筋肉时，促进消化的一种需要。"对于任何人都不放过的一种对人的冷峻深邃的观察，即使漂亮的柯尔察金也无法逃过，"她肘骨突出，大拇指指甲宽阔"，而且她那袒胸露背的模样也激起涅赫留多夫的羞愧与厌恶，厌恶与羞愧"。还有女主人公玛斯洛娃也未能幸免，她的堕落暴露得一清二楚，她的未老先衰，她的低级下流的言辞，她的挑逗的微笑，她的浑身酒气，她的红彤彤燃烧着似的脸。细节描写犹如自然主义作家一般粗犷：那个蜷缩在垃圾箱上聊天的女人。诗意的想象、青春的气息已经烟消云散，只是在初恋的回忆中还留存着。那初恋的乐曲在我们心中带着一种令人眩晕的强节奏回荡着，似那复活节之夜前圣洁的周六夜晚：解冻了，厚厚的白雾"让人离屋五步开外就只能看见黑乎乎的一大片，一盏灯的红光闪现着"，夜间雄鸡在啼鸣，河流中冰在迸裂，如同一只杯子破碎时发出噼啪的声响，而那个年轻人从屋外，透过窗玻璃，窥视着那个看不见他的少女。她坐在桌旁，就着一盏火苗颤动着的小油灯——沉思着的喀秋莎在微笑、在幻想。

　　作者的抒情没占什么位置。他的艺术手法更客观，更加脱离他的个人生活。托尔斯泰曾尽力更新其观察的视野。他在这里探究的罪恶的世界和革命的世界，对他来说是陌生的；他只是通过一种自觉自愿的同情努力地闯入其中；他甚至承认在仔细观察革命者们之前，他们带给他的是一种无法克服的厌恶。他的真切的观察，那面毫无瑕疵的镜子尤其令人赞叹。典型与精确的细节是多么的丰富！卑鄙与道德，全都以一种既不严厉又不溺爱的态度，以一种平静的智慧和一种博爱的怜惜被观察着！……女人们身陷囹圄的可悲景象！她们相互间毫无恻隐之心，但艺术家是那仁慈的上帝：他在每一个女人的心中看到隐于卑贱之下的无奈，以及无耻的面具之下的那张哭泣的脸。纯洁而苍白的光亮在玛斯洛娃那卑微下贱的心灵中渐渐地闪现出来，最后，变为一种牺牲之光照亮着她，这光亮有着

名师点评

讽刺的写作手法，可见对沙龙交谈的不屑。

名师点评

破折号揭示最后要表达的内容，激发读者的好奇心。

名师点评

托尔斯泰拥有敏锐的观察力，能够洞察社会，客观评价。

一种动人的美，如同改变了伦勃朗的一幅画的卑贱画面的那样一束阳光。毫不声色俱厉，甚至对刽子手们亦然。"宽恕他们吧，主啊，他们并不知道自己在干些什么。"……最糟糕的是，他们往往知道自己在干什么，他们为之愧疚，但又根本不能不去干。从书中流露出那种重压的宿命之感，它既压在那些受苦的人身上，也压在使人受苦的人身上。譬如那个典狱长，他充满着天生的仁慈，对于自己那狱吏生活已经厌腻，同样，对于他那体弱的、面色苍白并眼圈发黑的女儿，老是练习弹奏李斯特一首狂想曲，他也厌烦透顶；还有那位西伯利亚一个城市的总督，他聪明而善良，为了逃避他想做的善事和他被迫做的恶事之间的无法调和的冲突，三十五年来一直借酒浇愁，但即使喝醉酒的时候，仍能自持，不失风度；再有弥漫在那些其职业使人对他人无心无肺的人家中的天伦之乐。

名师点评

书中的主人公和现实的作者融为一体。

唯一缺乏一种客观真实性的性格是主人公涅赫留多夫的性格，因为托尔斯泰把自己的思想倾注到他的身上。这已经是《战争与和平》和《安娜·卡列尼娜》中的最有名的典型人物中的好几位的缺陷或危险了，譬如安德烈亲王、皮埃尔·别祖霍夫、列文等。但他们的缺点不算太严重，因为他们因其地位和年龄的缘故，处于更接近托尔斯泰的思想状况。不像在这里，作者把一位古稀老人的出壳的灵魂置于一个三十五岁的放荡之人的躯体之中。我这绝不是说涅赫留多夫的精神危机不可能是真实的，也不是说这种危机不可能这么突然地就发生。但是，在托尔斯泰所表现的人物的以前生活中的秉性、性格中，没有什么在预示或解释这一危机的，而当危机露出端倪时，便什么也阻止不了它了。无疑，托尔斯泰深刻地指出了涅赫留多夫起先那掺杂进牺牲思想中的不纯的混合，和他对自身的怜

名师点评

这是不是和托尔斯泰本人很相似？

惜与孤芳自赏，以及日后在现实面前感到的恐惧和厌恶。但他始终矢志不移，这场危机与他先前的危机毫不相干，虽然很剧烈，但只是暂时的。什么都无法再阻挡这个优柔寡断的人了。这位亲王，富有阔绰，受人敬重，颇惧社会舆论，正准备迎娶一个爱他而他也喜欢的漂亮姑娘，可他突然决定抛弃一切——财富、朋友、地位——去娶一个妓女，为的是赎回自己以前的过错。而且，他的这种冲动坚定不移地持续了好几个月，它经受住了所有的考验，甚至当他听

到自己想要娶为妻子的那个女子仍在过着放荡的生活也不为所动。这其中有着一种圣洁，陀思妥耶夫斯基对它进行的心理分析，使我们能够在意识的隐晦深处以及主人公们的机体之中看到其根源。但涅赫留多夫毫无陀思妥耶夫斯基式的主人公的气质，他是普普通通、庸碌而健全的人物典型，是托尔斯泰笔下的惯常人物。实际上，我们非常清楚地感觉到，一个很实际的人物与属于另一个人的那种精神危机的并存并立，而这另一个人也就是托尔斯泰老人。

同样的双重成分的印象还出现在该书末尾，在严格写实的第三部分，并存着一个并不必要的福音书式的结论——属个人信仰的行为，并不是从被观察的生活中符合逻辑地得出来的。托尔斯泰把自己的宗教加进他的写实主义已不是第一次了，但在以往的作品中，两种元素相互交融得较好。而在这本书中，它们共存共处，毫不相混相融；由于托尔斯泰的全部信仰更加脱离任何实证，他的写实主义日益自由而尖锐，所以两种元素的反差则更加强烈。这是年岁而非疲乏使然，所以作品在转承启合上显得有点僵硬。宗教的结论并不是作品结构的自然发展，这是"整体中走出来的上帝"①……而我深信，在托尔斯泰的心灵深处，尽管他自己十分肯定，但他那不同的本质——他那艺术家的真理与他那信仰者的真理——丝毫没有融合在一起。

但是，尽管《复活》没有他年轻时的作品的那种和谐完满，尽管我个人更喜欢《战争与和平》，但它仍不失为一首歌颂人类同情的最美好的诗篇——也许是最真实的诗篇。我在这本书中比其他任何作品中更能看到托尔斯泰那明亮的目光，那淡灰色的眼睛深邃无比，"那直透人心的目光"，在每个心灵中都能看到上帝的存在。

延伸思考

《复活》中的主人公涅赫留多夫的性格和托尔斯泰有何相似之处？

名师注解

① "整体中走出来的上帝"：原文为拉丁文。

十六

名师导读

托尔斯泰从不放弃艺术，这是他生存的理由。他执着地追求真理，和一切科学的谎言作斗争。他追求自由，厌恶战争，极力支持俄国完成"大革命"。托尔斯泰高举基督信仰的旗帜，为人们打开一条新的道路。

托尔斯泰从不放弃艺术。一个伟大的艺术家，即使心存此想，也不能放弃自己生存的理由。由于宗教的考虑，他可以放弃发表作品，但他不能放弃写作。托尔斯泰从未中止自己的艺术创作。最近几年在亚斯纳亚·波利亚纳见过他的保尔·布瓦耶先生说他同时在创作宣道的或论战的作品和想象的作品，他用这两类作品互相调剂。当他写完一本什么社会论著，什么《告统治者书》或《告被统治者书》之后，他就让自己再去写一本他自己对自己讲述的美丽故事，譬如他的《哈吉·穆拉特》，那是一部军事史诗，歌颂高加索战争和山民反抗斯卡米尔统治的作品。艺术是他的消遣、他的娱乐，但他也许是把艺术看作是一种虚荣的炫耀。

他编过一本《每日必读文选》（1904—1905年），收集了许多作家对真理与人生的看法，可以说是一部关于世界观的真正的文选，从东方圣书到现代艺术家尽收其中。但除了这本书外，他自1900年起所写的几乎所有的纯艺术性的作品全都是手稿，并未刊印。

反之，他大胆地、激烈地把自己的论战和神秘的作品投入到社会之战中去。从1900—1910年，社会之战吸走了他最旺盛的精力。俄罗斯经历着一个巨大的危机，沙皇帝国有一阵儿显得动摇，已经接近摇摇欲坠了。俄日战争、战后的损失、革命骚乱、陆军和海军的哗变、大屠杀、农村暴动等，似乎标志着"世界末日"的到来——托尔斯泰的一部作品就是以此为书名的。危机的顶峰当属1904—1905年之间，托尔斯泰在这几年中发表了一系列反响

很大的作品：《战争与革命》《大罪恶》《世界末日》。在这最后的十年中，他不仅在俄国而且在全世界都独占鳌头。他不属任何党派，不带任何国家色彩，脱离了把他逐出来的教会，孤军奋战。他理智的逻辑、他信仰的坚定不移，使他"二者必居其一：离开其他人或离开真理"。

他记起了一句俄罗斯谚语："一个说谎的老人就是一个偷窃的富人。"于是他脱离了其他人，为的是说出真理。他把真理完整地说给众人听。这位驱除谎言的老者继续不知疲倦地抨击所有宗教的和社会的迷信，抨击所有的偶像。他不仅仅是针对过去的暴政、迫害人的宗教、沙皇的独裁。他对于它们也许反而心平气静了一些，因为现在大家都在向它们投掷石块。大家都了解了它们，那它们也就不再那么可怕了！再说，它们也是在干自己的行当，并不蒙骗人。托尔斯泰致沙皇尼古拉二世的那封信，虽并无对沙皇的恭顺，但却充满着对于沙皇作为人的温情，他称呼他为"亲爱的兄弟"，并请求他"原谅，如果自己无意之中惹恼了他的话"。最后还写上一句："您的兄弟祝您真正幸福。"

但是，托尔斯泰最不能原谅的、最激烈揭露的，是新的谎言，因为旧的谎言已暴露在光天化日之下了。他抨击的不是专制，而是对自由的幻想。但在新偶像的崇拜者中，我们并不知道他最恨的是什么，是社会党人还是"自由党人"。

他对自由党人的憎恨由来已久。当他早在塞瓦斯托波尔战役身为军官，在同彼得堡的文人圈子接触时，他就已经开始反感了。这曾是他与屠格涅夫失和的原因之一。这个骄傲的贵族，这个世家出身之人，无法忍受这帮知识分子及其大言不惭，说什么不管怎么样都是在使国家幸福，实际上是在把他们的乌托邦强加于他。他是根深蒂固的俄罗斯人，又是世族名门，所以对于这些自由的新玩意儿，对于这些来自西方的立宪思想，一向持怀疑态度；而他的两次欧洲之行更增强了他的这些成见。第一次旅行归来时，他就写道：

"避开自由主义的野心。"

第二次旅行归来时，他强调指出，"特权社会"毫无权利以其方式去教育它所不熟悉的民众……

在《安娜·卡列尼娜》中，他更广泛地表述了他对自由党人的鄙夷不屑。列文就拒绝参与外省的民众教育事业与提到议事日程上来的改革。外省议会的绅士们的选举场面反映了一个地方以一个新的自由政权去替代其旧的保守政权的欺骗伎俩。什么都没有变，只是又多了一个谎言，它既无法原谅，也无须几个世纪去认可。

"我们也许算不了什么，"旧政权的代表说，"但我们毕竟持续了上千年。"

而且托尔斯泰对自由党人滥用"民众，民众的意愿……"等词句十分气愤。哼！他们对民众有什么了解？什么是民众？

特别是在自由运动似乎马上就要成功，并准备召开杜马大会时，托尔斯泰强烈地表达了他对立宪思想的反对。

"最近一段时间，对基督教的曲解导致一种新的欺诈，致使各国人民更深地陷入被奴役的状态。有人借助于一种复杂的议会选举制度，向各国人民鼓吹，如果直接选举自己的代表，他们就是在参与政府的工作。而且，只要服从自己的代表，他们也就是在服从于自己的意愿，他们也就自由了。这是个骗局，即使通过普选，民众也是无法表达自己的意愿的：第一，因为一个有数百万居民的国家，这样的集体意愿是不存在的；第二，因为即使这种意愿存在的话，大多数的选票也不会代表这种意愿的。且莫说当选者的立法与行政并不是为了公众的利益，而是为了维护自己的政权，也不说民众的堕落是由于压迫和选举中的腐败。这谎言毒害尤烈，因为屈从于这个制度的那些人落入一种自我满足的奴隶状态……这些自由人让人想起自以为享有自由的囚犯，因为他们有权在那些执行监狱警务的狱卒中选举出代表来……一个专制国家的人可以完全是自由的，即使是处于最凶狠的暴政之下。但一个立宪制国家的人则永远是奴隶，因为他承认对他实施暴力的合法性……喏，有人就是想把俄罗斯人民像其他欧洲各国人民一样带进一种立宪制的奴隶状态！……"（《世界末日》）

在他那远离自由主义的态度中，占统治地位的是他的鄙夷不屑。面对社会主义，如果说托尔斯泰禁不住要憎恨一切的话，那是因为痛恨——或者可能是因为痛恨。他加倍地憎恶社会主义，因为它集两种谎言于一身：自由的谎言与科学的谎言。它不是自称建立在不知什么经济学的基础上吗？还说这种经济学的绝对规律影响着世界的进步！

托尔斯泰对于科学十分地严厉。对于这种现代迷信，和"这些无用的问题（物种起源、光谱分析、镭的特性、数论、动物化石以及其他的一些乱七八糟的玩意儿），人们今天像中世纪的人对圣母怀胎或物质的双重性一样地十分重视"，而托尔斯泰则用嘲讽挖苦的口吻写了一些文章大加驳斥。他嘲讽：

> "这帮科学的奴仆，他们同教会的奴仆如出一辙，深信并让别人相信他们在拯救人类，他们像教会一样，相信他们掌握着真理，但他们相互之间从来都不一致，分成许多门派，像教会一样，是粗俗、精神愚昧以及人类无法早日摆脱自己所受之痛苦的主要原因，因为他们抛弃了能够团结人类的唯一的东西：宗教意识"。（《战争与革命》）

但是，当他看到这件新的狂热的危险武器落到那些声称要使人类再生的人的手里时，他的不安加剧了，他的怒火迸发了。但凡求助暴力的革命者，都使他忧愁不堪。不过，革命的知识分子和理论家让他厌恶：那是一个坑人的腐儒，一个自傲而干枯的灵魂，他不喜欢人类，他只爱自己的思想。

不过，那是一些卑劣的思想。

"社会主义的目的在于满足人的最低需要：物质享受。然而，即使这样的一个目的，按照社会主义所提出的办法也是无法达到的。"

归根结底，它是没有爱的。它只有对压迫者和"对富人们的温馨甜蜜生活的嫉妒：像聚集在污物上的苍蝇的一种贪婪"的恨。当社会主义取胜时，世界的面貌将是很可怕的。欧洲的游民将以加倍的力量扑到弱小而粗犷的各国人民身上，并将把各国人民变为奴隶，以便欧洲以前的无产者能够惬意地、像罗马人那样奢华闲散。

幸而社会主义最精华的力量在烟雾中——在演说中，如若雷斯的演说中——耗费殆尽……

> "多么了不起的演说家！在他的演讲中几乎包罗万象——可其实什么都没有……社会主义么，有点像我们俄国的东正教：你挤压它，你把它逼到它最后的壕沟，你以为抓住它了，可突然间，它转过身来对你说：'不！我并不是你所想的，我是别的东西。'它从你手里溜掉了……耐心点！让时间去起作用吧。社会主义的理论将会像女人的时装一样，很快就会从沙龙撤到过

厅中去的。"（《同保尔·布瓦耶先生的谈话》）

如果说托尔斯泰如此这般地向自由党人和社会党人开战的话，那远不是为了听任独裁政治为所欲为；相反，是为了在消灭了队伍中的捣乱分子与危险分子之后，让战斗在新的世界和旧的世界之间全面展开。因为他也是相信革命的，但他的革命与革命者们的大相径庭：他那是中世纪的神秘信徒的革命，它期待着明天由圣灵来统治：

"我认为在这一确定的时刻，在基督教世界已酝酿了两千年的大革命开始了——这革命将以真正的基督教来替代腐败了的基督教以及从其中衍生出来的统治制度，这真正的基督教是人人平等的基础，是所有有理智的人所渴望的真正的自由的基础。"（《世界末日》）

预言家选择什么时间来宣告幸福与爱的新纪元开始呢？选择俄罗斯最阴暗的时间，选择灾难与耻辱的时间。创造信仰的崇高能力啊！在它周围，一切都是光明的——即使在黑夜里亦然。托尔斯泰在死亡中瞥见了再生的信号，在满洲战争的灾祸中，在俄国军队的溃败中，在可怕的无政府主义和血腥的阶级斗争中。他梦想的逻辑从日本的胜利中得出这样一个惊人的结论：俄国应摆脱一切战争，因为非基督教民众在战争中，与"跨越了奴役屈从阶段"的基督教民众比较而言，总是占有优势。这是不是让他的人民退让呢？不是的，这是伟大的自豪。俄国应摆脱一切战争，因为它应完成"大革命"。

这个亚斯纳亚·波利亚纳的宣道者，这个暴力的敌人，于不知不觉之中预言了共产主义革命！

"1905年革命将把人类从凶残的压迫下解救出来，它应当在俄国开始——它开始了。"

为什么俄罗斯应当扮演这个上帝的选民的角色呢？因为新的革命应首先补赎"大罪恶"：几千个富人对土地的独霸，成百上千万的人的奴隶般的生活，最残忍的奴隶生活。而且还因为没有任何一个民族像俄罗斯人民那样意识到了这种不公。

但特别是因为俄罗斯人民是所有各国人民中最感悟真正的基督教真谛的，而那开始到来的革命应该以基督的名义，实现团结与博爱的律令。但是，如果这一博爱律令不依据不反抗恶的律令的话，它是无法实现的。而不反抗则是，而且向来就是俄罗斯人民的一个主要特点。

"俄罗斯人民对于权力向来就持有一种与欧洲其他国家完全不同的态度。他们从未与当权者斗争过；特别是他们从未参过政，因此也就未能受到政权的玷污。他们视权力为一种必须避开的恶。一则古代传说称，俄罗斯人祈求瓦兰人来统治他们。大部分俄罗斯人一向宁可忍受暴力行径而不予报复或染指。所以他们向来是忍辱负重的……"

这是自愿的忍辱负重，与奴颜婢膝的服从毫不搭界。

"真正的基督徒能够忍辱负重，他甚至不可能既忍辱负重又对各种暴力进行斗争；但他是不会服从这些暴力的，也就是说，不能承认其合法性。"（《世界末日》）

托尔斯泰在写这一段话时，他正因一个民族那种英勇的不抵抗的最悲壮的榜样而激动着。那就是 1905 年 1 月 22 日彼得堡的流血示威，一群手无寸铁的民众由教士加蓬带领着，任人枪杀，没有发出一声仇恨的呼喊，没有一个自卫的动作。

在俄罗斯，长期以来被称作"皈依者"的老信徒不顾迫害，顽强地奉行着不服从政权并拒绝承认其合法性的信条。在俄日战争的灾难之后，这种思想在农村群众中间迅速地传播开来。拒绝服兵役的情况在扩大，他们越是受到残酷压迫，心中的反抗怒火就越是强烈。此外，各省、各族，即使并不知道托尔斯泰，也全都在实行这种消极抵抗：自 1898 年起的高加索的杜霍博尔人，至 1905 年前后的古里的格鲁吉亚人，都是这样。托尔斯泰对于这些运动的影响远不及它们对他的影响来得大；而他的作品的意义正是在于，不管革命党的作家们（如高尔基）怎么说，反正他是古老的俄罗斯民族的呼声。

他对于甘冒生命危险去实践他所宣传的原则的那些人的态度，是很谦虚、很严肃的。对待杜霍博尔人、格鲁吉亚人同对待逃避服兵役者，他都不摆出一副教训者的神气。

"不能忍受考验的人是无法教点什么给能忍受考验的人的。"

他请求"所有可能因他的言论或著作而导致痛苦的人"宽恕他。他从未怂恿任何人逃避服兵役。这是每个人自己去决定的事。如果遇上一个犹豫不决的人，"他总是劝他去服兵役，而且，只要他觉得在道德上并不是不可能的话，就不要拒绝服从"。因为，假如一个人在犹豫，那就是说他并不成熟；而且"最好是多一个军人而少一个虚伪者或叛徒，但凡去做力所不能及的事的人，就会沦为虚伪者或叛徒"。他对逃避兵役的贡恰连科的决心深表怀疑，他担心"这个年轻人是受了自尊心和虚荣心的驱使，而非对上帝的爱使然"。对于杜霍博尔人，他写信叫他们别因自傲和人的尊严而拒绝服从，但是，"如果他们有可能的话，就把他们的脆弱的妻子及孩子们从痛苦中解救出来。任何人都不会因此而谴责他们的"。他们只应在"基督精神扎根于他们心中时才坚持不懈，因为这样他们将会因痛苦而幸福"。不管怎么说，他是在请求那些遭人迫害的人，"无论如何也不要同迫害他们的人中断友爱关系"。正如他在写给一位朋友的一封漂亮的信中说的，必须爱希律王：

"您说：'人们不能爱希律王。'这我不知道，但我感到，而且您也一样，必须爱他。我知道，而您也知道，如果我不爱他的话，我会痛苦，我身上也就会没有生命。"

这是神圣的纯洁，是这种爱的永不熄灭的激情，最终将使人连福音书上的话都无法满足了："爱你的邻人如爱你自己一样"，因为仍可以从中发现一种自私的怪味！

照某些人看来，这爱太广博了，而且把人的自私摆脱得一干二净，以致爱都变得空泛了！然而，有谁比托尔斯泰更厌恶"抽象的爱"呢？

"今天最大的罪孽就是，人的抽象的爱，对于那些天各一方的人的平庸的爱……爱我们不认识的且永远遇不上的人，那是极其容易的事！我们无须牺牲点什么。而与此同时，我们却对自己很满意！良知被愚弄了——不，必须爱你的亲人——爱同你一起生活并妨碍你的人。"

我在大多数研究托尔斯泰的著作中谈到，他的哲学与他的信仰并不新颖。这倒是不假，这些思想之美太永恒了，所以显不出一种时尚的新潮来……另有一些人说他的哲学与信仰像福音书一样，有着乌托邦的特征。一个预言家就是一个乌托邦，他的永恒生活自尘世起便已开始。既然他在我们面前出现了，既然我们看到了在我们中间的最后一个预言家，既然我们的艺术家中的最伟大的那一位额头上有着一道光环，——我觉得这就是一个对于世界而言比多一种宗教或一种新的哲学更加新颖、更加重要的事实。看不到这颗伟大的心灵奇迹的人，看不到在这个因仇恨而充满血腥的世纪中作为博爱的代表的人，那真是瞎了眼了！

精华赏析

托尔斯泰对自由主义的观点通过他的作品表达出来，这样更加直观、真切。文中一段段的摘录和引语将他不同阶段、不同观点的思想表达出来，能够让人看到他思想的变迁。"这是自愿的忍辱负重，与奴颜婢膝的服从毫不搭界。"这句话深刻地阐述了基督的精神。

延伸思考

1. 托尔斯泰的性格和基督精神有哪些相同的地方？
2. 托尔斯泰是怎样用自己的方式捍卫自由的？

十七【精读】

名师导读

托尔斯泰对民众苦难的忧伤，对自己生活的节俭得不到家人的理解。最爱的妻子不理解他，儿子们对他的话感到厌烦，所有的人对他这种行为都表示怀疑。他的内心忍受着痛苦的煎熬，终于在临死前离开了住所，逃出这个樊笼。

他的相貌有了确定的特征，因而将永远留在人们的记忆之中：宽阔的脑门儿上深刻着一道双重皱纹，雪白的眉毛丛生，长老似的胡须让人想起第戎的摩西像来。那张老脸变得温和了、慈祥了；脸上那病患、忧伤、慈爱的印迹犹存。与自二十岁起的几乎兽性的粗野和塞瓦斯托波尔当兵时的僵硬相比，他有了多么大的变化啊！但是，那双清亮的眼睛却仍旧一如既往地深邃敏锐，目光坦诚，自己的一切都毫无隐瞒，而其他的一切也都能洞穿。

名师点评

眼睛是心灵的窗户，从托尔斯泰的眼中你看到了什么？

托尔斯泰在去世前九年，在回复圣教会议的信（1901 年 4 月 17 日）中写道：

"多亏了我的信仰，我得以生活在平和与欢乐之中，并能在平和与欢乐中走向死亡。"

看到这句话时，我联想起古时的谚语来："我们不该在他死之前称呼任何人为幸福的人。"

他当时所沾沾自喜的那份平和与欢乐是否永远一成未变？

1905 年"大革命"的希望化为了乌有，期待的光明根本就未从厚重的黑暗中穿透出来。接续革命的激奋的是精疲力竭。往日的不公未有丝毫的改变，要说改变，那只能说贫困更加加深了。

早在 1906 年，托尔斯泰对于俄罗斯的斯拉夫民族的历史使命便已丧失了信心，而他的顽强信仰已远远地在寻找他能托付此重任的其他民族。他在考虑"伟大而聪颖的中国人民"。他认为"东方民族已被召唤来重新寻回西方民族已无可挽回地丧失了的那种自由"，而中国人将领导亚洲人在"道"这条永恒的规律的道路上完成人类的转变。

这一希望很快就破灭了：老子和孔子的中国如同在它之前就已经这么做的日本一样，否定了自己往日的智慧，以效仿欧洲。被迫害的杜霍博尔人移居加拿大，而在那里，令托尔斯泰大为尴尬的是，他们立即占有了土地；格鲁吉亚人刚刚从国家枷锁下挣脱出来，便开始打击与他们意见不一致的那些人；而被召唤来的俄国军队又使一切恢复了秩序。连犹太人也未能幸免——"他们的国家，在这之前一个人所能企盼的最美好的国家，是本圣书"——他们也陷入犹太复国主义这虚假的民族运动的病患之中，这种所谓的民族运动"是现代欧罗巴主义的皮毛之皮毛，是它的畸形儿"。

托尔斯泰很伤心，但他并未气馁。他信赖上帝，相信未来：

"如果能在眨眼之间长出一片森林，那就再好不过了。不幸的是，这是不可能的，必须等着种子发芽、出苗、长叶、然后成枝干，最后再变成一棵树。"

但必须有许多的树才能变成一片森林，而托尔斯泰是独木不成林。他是光荣的，但却是孤单的。人们从世界各地给他写信：从伊斯兰国家、中国、日本，在那里，他的《复活》翻译出版了，他的"还土地于人民"的思想被传播。美国报纸记者采访他，一些法国人就艺术或政教分离请教他。但他的门徒不足三百，这一点他知道，而他并未操心去收门徒。他反对他的朋友们组织托尔斯泰崇拜者团体的尝试：

"不要去相互迎合，而应当大家一起奔向上帝……你说：'大

名师
点评

这里的"道"是指什么？

名师
点评

如何理解托尔斯泰的"光荣"和"孤单"？

家在一起，更容易……'——更容易什么——耕作，刈草，这是对的。但是，要接近上帝，你只有单独地去做才行……我想象中的世界就像一座巨大的神殿，阳光从上方直射其中央。为了联合起来，大家应该向那阳光走去。在那里，从四面八方走来的我们，将和一些我们并未期待的人集合在一起：欢乐即在其中。"

在从上方直射而下的阳光中，他们有多少人集合在了一起？这无关紧要！只要有一个人与上帝在一起就足够了。

"如同只有一个燃烧着的物质可以把火传给其他物质一样，只有一个人真正信仰和真正生活才可以感染他人并传播真理。"（《战争与革命》）

也许的确如此。但是，这种孤独的信仰在多大程度上能保证托尔斯泰的幸福呢？——在他最后的时日里，他与歌德的那种自觉自愿的宁静相距多么的远啊！他似乎在逃避宁静，他似乎厌恶宁静。

名师
点评

孤独的人害怕宁静，思想独特的人总是孤独的。

"能对自己不满，这应感谢上帝。但愿永远能这样！生命与它应该的那样之间的不一致正是生命的标志，是从渺小到伟大，从恶到善的上升运动。而这种不一致是变善的条件，当一个人对自己心满意足时，那是一种恶。"

他正想象着这小说的主题，它奇怪地显示着列文或皮埃尔·别祖霍夫的挥之不去的焦虑，在他心中并未消失。

"我经常想象一个在革命团体中培养起来的人，一开始是革命者，然后成了民粹派、社会党人、东正教徒、阿多斯山的僧侣，再后来又成了无神论者、慈父，最后成了杜霍博尔人。他开始时什么都尝试，但一事无成；人们嘲笑他，他什么也未做，在一个收容所里默默无闻地死去。临死前，他认为自己糟蹋了自己的一生。然而，

这却是一位圣人。"（《一个杜霍博尔人的故事》）

名师点评

只有脚步不停才能跟上时代的步伐，人才能进步。

他信心那么足，难道他心中还有什么疑惑吗？——谁知道呢？对于一个一直到老身心都很健康的人来说，生命是不可能停留在思想的某一点上的，生命必须前进。

"运动就是生命。"

在他生命的最后几年里，很多事情在他身上大概都在变化。他对革命者们的看法难道没有变化吗？谁又能说他对不反抗恶的信仰一点也没有变？——在《复活》中，涅赫留多夫同政治犯的关系就完全地改变了他对俄国革命党的看法。

"在这之前，他有点憎恶他们的残忍、隐藏的罪恶、谋杀、自满、沾沾自喜以及让人无法忍受的虚荣心。但是，当他清楚地看到当局是如何迫害他们时，他明白了，他们只能是这样。"

因此，他钦佩他们那包含着全部牺牲的对义务的观念。

但自1900年起，革命的浪潮蓬勃地发展起来了。它从知识分子开始，扩大到民众，悄悄地震撼着成千上万的不幸者。他们那咄咄逼人的队伍的前锋在亚斯纳亚托尔斯泰的窗下列队通过。《法兰西信使报》发表的三个短篇系托尔斯泰晚年作品的一部分，我们从中可以看到这一情景在他的精神上所引起的痛苦和惶恐。在图拉乡间，一队队淳朴虔诚的朝圣者走过的景况今又何在？眼下，是饥饿的流浪者的入侵。他们每天都来，托尔斯泰同他们交谈，为他们胸中的怒火所震惊；他们不再像从前那样，把富人看作是"一些通过施舍拯救自己灵魂的人，而是一些强盗、土匪，专喝劳动人民的血"。其中有许多人是受过良好教育的，因为破产了，绝望了，只好铤而走险。

名师点评

一切都是为了生存，不惜铤而走险。

"将使现代文明变得如匈奴人和汪达尔人把古文明搞成那样的野蛮人，不是在沙漠和丛林中而是在市郊和大路上造就的。"

亨利·乔治就是这么说的。而托尔斯泰则补充说道：

"汪达尔人在俄罗斯已经准备就绪，在我们深受宗教思想影响的百姓中，他们将是特别可怕的，因为我们不了解在欧洲人民中非常发达的法度与舆论的限制。"

托尔斯泰经常接到这些反叛者的信，对他的不反抗理论非常不满，声称对于统治者和富人对民众所做的一切坏事，只能报之以"复仇！复仇！复仇！"——托尔斯泰还指斥他们吗？我们不得而知。但是，几天之后，当他看见在他的村子里，役吏们对哭诉哀告的穷人们无动于衷，把他们的锅子和牛羊强行抢走时，他也束手无策，只能喊起复仇的口号，掷向那帮刽子手，"那帮只知贩酒谋利、教唆杀人或宣判流放、入狱、苦役或绞刑的官吏及其走狗——这帮人全都清楚地知道从穷人那里抢走的锅子、牛羊、布匹，有利于蒸馏毒害百姓的酒精，制造杀人武器，建造监狱、苦役场，特别是可以让他们一伙大发其财"。

当你一辈子都在期盼着爱的世界到来的时候，却必须面对这些可怕景象又不得不闭上眼睛，满怀困惑，那是很让人痛心的。当你有着托尔斯泰的那种真切意识，而心里想着自己的生活与自己的原则并不完全一致时，那就更加令人伤心悲痛了。

在此，我们触及他最后几年——应当说是他最后的三十年吧——他的最大的痛点了，而对这一痛点我们只能用一只虔诚而胆怯的手轻轻地触摸一下。因为这个痛，托尔斯泰在尽力地隐瞒着，它不仅属于死者，也属于他所爱过的并爱着他的其他一些活着的人。

他未能把他的信念传达到他最亲爱的人，他的妻子和儿女。我们看到他的忠实伴侣，他那勇敢地分担他的生活及其艺术创作的妻子，对于他放弃艺术信仰而改奉她所不了解的一种道德信仰，感到很痛苦。看到自己不为自己最好的女友所理解，托尔斯泰也同样很痛苦。

"我全身心都感觉到，"他在写给丹奈洛摩的信中说，"下面的话语之真切：丈夫与妻子不是两个分离的生灵，而是合二为

名师点评

"她所不了解的一种道德信仰"指什么？最大的痛苦莫过于最亲近的人不理解自己。

一的……我强烈地盼望着能把那种使我得以超脱于人生苦痛的宗教意识的一部分传递给我的妻子。我希望这种意识能够传递（不是由我，而是由上帝）给她，尽管这种意识是不大能为女性所接受的。"

这一愿望似乎并未实现。托尔斯泰伯爵夫人赞赏并喜爱心灵的纯洁，坦荡的胸怀，以及与她"合二为一"的伟大灵魂的仁慈；她瞥见"他走在群众前面，在指引人们应该遵循的道路"；当圣教会开除他的时候，她勇敢地为他辩护，并声言誓与丈夫共患难。但是，她无法去做她认为自己所不相信的事情；而托尔斯泰又太认真，不想强逼她违心地去做——因为他憎恨假装的信仰与爱，甚过对信仰与爱的背叛。他又怎能强逼不信奉的她去改变自己的生活，牺牲自己的和她儿女们的财产呢？

他同他的孩子们的隔阂更深。曾在亚斯纳亚·波利亚纳家里见过托尔斯泰的勒鲁瓦·博利厄先生说，"在饭桌上，当父亲说话的时候，儿子们难以掩饰自己的厌烦和怀疑"。他的信仰只是稍稍触及他的三个女儿，其中他最喜欢的玛丽娅已经死了。在精神方面，他在家人中间是孤独的。"只有他的小女儿和他的医生"了解他。

他为这思想上的距离而苦恼。他为别人强加于他的交际而苦恼；他为那些从世界各地跑来令人讨厌的人的探访而苦恼；他为那些让他受不了的美国人和新潮人物的来访而苦恼；他为他的家庭生活迫使他过的那种"奢侈"而苦恼。如果我们相信那些在他的简朴屋子里见过他的人的叙述的话，那其实只是最低的奢华了：几乎过于朴素的家具，一张铁床，几把破椅，光秃秃的墙壁！但这份舒适却压抑着他，是他挥之不去的一种愧疚。在《法兰西信使报》所刊登的第二个短篇中，他苦涩地把周围的贫困惨状与他家的奢华景象做了对比。

"我的活动，"1903年，他写道，"无论在某些人看来可能显得多么有益，但却失去了其重要性之大部分，因为我的生活与我所宣扬的东西并不完全一致。"

　　那他为什么不让它们一致呀！如果他无法强迫自己的家人摆脱交际生活，那他自己为什么没有摆脱他们及他们的生活——这样他就可以避免被他的敌人们攻击，说他虚伪了，因为他的敌人们对他的虚伪太高兴了，故借此以否定他的主张！

　　他曾经想到过这一点，他早就下了决心。有人已找到并发表了他于 1897 年 6 月 8 日写给他妻子的一封令人赞叹的信。必须把它几乎完全抄录如下，没有什么能比它更好地披露这颗慈爱和痛苦的心灵的秘密的了：

　　"亲爱的索菲娅，长期以来，我一直为我的生活与我的信仰的不一致而苦恼着。我无法强迫你们改变你们的生活以及你们的习惯。直到目前为止，我都未能疏远你们，因为我在想，我要是离开了，我就将失去对我那些尚很小的孩子们可能会有的那么一点点影响，而且我将给你们大家造成很大的痛苦。但我无法继续像过去了的这十六年那样生活了，不能再时而与你们抗争，使你们不快，时而自己又屈服于我已习惯了的那些围绕着我的影响与诱惑。现在，我决心做我长期以来一直想做的事了：我要离去……如同印度老人，一到六十多岁便跑到森林中去；如同每一个信教的老人，想把自己的残年献给上帝，而不是让自己整天说笑打趣、胡闹、玩球什么的。我自己也一样，我已年届古稀，我一心一意地想着宁静、孤独，而且，如果得不到一种完全的一致的话，至少不要我整个一生和我的良知之间的那种不一致。我如果公开地离去，那你们就会又是哀求又是争辩的，我就会心软，也许当我本该把自己的决定付诸实行时反而不会去实行。如果我的做法让你们伤心难过的话，那我请求你们原谅我。特别是你，索菲娅，让我走吧，不要去找我，不要恨我，不要责怪我。我离开你并不表示我怨恨你……我知道你不能，你无法像我一样地去观察与思考；因此，你无法改变你的生

名师点评

托尔斯泰宁可自己忍受痛苦的折磨，也要顾及家人的感受。

活，无法对你所不承认的东西做出牺牲。因此，我一点儿也不怪你；恰恰相反，我满怀爱意与感激在回忆我们共同生活的那漫长的三十五年时光，特别是那前一半时间，你怀着你母性禀赋的勇气与忠诚，勇敢地承担起你视为自己的使命的一切。你给了我，给了世界上你所能够给予我的。你付出了极大的母爱，做出了很大的牺牲……但是，在我们生活的最后阶段，在最近的十五年中，我俩的道路岔开了。我无法相信罪魁祸首是我；我知道，如果我改变的话，那既不是为了我的快乐，也不是为了世界，而是因为我没法不这样做。我不能指责你一点儿也不听我的，我倒是要感谢你，我将永远怀着爱意去回想你所给予我的一切。别了，我亲爱的索菲娅，我爱你。"

名师点评

虽然两人思想不同，但彼此还是相爱的。

"我离开你并不表示……"他根本就没有离开她。可怜这封信！他觉得写出来就足够了，他的决定也就实行了……在写了这封信之后，他的决断力量已全部耗尽。"我如果公开地离去，那你们就会又是哀求又是争辩的，我就会心软……"他无须"争辩"，无须"哀求"，他只需片刻之后，看见他要离开的那些人就足够了，他会感到"他不能，他无法"离开他们。他把装在口袋里的这封信塞进一件家具里去，上面写着：

"待我死后，请将它转交我的妻子索菲娅·安德烈耶芙娜。"

他的出逃计划到此为止。

名师点评

他的出逃计划为何停止了？

难道这就是他的力量的表现吗？他不能为他的上帝而牺牲自己的温情吗？当然，在基督教名人录中，不乏心更硬的圣人，他们从不犹豫凶狠地践踏他们自己的以及别人的情感……有什么办法呢？他根本就不是这类人。他很脆弱，他是人。正是因为这一点我们才爱他的。

名师点评

你爱这样的托尔斯泰吗？

十五年前，在一篇撕心裂肺的痛苦的篇章中，他问他自己：

"喏，列夫·托尔斯泰，你是不是按照你所宣扬的原则生活呢？"

他痛苦不堪地回答道：

"我羞愧难当，我有罪，我应该受到轻蔑……不过，请将我从前的生活与我今天的生活比较一下，您将会看到我在尽量地依照上帝的律令生活。我没有做到必须做到的千分之一，我因此而惶恐不安。但是，我之所以没有做到，并不是因为我不愿而是因为我不能……谴责我吧，但别谴责我所依循的道路。如果说我认识把我引到家门的那条路，而我又像个醉汉似的跟跟跄跄地走着，那能说是这条道不好吗？要么就请您给我指出另一条道，要么就请您扶着我走这条真正的道，就像我准备扶您走这条道一样。但不要奚落我，不要因我的悲伤而幸灾乐祸，不要兴奋地喊叫：'大家看啦！他说他要往家走的，可却跌到泥潭里去了！'不，别幸灾乐祸，帮助我吧，支持我吧！……帮助我吧！如果我们大家都迷失方向，我会绝望得心碎的；可当我使出浑身解数要从那儿走出来时，你们，对于我每一次的迷途，不是同情，反而对我边指指戳戳，边叫喊着：'看呀，他同我们一块儿跌进泥潭里了！'"

死期更迫近时，他反复说道：

"我不是个圣人，我从没把自己当作圣人。我是个凡夫俗子，任人摆弄，有时并不把自己所想所感的东西全都说出来；并非因为不能够，而是因为常常会夸大其词或彷徨无主。在我的行为中，更加的糟糕。我是一个非常脆弱、满身恶习的人，很想侍奉真理之神，但却经常跌跌撞撞的。如果大家把我看作是个不可能出错的人，那我的每一个错误就该显得是一种谎言或虚伪。但如果大家视我为一个脆弱的人，那我就会表现出自己的真实面貌来：一个可怜巴巴的人，但却是真诚的人，曾经常不断地、真心实意地希望并且仍在希望变成一个好人、一个上帝的好仆人。"

就这样，他被内疚折磨着，被力量更强而比他更少人情味的他的门徒们的无言的责怪追击着，被他的脆弱和优柔寡断撕扯着，被对家人的爱和对上帝的爱牵扯着。直到那一天，绝望顿生，也许是

名师点评

托尔斯泰的呼喊，是为大家迷失方向而感到心痛，为众人的不理解感到伤心。

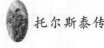

由于临死前的狂热飓风，他突然离开了住所，四处流浪，奔逃，在一所修道院投宿，然后又上了路，最后病倒途中，在一个无名的小城中一病不起。在弥留之际，他躺在病榻上哭泣，不是在哭自己，而是在哭那些不幸的人。他抽泣地说道：

"大地上有成百上千万的人在受苦受难，可你们为什么全都在此照料唯一的一个列夫·托尔斯泰呢？"

于是，"解脱"到来了——那是 1910 年 11 月 20 日星期日的早晨六点多一点儿，如他所说的"解脱"到来了，"死，幸福的死……"

在生命的最后时刻，托尔斯泰将抗争进行到底。

"幸福的死"使得托尔斯泰终于从痛苦中获得解脱。

精华赏析

家人的不理解是最痛苦的。从托尔斯泰给妻子的信中，可以看出他内心的纠结。托尔斯泰的信仰和生活方式得不到家人的理解，而他也无法改变家人的生活方式和习惯。他想离开家去过自己想要的生活，可是他爱自己的家人又不忍心让他们伤心。在信仰和亲情之间难以抉择，让托尔斯泰痛苦不堪。最终信仰战胜了一切，托尔斯泰临终前离家出走，完成了自己的心愿。

十八

名师导读

　　风风雨雨八十二载，托尔斯泰曾不止一次折断翅膀，摔落在地，但他始终坚持不懈。他重新飞起，振动着两只有力的翅膀翱翔在"广袤深邃的天穹"，一个翅膀是"理智"，另一个翅膀是"信仰"。

　　战斗——以他的生活为战场的八十二年的战斗——结束了。那是所有的生命之力、所有的恶习与道德全都参与了的悲壮而光荣的征战。所有的恶习中那唯一的一个——谎言——是他在最后的隐居之中不停地追踪并打击的。

　　起先是令人陶醉的自由，是被闪电的光亮越来越远地划亮着的雷雨之夜里的相互碰撞着的情欲——那是爱情与梦幻的狂乱，是永恒的幻象。随后是高加索、塞瓦斯托波尔那骚动不安的岁月……接着是新婚燕尔的甜美宁静。爱情、艺术、大自然的幸福——《战争与和平》，天才的充分发挥，照亮了人类的各个角落，照亮了对于心灵来说已成为往事的那些斗争的场面。他掌握着这些斗争，他是它们的主宰，而且这些斗争对他来说已经不够了。如同安德烈亲王一样，他把目光转向了奥斯特利茨上空闪亮着的广袤天穹，是那方天穹在吸引着他：

　　"有一些羽翼强壮的人，被欲念打下人间，折断了翅膀：譬如我就是一个。然后，他们就扇动着折断的翅膀，奋力奔飞，可是又摔落下来。翅膀将会治愈，我将飞到很高很高的地方。愿上帝助我！"（1879年10月28日的《日记》）

　　这番话是他在最可怕的暴风雨时期写下的，《忏悔录》就是这一时期的回忆与反响。托尔斯泰曾不止一次地折断翅膀，摔落地上，但他始终坚持不懈。他重新飞起,振动着两只有力的翅膀翱翔在"广袤深邃的天穹",一个翅膀是"理智",另一个翅膀是"信仰"。但他在我们之外并未找到它,因为天穹就在我们之中。托尔斯泰在天穹里吹起他的激情的风暴。在这一点上,他同弃绝的使徒们大不相同:他的弃绝灌注着他在人生中同样的热情。他以一种恋人似的暴力紧搂住的始终是生命。他"对生命发狂",他"为生命而陶醉"。没有这份陶醉他就无法活,他因幸福也因不幸而陶醉,他为死亡也为永生而陶醉。他对个人生活的弃绝只不过对永生的一种激情迸发的呼唤。不,他所达到的平和,他所召唤的心灵的平和,不是死的平和,而是那些转向无限空间的人们的平和。在他身上,愤怒是平静的,而平静却是炽热的。信仰赋予他一些新的武器,使他把从其初期作品中便已不断地对当代社会谎言的战斗更加不屈不挠地继续下去。他不再只是局限于某几个小说的典型人物,而是向所有的大偶像发起攻击:宗教、国家、科学、艺术、自由主义、社会主义、民众教育、慈善事业、和平主义等的种种虚伪……他痛斥它们,他猛烈地抨击它们。

世界上隔一段时间就会出现一些伟大的反叛的思想家,诸如先驱者约翰,他们痛斥堕落的文明。最后出现的一个是卢梭,他通过对大自然的爱,对当今社会的恨,对独立的渴求,对福音书和基督教精神的狂热崇拜,预告了托尔斯泰的来临,后者以卢梭为依托说道:"他的一些篇章深入我的心间,使我相信我本也会写出它们来的。"

但是,这两颗心灵间有着多么大的区别呀!而托尔斯泰的心灵又是多么纯洁的基督徒式的心灵呀!在日内瓦人卢梭的《忏悔录》中的那种傲然的呐喊,有着多少不逊,多少伪善啊:

"永恒的生灵!有谁敢跟你说:我比此人更好!"

或者再看那对世界的挑战中的吼声:

"我大声地、毫无所惧地宣称:但凡会认为我是不诚实的人的人,他自己就是一个该扼杀掉的人。"

托尔斯泰则常为其往日生活的"罪恶"而泣血:

"我感觉到地狱般的痛苦。我记得起我以往所有的怯懦,而这些回忆始终纠缠着我,毒害着我的生命。人们通常对死后没了回忆而感到遗憾。没有回忆该是多么地幸福啊!在另一个世界里,我要是又回想起我在这个世界里

所犯的种种罪恶的话，那会是多么地痛苦啊……"（1903 年 1 月 6 日的《日记》）

他是不会像卢梭那样写出他的《忏悔录》的，因为卢梭说过："我因为感觉到善在战胜恶，所以我有兴趣把一切都说出来。"托尔斯泰在尝试写他的《回忆录》之后，放弃了，笔从他手中掉下来了，他不想成为将来读了它的那些人的笑柄：

"有人会说：被大家捧得那么高的人竟然如此！他是多么地懦弱啊！而我们这些碌碌无为的人，是上帝自己命令我们怯懦的。"

卢梭从未体会过基督教信仰中美丽的道德纯洁和给予老托尔斯泰一种难以言表的憨直的那种谦卑。在卢梭身后——在天鹅岛那尊雕像的周围——人们看到一位日内瓦的圣皮埃尔，罗马的加尔文。在托尔斯泰身上，人们又看到了曾以天真的忏悔和眼泪感动过童年的他的那些朝圣者、无辜者。

虽然对世界的斗争是他同卢梭所共通的，但是，另一种战斗却更加地激烈，它贯穿着托尔斯泰人生的最后三十年，那是他心灵中两种最强的力量——真理与爱——之间的一种崇高的战斗。

真理——"这直透心灵的目光"——看穿你内心的那双灰眼睛的锐利的光芒……它是他最早的信仰，是他艺术的王后。

"我作品中的女主人公，我全身心地爱着的，过去、现在和将来都将是最美的女主人公，就是真理。"

真理是他兄弟死后那大灾难所留下的唯一物品。真理是生命的顶梁柱，是大海中的岩石……

但不久，"可怕的真理"对他来说就已经不够了，爱取代了它的位置。那是他童年时的活泛的泉源，是"他心灵的自然境界"。当 1880 年的疾病发作时，他丝毫没有放弃真理，他把它向爱敞开来。

爱是"力的基础"，爱是"生存的理由"，是除了美之外，唯一的生存理由。爱是因生活磨炼而成熟了的托尔斯泰的精髓，是《战争与和平》和《致圣教会的信》的作者的精髓。

这种通过爱对真理的穿透是他中年时期的杰作的唯一价值，是他的写实主义与福楼拜的写实主义的区别之所在。福楼拜是竭力地不去爱自己书中的人物。因此，无论他多么伟大，但他缺少光明！太阳的光明根本不够，必须有心灵之光。托尔斯泰的写实主义体现在每个人的心中，而且，他在用他们的目光去观察他们时，即使在最卑劣的人中，也能找到爱他们的理由，以及能使我们感到把我们与大家联系在一起的那根博爱之链的存在。他通过爱深入到生命之根源。

但是这种联系很难维持。有时候，人生的景况极其痛苦如此苦涩，像是对爱的一种挑战，为了拯救，拯救信仰，人们不得不把它高抬于人世之上，以致它可能失去与人世的任何接触。而那个接受了命运的能够看到真理又不能不看到它的崇高而命定天赋的人，他将怎么做呢？谁又能道出托尔斯泰在最后岁月中所忍受的痛苦？那是他看到现实残酷、冷峻的目光和他那颗继续在期待和确定爱的激情狂热的心灵之间的不一致所产生的痛苦！

我们大家都了解这些悲惨的争斗。我们有多少次处于不忍目睹和痛恨的交替之中！有多少次，一个艺术家——一个名副其实的艺术家，一个了解文字之美妙而可怕的力量的作家，在他写某个真理时，感到的痛苦在重压着他呀！这种健康强壮的真理，这种有如生命一般的真理，在当今谎言之中，在文明的谎言之中，就像我们所呼吸的空气一样必不可少……可我们发现，这种空气竟有那么多的心肺无法忍受，竟有那么多被文明弄得虚弱或只是因心地之善良而虚弱的人无法忍受！难道能毫不考虑这些，只管把这种会杀人的真理毫不客气地投向他们吗？在上方，是否有一种如托尔斯泰所说的"向爱敞开"的真理呢？这是什么话！难道我们能同意用安慰性的谎言去麻痹人们，如同皮尔·金特用他的童话去麻痹他那将死的老妈妈吗？社会总是处在进退维谷之中：或真理或爱。它通常的解决办法是真理与爱一起抛掉。

托尔斯泰从未背叛过他的两种信念中的任何一个。在他成熟时期的著作中，爱是真理的火炬。在他晚年的作品中，爱是一种从上方投下的光芒，是一种照到人生又不与人生掺和的恩惠的光。我们在《复活》中看到了它，看到信仰统治着真实，但又立于现实之外。托尔斯泰所描绘的那些人，每当他把他们分别开来观察时，一个个既十分虚弱又非常平庸，但一旦他以抽象的方法去想象时，他们又具有一种神圣的圣洁了。在他的日常生活中，同他在艺术中所表现出来的这种同样的不一致也显而易见，而且还表现得更加地残酷。他徒劳地知晓爱要求他所做的是什么，因为他总是另做一套；他并不依照上帝生活，而是依照世俗生活。那真正的爱，去哪儿找？它有着各种各样的面孔，而且是相互矛盾着的，你又怎么去加以区别，是他家庭之爱还是全人类之爱？……直到生命的最后一天，他仍徘徊在这两者之间。

解决的办法在哪里？——他没有找到。让那些高傲的知识分子去鄙夷地评判他吧。当然，他们倒是找到了解决办法，他们握着真理，而且对此深信不疑。在这帮人看来，托尔斯泰是个脆弱的人，是个感伤的人，不能当作榜样。无疑，他不是他们所能依循的榜样：他们生命力不强。托尔斯泰不属于虚荣的精英们，他不属于任何教派——既非他所说的"犹太僧侣"，也非这种或那种信仰的"伪善者"。他是自由基督徒的最高典型，他整个一生都在竭力地向着一种总是更遥远的理想前进。

托尔斯泰并不同思想的特权者们说话，他同普通人说话。他是我们的良知，他说出我们这些普通的人都在想的事，以及我们害怕在我们心中看到的东西。但他对于我们来说，并不是一个骄傲自大的大师，不是那种以其艺术与才智高居人类之上的高傲的天才。他是——如他在他的信中自我命名的那个一切名字中最美丽、最温馨的名字——"我们的兄弟"。

1911 年 1 月

 精华赏析

托尔斯泰辉煌的一生结束了，他的痛苦纠结也随着生命的结束得到了解脱。在这漫长的八十二年中，托尔斯泰对真理的追随，对爱的渴望，就像两盏明灯为他照亮了前进的道路。

托尔斯泰的遗作简析

名师导读

　　托尔斯泰逝世后留下大量未发表的作品，其中很多是我们并不熟悉的。后人将它们整理出来，刊印出版。这些作品形式各异，内容丰富，让我们简单了解一下这些作品吧！

　　托尔斯泰逝世后留下大量的未发表的作品，其中的大部分后来刊印出版了。它们被比安斯托克译成法文，集成三卷（纳尔逊出版社丛书版）。这些作品属于他一生中的各个阶段，有的还是1883年的作品（《一个疯子的日记》），还有一些是他最近几年的作品，其中包括短篇小说、长篇小说、剧本、对白，有许多是未竟之作。我主观地把它们分为两大类：托尔斯泰依据道德意志写的和通过艺术本能写的。其中有一小部分，两种倾向和谐地交织在一起。

　　非常遗憾的是，他对自己文学方面的荣耀的无所谓——也许是一种秘密的禁欲思想——阻止了托尔斯泰继续把他应该是最美的作品写完，例如《费奥多尔·库兹米奇老人的遗作——日记》。这是沙皇亚历山大大帝的著名传说，说他已被认为死了，其实是化名出走，自愿老死于西伯利亚。我们感到托尔斯泰对这一主题非常热衷，并把自己同他的主人公合二为一。我们深感惋惜的是，这本日记只给我们留下了最初的几章，从其叙述的紧凑与清新来看，堪与《复活》的那些最优秀的篇章相媲美。其中有一些令人难忘的形象（如年迈的叶卡捷琳娜二世），特别是对神秘而暴烈的沙皇的着力描写，其高傲的性格仍然在平和的老人心中引起惊醒的震颤。

　　《谢尔盖老爹》（1891—1904年）也是托尔斯泰的那种大手笔，但叙述有点被截短了。主题是讲一个老人因自尊心受到伤害，通过苦行与孤独来寻找上帝的故事，最后他终于在同人们生活在一起时找到上帝了。书中的某些章节的凶残粗暴令人透不过气来，主人公发现他所爱的女人的污秽下流的场面简直再质朴、悲壮不过了：他的未婚妻，他所崇敬如圣女的女子竟是他所崇敬的沙皇的情妇。那位僧侣在狂乱之夜为重新获得被搅乱的心灵的平和而以斧剁指的场面也非常扣人心弦。与这些粗犷凶残的场面相对立的，是书尾所描写的与童年时的青梅竹马而今已成可怜老妪之间的凄惨交谈，以及最后几页急转直下的简洁与宁静。

《母亲》也是一部激动人心的作品：一位善良而理智的母亲，四十年中一直把全部心思放在相夫育子中，突然只身一人，不知所措，十分茫然。她尽管是个自由的思想者，但还是退隐到一座修道院，写起日记来。但该书只有头几篇还留存着。

有一系列的短篇，艺术性很高。

《傻瓜阿列克谢》可归入漂亮的民间故事。讲的是一个普通人，一直在为他人做嫁衣裳，始终感觉心满意足，最后死去。《舞会之后》（1903 年 8 月 20 日）说的是一个老人讲述他如何爱着一位少女，但是，在看到她那位当上校的父亲指挥鞭笞一个士兵之后，又如何突然地不再爱她了。该作品完美无缺，先是少年时代的回忆甜美迷人，继而是令人目眩的真切描述。《梦中所见》（1906 年 11 月 13 日）讲一位亲王不能饶恕他视为掌上明珠的女儿，因为她被人引诱，离家出走。但是，当他刚刚又见到她时，他却主动地请求她的宽恕。然而（足见托尔斯泰的温情与理想主义从未蒙住他的眼睛），他无法克服看见女儿的私生子时所引起的那种厌恶的感情。《霍登卡》是极短的短篇，故事发生在 1893 年：一位年轻的俄国公主想参加莫斯科的一个民间节庆，突然被人群拥挤，惊骇异常，被人挤人踩，昏厥过去，后被一个工人救醒。这个工人自己也被挤得够呛，一种友爱的情感把他俩聚在一起一段时间，然后便分手了，没有再见面。

场面宏大、将会成为一部史诗式长篇小说的是《哈吉·穆拉特》（1902 年 12 月），叙述的是 1851 年高加索数次战争的一个片段。托尔斯泰在写该作品时，正处于对自己的艺术手段运用自如的阶段，视觉（眼睛的和心灵的）十分完美。但奇怪的是，大家对故事并不真正感兴趣，因为大家感到，托尔斯泰自己对故事也并不完全有兴趣。叙述中出现的每一个人物只激起他恰如其分的同情，即使其人物只是在我们眼前一晃而过，他也给他以一个完满的描绘。但是，正因为他什么都爱，所以也就无所谓偏爱了。他似乎在写这部出色的著作时，并无内心的需要，而完全是出于肉体的需求。如同别人在活动筋骨一样，他也必须锻炼自己的智力机能。他需要创作，他在创作。

* * * * *

另外一些作品具有个人色彩，往往到了忧愁的地步。像一些自传式的作品，如《一个疯子的日记》（1883 年 10 月 20 日），就是如此。该书追忆了1869 年精神错乱前，托尔斯泰的最初几个恐怖之夜。还有《魔鬼》（1889 年11 月 19 日），这部最后的也是最长的短篇小说有一些篇章是一流的，遗憾的是结尾很荒谬：一个乡下财主和他农庄的一个年轻的农家女有了关系，但自己却另外结了婚，并小心谨慎地摆脱了农家女（因为他为人诚实，并且很爱自己年轻的妻子）。但是，这个农家女已经"进入他的血液之中"，他一看到她就想占有她。而她也在追寻着他，他终于又要了她，他觉得自己已离不开她了：他自杀了。人物肖像——那个乡下财主是个善良、软弱、健壮、短视、聪明、正直、勤劳、痛苦忧伤的男人；他年轻的妻子是浪漫的、钟情的、把他理想化了的女子；那个农家女美丽健康，炽热而无所顾忌——真是栩栩如生。讨厌的是托尔斯泰在小说的结尾加进了他在现实生活中并未加入的道德精神，因为他本人确实有过一个类似的艳遇。

五幕剧《黑暗中的光明》，清楚地反映了一些艺术方面的弱点。但是，当我们了解了托尔斯泰暮年时被掩藏着的悲哀时，那这部用化名来描写托尔斯泰及其家人的作品是多么地激动人心啊！尼古拉·伊万诺维奇·萨林特泽夫同《我们该怎么做？》的作者具有了同样的信仰，并试图把它付诸实践，这对他来说是绝对不允许的。他妻子的眼泪（真诚的还是挤出来的？）在阻止他离开家人，他只好待在家里，可怜巴巴地活着，做点木工活儿消愁解闷。他的妻子和他的孩子们仍旧过着奢华的生活，经常举行欢庆会。尽管他并未参与，但人们还是指责他虚伪。然而，由于他的精神影响，由于他人格的朴实光辉，他在自己身边还是聚集了一些信徒——与不幸者。一位东正教神父为他的理论所折服，脱离了宗教。一位良家子弟拒绝服兵役，被派到惩戒营。而那个可怜的托尔斯泰的化身萨林特泽夫因怀疑而惶惶不可终日。他是不是错了？他是不是在无谓地把别人带到痛苦与死亡中去？最后，他看不到有其他的解决自己愁苦的办法，唯有让他无意之中引到绝路上的那个年轻人的母亲把自己杀死。

我们还可以在一个很短的短篇《无所谓罪人》（1910年9月）中，找到托尔斯泰生命最后一段时间的情景。该作品讲的同样是一个对自己的处境极端痛苦而又无法摆脱的人的痛苦忏悔。与无所用心的富人相对的是那些受着重压的穷人，但是，双方都未感觉到这样的一种社会状态之极其荒谬。

有两部剧作具有一种真正的价值：一部是一个农村小剧本，抨击酒精的危害，即《一切品性自她而来》（可能写于1910年）。该作品人物很有个性，他们典型的体貌、他们语言之可笑，绘声绘色，十分有趣。那个最后原谅偷他东西的窃贼的农民，由于自己那下意识的高尚道德及其天真的自尊心而显得既崇高又滑稽。另一部也很了不起，是一部十二场的剧本，名为《行尸走肉》，该剧本反映的是荒谬的社会机器碾轧的懦弱而善良的人们。主人公费佳是被自己的善良以及他隐藏在一种放浪形骸的生活之下的深刻的道德情操所断送了的一个人，因为他不堪忍受世间的卑劣及自己的自暴自弃，但他又无力反抗。他有一个为他所爱的妻子，她善良、贤惠、理智，却"缺少人们为使苹果酒起沫而放进其中的那颗小葡萄"，缺少让人忘掉一切的"生活中的那个颤动"，而他正需要忘掉一切。

"我们大家都处于自己的环境之中，"他说道，"我们前面有三条路，只有三条。第一条，做个公务员，挣点钱，增加你生活中的卑劣，这使我觉得恶心，我也许干不来；第二条路，是与那卑劣斗争之路，为此必须是个英雄，可我不是英雄。剩下第三条，忘记自我，喝酒、嬉戏、唱歌，这是我所选择的路，可你们瞧瞧这条路把我引到哪里了……"（《行尸走肉》第五幕第一场）

在另一段里：

"我是怎么失足的？首先是酒。并不是我喜欢喝酒，但我始终有这种感觉：在我周围的一切都不是必需的，而我感到羞愧……至于想成为贵族的领袖，或银行行长，那是极其可耻的！喝了酒之后，你就不会再感到羞耻了；然后是音乐，不是歌剧或贝多芬，而是吉卜赛女郎，这会往你灵魂里灌注那么多的活力、那么多的精力……再有就是美丽的黑眼睛、微笑；但是，这些东西越是迷人，你过后就越是感觉羞惭……"

他离开了自己的妻子，因为他觉得他让她痛苦而她也没使他快乐。他把她让给了爱着她的一位朋友，她也爱他，但她并没挑明，而这位朋友与她趣味相投，他消失在社会的底层。这样，一切都好，另外两人很幸福，而他也尽可能地像他们一样使自己幸福。但是，社会绝不允许你自行其是，它荒谬地迫使费佳自杀，如果他不愿让他的两个朋友因重婚罪而被判刑的话。这部怪异的作品有着极其深刻的俄罗斯风格，它反映了在革命被镇压之后，巨大的希望消失了，优秀人才消沉、气馁了。这是一部朴实无华、没有什么慷慨陈词的作品。人物性格全都真实而生动，甚至连次要人物也是如此：年轻的妹妹在爱情与婚姻的道德观念上执着而炽热；勇敢的卡列尼娜面容恬静、善良，而她的老妈妈受着贵族偏见的重压，思想保守，说话强硬，但在行为上却又能迁就别人；甚至吉卜赛女郎与律师们的形象也栩栩如生。

* * * * *

有几本著作我撇在一边了，因其中道德与教条的意图过于明显，超过了作品的自由生命，尽管这种意图并未伤及托尔斯泰的心理清晰度：

《伪币》是一个很长的短篇，几乎成了一本长篇小说，它要表现世界上所有的个人行为，无论好的或坏的行为的连带关系。两个中学生犯了一件伪币案，由此引发了一系列的罪恶，越来越可怕。直到一个被恶人所害的可怜女人的高尚容忍对凶手产生了影响，而且通过这个凶手，逐个地追溯到整个罪恶的最初的肇事者，他们因其受害者而赎了罪。主题崇高，接近史诗，该作品本会达到古典悲剧的那种命定伟大的，但是叙述过于冗长，过于琐碎，没有广度厚度；而且，尽管每个人物都有各自的特点，但又都是无足轻重的。

《儿童的智慧》是孩子们之间的一系列对话，有二十一个之多，题材都很大：宗教、艺术、科学、教育、祖国等。对话都挺生动，但那方式方法却很快就让人感到厌烦了，车轱辘话来回说。

《年轻沙皇》里的这位沙皇幻梦着自己不由自主地造成的不幸，是集子里所有作品中最差的一部。

最后，我只想再举出几个书名：《两个朝圣者》《瓦西里祭司》《谁是凶手？》，等等。

* * * * *

从这些著作的整体来看，我们对托尔斯泰直到生命的终结为止所拥有的
那种智力感到惊讶。当他在陈述自己的社会观念时，可能显得言词空泛；但
是，每当他面对一个行动、一个活生生的人物时，人道主义的幻想者消失了，
剩下的只是那个具有鹰一般眼睛的艺术家，那目光一下子便直插到你的心中，
他从未失去这种威严的清晰敏锐。我所发现的他在艺术方面的唯一的贫乏之
处，就是激情方面。除了一些短暂的时刻以外，我们感到对于托尔斯泰来说，
他的作品不再是他生命的主要部分了：它们或者是一种必不可少的消磨时间
的办法，或者是行动的一件工具。但是，行动是他真正的目标，而不是艺术。
当他有时受到这种激情的幻想控制时，他似乎对此感到羞愧；他立即停住笔，
或者也许像在写《费奥多尔·库兹米奇老人的日记》时那样，完全放弃这本
有可能让他与艺术重新结合在一起的作品……正值创作力旺盛之机，却被这
创作力所折磨，最终把这创作力奉献给了上帝，这位大艺术家的这种例子是
独一无二的。

罗曼·罗兰
1913 年 4 月

亚洲对托尔斯泰的反响

名师导读

　　托尔斯泰是从东到西联系旧大陆的所有部分的第一条思想"通途"：他与中国的大文豪辜鸿铭有书信往来，他热情接待日本信徒，甚至他的思想还影响着印度圣雄甘地。托尔斯泰对亚洲的贡献远远地超过了对欧洲的贡献。

　　在本书头几版发行时，人们尚无法估量托尔斯泰的思想在世界上的反响。种子还埋在土中，必须等到夏季。

　　今天，收获已毕。从托尔斯泰那儿出现了一棵系谱树。他的话语见诸行动。接续亚斯纳亚·波利亚纳的"先驱者圣约翰"，是印度的救世主——圣雄甘地。

　　人类历史中令人赞叹的事比比皆是，尽管思想的巨大努力表面上消失了，但其真髓丝毫没有失去，相互间的回响与呼应似流水般奔涌向前，不断地壮大着，灌溉着大地。

　　1847 年，十九岁的青年托尔斯泰因病住在喀山的医院里，旁边病床上躺着的是一位喇嘛，面部被强盗严重砍伤。托尔斯泰从他那儿第一次获得了不反抗主义的启迪，而他以后一生的三十年中一直奉行不渝。

　　六十二年以后，1909 年，年轻的印度人甘地从垂危的托尔斯泰手中接受了俄罗斯的老使徒以他的爱与苦培育的这束圣光；而且，他还把它变成火炬，照亮了印度：它的光芒照亮了全球的各个地方。

　　但是，在叙述他俩的关系之前，我们想先概括地描述一下托尔斯泰同亚洲的关系。没有这一介绍，一部《托尔斯泰传》今天就不会是完整的了，因为托尔斯泰对亚洲的行动在历史上也许比他对欧洲的行动更加的重要。他是从东到西联系旧大陆的所有部分的第一条思想"通途"。现在，东西方的两条朝圣者人流在这条大道上穿梭往来。

* * * * *

现在我们已拥有一切了解主题的手段，因为大师的虔诚门徒保尔·比鲁科夫把所有掌握的材料结集写成了《托尔斯泰与东方》。

东方始终在吸引着他。早在喀山大学求学期间，他便首先选择了阿拉伯——土耳其东方语言系。在高加索的那些年，他长期接触穆斯林文化，并留下了深刻的印象。1870 年刚过，在他为小学编纂的《童话与传说》中，就开始出现一些阿拉伯和印度的童话。当他的宗教危急时刻到来时，《圣经》对他来说已根本不够了，他很快便研究起东方宗教来。他读了大量的有关书籍，很快他便萌发了要把自己读到的东西介绍给欧洲的念头，他把福音书、菩萨、老子、克里希纳①的东西结成一集，命名为《圣贤思想集》。他在看第一眼时便已确信，人类的各种大的宗教都是基本统一的。

但是，他特别寻找的是同亚洲人民的直接关系。在他一生的最后十年里，亚斯纳亚与东方各国的通信往来十分频繁。

而东方各国中，中国的思想与他最为接近，但偏偏中国思想介绍得最少。自 1884 年起，他便研究起孔子和老子来，在古代的圣贤中，他最偏爱老子。但是实际上，托尔斯泰一直到 1905 年才与老子的一位同胞通了第一次信，而且他好像只有两个中国通信者。当然，这两人都是出类拔萃的人，一位是学者，名叫张庆桐；另一位是位大文豪，名为辜鸿铭，在欧洲享有盛名，原为北京大学教授，革命时被驱逐，流亡日本。

在他写给这两位中国精英的信中，特别是写给辜鸿铭的那封堪称一部宣言的长信（1906 年 10 月）中，托尔斯泰表达了他对中国人民的厚爱与钦佩。近年来，中国以极大的宽容来忍受欧洲各国对它的残酷暴行，这更加深了他的这种情感。他鼓励中国坚持这种心平气和的忍耐，并预言最后的胜利必将属于中国。中国把旅顺港割让给俄国，让俄国在俄日战争中付出了惨痛代价，这个例子将适用于侵占胶州湾的德国和强占威海的英国。盗贼们最终会因分

名师注解

① 克里希纳：印度的圣贤名。

赃不匀而大动干戈的。但是，托尔斯泰得知最近以来，暴力与战争的思想在中国人心中苏醒了，这使他深感不安，他要求中国人抵制这种思想。如果中国人让这种思想传染上了，那将是一次空前大劫难，这不仅仅是在"西方最粗野愚蠢者之一的德国恺撒"替欧洲担心的横祸这层意义上，而且是对人类崇高利益而言。因为，随着古老的中国的消失，那它从中华帝国逐渐传播给各国人民的大众的、实际的、平和的、勤劳的、真正的智慧支柱也将随之倒塌。托尔斯泰相信人类生活的一种巨大变化将会到来，他坚信中国将被召唤来对此起到首要的作用，成为东方各国之首。亚洲的任务就是要向世界其他各国指出通往真正自由的真正道路，而托尔斯泰说，这条路就是"道"。他特别希望中国不要照搬西方的方案与榜样来进行改革，也就是说不要用立宪制来代替它的君主专制，不要建设一支国家军队和大工业！他是多么清楚地看到欧洲各国人民那悲惨的景象啊！无产者生活在地狱之中，阶级斗争层出不穷，军备竞赛和战争连绵不断，殖民政策惨无人道——这是对整个文明的血淋淋的破败！欧洲就是一个先例，是的——是不该做的事情的先例。另外，由于中国不能老这么遭受各种侵略，它面前就只有一条道路敞开着：对于自己的政府以及各国政府的绝对不抵抗。只要它不为所动地始终坚持耕田犁地，服从神的唯一律令，欧洲将在这四万万人的英勇而平静的消极抵抗面前解除武装！人的全部智慧与幸福的秘诀就存在于平静地在田间的劳作生活之中，一面以中国的三个宗教的原则为人处世：道教，教人勿用武力；儒家，宣扬"己所不欲，勿施于人"；佛教，忘我与博爱。

从托尔斯泰的建议中，我们可以看出今日中国似乎在做的事情。但好像他的那位知识渊博的通信者辜鸿铭并未从中有多少受益，因为他用他那标新立异但狭隘局限的传统精神作为医治当代世界的大狂热的万能药而对过去建立的秩序提出一种"忠诚的大宪章"。但是，绝不要以其表面的波涛来判断茫茫大海。托尔斯泰的思想与中国的圣贤数千年的传统是相一致的，谁能说中国人民的思想不是与托尔斯泰的思想十分接近呢？尽管在永恒中时生时灭的那些党派之争与那些革命同托尔斯泰思想是不沾边的。

* * * * *

与中国人恰恰相反，日本人因其躁狂的生命力以及他们对世界上的一切新的思想的如饥似渴的好奇心，因而成为托尔斯泰与之相联系的亚洲最早的民族（自 1890 年起，或稍后不久）。托尔斯泰对日本人，对他们的民族与好战的狂热，特别是对他们那种适应欧洲文明与立即加以滥用的神奇的灵活性深表怀疑。我们不能说他的怀疑是完全没有道理的，因为他与日本人的频繁通信使他不止一次地感到失望。例如年轻的佐木，《Didaitschoo-lu 报》主笔，自称是托尔斯泰的信徒，但却把他的教导与爱国主义调和起来，而在 1904 年日本同俄国的战争爆发时，竟然公开地指责托尔斯泰。更让他失望的是那个年轻人田村，一开始，他读了托尔斯泰的一篇关于俄日战争的文章，激动得涕泪交加，浑身颤抖，激奋地叫喊"托尔斯泰是我们这个时代唯一的先知"。但是，几个星期之后，当日本人在马岛摧毁了俄国舰队以后，被爱国主义的疯狂浪潮所席卷，终于发表了一本攻击托尔斯泰的恶劣的书……

更坚定、更真诚的——但他们的思想与托尔斯泰的真正的思想相去甚远——是那些英勇的反战派的社会民主党人。1904 年 9 月，他们给托尔斯泰写了信，而为了感谢他们，托尔斯泰表达了他既对战争又对社会主义的绝对谴责。

但是，托尔斯泰的思想毕竟还是深入到日本，对它产生了深刻的影响。1908 年，为了庆贺他八十大寿，他的俄国友人们向全世界他所有的朋友写信征文，拟出一本纪念册。加藤寄来了一篇有趣的文章，表明了托尔斯泰对日本的巨大影响，他的宗教著作大部分都在日本翻译出版了。加藤说，大约在 1902—1903 年间，这些作品引起了一场精神革命，不仅仅是在日本的基督徒中间，而且也在佛教徒中间；而且，由此而引发了佛教的一次革新。在这之前，宗教是一种既定秩序、一种外界的律令。这时候，它有了（或又有了）一种内在的特点。"宗教意识"随之成为一个时髦词汇。当然，这个"我"的觉醒并不是没有危险的。它可能会导向——在许多情况下，它已经导向了——与牺牲精神和博爱精神完全不同的结局，导向自私的享乐、麻木不仁、绝望，甚至自杀，这个躁动的民族在情绪狂乱时往往把一切主义推到极致。但是，特别是在京都附近有一些托尔斯泰研究小组就这样成立了，他们既耕田犁地又宣扬爱的纯洁真谛。一般来说，日本的精神生活部分地受到了托尔斯泰的人格影响。甚至在今天，在日本还有一个"托尔斯泰社"，在发行一种很有意义而且内容丰富的约七十页的月刊。

在这些日本信徒中，最可爱的典范是年轻的德富健次郎，他也为 1908 年的贺寿文集写了文章。1906 年的头几个月里，他从东京写了一封热情洋溢的信给托尔斯泰，而托尔斯泰也立即回了他的信。但是，德富健次郎等不及托尔斯泰的回信，便登上一艘船前去拜访他。他一句俄语也不懂，英语也不灵。他于七月份抵达亚斯纳亚，待了五天，受到了托尔斯泰慈父般的接待，然后直接返回日本，一生之中都对这一个星期以及老人那灿烂的"微笑"铭心难忘。他在 1908 年写的那篇动人的文章中提及此事，叙述时是用他那颗质朴与纯洁的心灵在说话的：

"透过别后那七百三十天的雾气，与一万公里的距离，我仍看到他的微笑。

"现在，我与妻子和我的爱犬住在小乡村的一个破屋里。我种植蔬菜，拔去疯长的杂草。我的全部精力与全部光阴全用于拔草，拔草……也许这是我的思想本质使然，也许这是这不完美的时代使然。可我非常地幸福……但是，在这么个机会中，我也只能写上几句话而已，这真是太可悲了！……"

这个日本人通过他那几句朴素的文字描绘了他的智慧的、勤劳的幸福生活，比其他写贺寿文的所有信徒都更能实现托尔斯泰的理想，更能说到他的心坎上。

* * * * *

托尔斯泰以其俄罗斯人的资格，有许多机会去了解穆斯林，因为俄罗斯帝国的穆斯林有两千万之众。因此，他们在他的通信往来中占有很大的位置。但是，1901 年之前，他们的通信还不怎么频繁。只是在同年的春天，他回复圣教会的信和被逐出教会才征服了他们。崇高而坚定的话语像先知爱里升天时乘坐的火战车似的震撼着伊斯兰世界。他们从中只记住了对一神论的肯定，他们觉得其中回荡着他们的先知的声音，而且他们天真地力图把自己的先知归入其中。俄罗斯的巴什基尔人、印度的穆夫提①、君士坦丁堡的穆斯林给他写信说，读到他亲手写的公开指斥整个基督教的宣言，他们"快乐地哭了"；他们祝贺他终于摆脱了"对三位一体的黑暗信仰"。他们称他为他们的"教

名师注解

① 穆夫提：伊斯兰教教法说明官。

友"，并竭力地要使他完全改变信仰。他们中的一位，是一个印度的穆夫提，带着一种滑稽的下意识，开心地告诉他说，他们的新的救世主，一个名叫哈兹拉特·米尔扎·吉拉姆·穆罕默德的，在克什米尔找到了耶稣的墓，从而打破了基督教关于耶稣复活的谎言，他还给他带来了耶稣墓的照片，以及他那位新救世主的肖像。

我们很难想象托尔斯泰收到这些奇特的表示友谊的信件时所表现出来的那种几乎没有嘲讽（或悲哀）的令人赞叹的平静。但凡未见过在这些论辩中的托尔斯泰的人，是根本无法了解他那威严的性格所达到的那种端庄的温和态度的。他从不失去他的殷勤与真心的平静。反倒是那个与他通信的穆斯林愤怒地斥责他为"中世纪的基督教偏见的余孽"，或者因为托尔斯泰不肯相信什么新的穆斯林救世主，便用该圣人把接受真理的光辉的人分为三类的话威胁他：

"……一些人是凭着自己的理智接受它的。另一些人是通过有形信号与奇迹接受它的。第三类人是通过剑的力量得到它的（例如法老，摩西为了让他信仰上帝，不得不让他喝红海之水）。因为上帝派遣的先知应该教导全人类……"

托尔斯泰并不以斗争的手段回复他的通信者。他的崇高的原则是热爱真理的人们永远不应以宗教之不同及其欠缺为基准，而是应以团结各个宗教以及造就各宗教之价值的东西为基准。"我对于各种宗教就是这么努力做的，"他说道，"特别是对待伊斯兰教。"他只是回答那位愤怒的穆夫提说："但凡具有一种真正宗教情感的人的责任就是以身作则，过一种有道德的生活"。这就是我们所需要的一切。他崇敬穆罕默德，他的某些话让他佩服得五体投地。但是，穆罕默德像基督一样，也只是一个人。为了让伊斯兰教与基督教变成一种正当的宗教，必须使之放弃对一个人和一本书的盲目信仰；必须让它们只接受与所有人的良心和理智相一致的东西。即使是在他包容其思想的那种有节制的形式之下，托尔斯泰也总是担心会损害了跟他对话的那个人的信仰：

"如果我万一伤害了您，请您多加原谅。我们不能只说一半的真理，应该说出全部真理，或干脆什么都不说。"

不用说，他根本就没能说服他的对话者们。

至少，他遇见了其他的一些穆斯林，一些开明的、自由的穆斯林，他们同他完全谈得来：首先是那位埃及著名的大穆夫提、宗教改革家穆罕默德·阿卜杜勒。1904 年 4 月 8 日，他从埃及写了一封崇高的信给托尔斯泰，祝贺他被开除教籍，因为考验是对上帝的选民的神圣回报。他说托尔斯泰的光辉温暖着并聚集着真理的寻求者，说他们的心一直期盼着他创作的一切作品。托尔斯泰热情诚挚地回了信。他还接到波斯驻君士坦丁堡大使、1901 年海牙首次和平大会的代表米尔扎·里扎·卡恩亲王的致敬信。

但他特别受到巴布主义运动的吸引，他经常同这派人物通信。他还同某些巴布主义者保持私交，例如从埃及写信（1901 年）给他的神秘人物加布里埃尔·塞西，据说他是阿拉伯人，改奉了基督教，后加入巴布主义运动。塞西向托尔斯泰陈述了自己的主张。托尔斯泰回信（1901 年 8 月 10 日）说，"他对巴布主义早就感兴趣了，而且能弄到的有关这一题材的书籍他全都读过"。他对于它的神秘依据及其理论并不看重，但他相信它将来在东方的道德教育中很有前途："巴布主义迟早将同基督教的无政府主义融为一体。"他还给一个给他寄了一本有关巴布主义的书的俄罗斯人写信，说他坚信"现在正从各个不同教派——婆罗门教、佛教、犹太教、基督教——中出现的理性宗教的全部教义必将取胜"。他看见这些教派全都在"向着唯一的普遍适于人类的一种宗教汇聚"。他高兴地获悉巴布主义已深入俄罗斯，影响着喀山的鞑靼人，而且他还邀请鞑靼人的头领沃伊索夫到他家里，与他晤谈良久，此事被古谢夫记载了下来（1909 年 2 月）。

1908 年的贺寿文集中，伊斯兰教由加尔各答的法学家作为代表，他名叫阿卜杜拉·阿勒·玛姆·苏赫拉瓦尔迪，他的文章把托尔斯泰称颂为一座伟大的丰碑。他称托尔斯泰为瑜珈僧，认为他的非暴力观点与穆罕默德的教诲并不矛盾，但是"必须如同托尔斯泰读《圣经》一样，在真理的光辉之下而不是在迷信的浓雾中去读《可兰经》"。他称颂托尔斯泰不是超人，而是所有人的兄弟，不是西方或东方的光辉，而是神的光辉，是照耀众人的光辉。他还预言道，托尔斯泰的非暴力观点"与印度的圣贤们的教诲融为一体之后，也许将在我们这个时代产生出一些新的救世主来"。

* * * * *

确实，托尔斯泰是其宣传先行者，他那颇具影响的圣言是出自印度。

十九世纪末到二十世纪初，印度处于完全觉醒之中。除了一部分十分了解情况的学者精英以外（他们并不急于向广大群众传播他们的知识，只知躲在其语言学的小屋里），欧洲尚不了解，且远未想到这印度的天才自1830年起便已见端倪，并在1900年前后蓬勃发展起来了。这是思想的各个领域的一次突出的鲜花绽放。在艺术领域，在科学领域，在思想领域，全都如此。泰戈尔的大名脱离了其家庭的星座，几乎是同时地普照着全世界。吠檀多派①被雅利安社的创始人、被称作"印度的路德"的达耶南陀·婆罗斯瓦蒂所改革（1875年）；而凯沙布·申德尔·森则把梵社变成一种激烈的社会改革的工具和拉近基督教思想与东方思想的基地。但是，印度的宗教天穹上，特别闪耀着两颗耀眼的巨星，他们是突然出现的——或者如印度人的说法，是几世纪之后又重新出现的——这是思想界的两个奇迹。一个是拉玛克里希纳（1836—1886年），他是上帝的膜拜者，他把他的爱普施于神明的所有形式中；另一个是他的门徒韦夫卡南达（1863—1902年），他比他师父更加威力强大，他那滚滚而来的精力在他疲惫不堪的民众中长久地唤醒了行动之神——毗湿奴神。

托尔斯泰涉猎很广，不会不知道他们的。他读过达耶南陀的论文集，是《真理》杂志的主编拉玛·德瓦寄给他的。自1896年起，他便为韦夫卡南达发表的头几部著作而激动不已，并且很欣赏拉玛克里希纳的谈话录。韦夫卡南达1900年的欧洲之行，没有前往亚斯纳亚·波利亚纳，这对于全人类来说是一大不幸。写这段话的作者甚觉遗憾的是，在万国博览会举行的那一年，这位伟大的印度先行者途经巴黎，因脱不开身，未能去见托尔斯泰，致使欧洲和亚洲的这两位宗教天才竟未能联手。

如印度的先行者一样，托尔斯泰也深受"爱之主"克利希纳的思想影响。而且，在印度，不少的人都把托尔斯泰敬为"圣人"，敬为一位再生的古贤哲。《新改革》的主编戈帕尔·切蒂，在印度是托尔斯泰思想的忠实信徒，他在1908年的贺寿文中把托尔斯泰比作出家的王子释迦牟尼，并且说，如果托尔斯泰生在印度，就会被视为毗湿奴神，被视为宇宙心灵的化身，被视为斯里·克里希纳。

名师注解

① 吠檀多派：古代印度哲学中的一派。

　　但是，历史长河命定的流水把托尔斯泰从苦修士对于神明的梦想带到了韦沃卡南达和甘地的伟大行动的跟前。

　　命运的奇异转变！第一个把托尔斯泰引导到这一方面去而后来成为圣雄甘地得力助手的那个人，如同去大马士革之前的圣保罗一样，是托尔斯泰思想的激烈的反对者，名叫 C. R. 达斯……能够想象是托尔斯泰的声音把他终于召回来完成其真正使命的吗？1908 年底，C. R. 达斯身在革命阵营之中，他常写信给托尔斯泰，毫不隐瞒自己的暴力信仰，他公开抨击托尔斯泰的不反抗理论。然而，他又请求托尔斯泰为他的报纸《自由印度斯坦报》美言。托尔斯泰回了他一封长信，几乎像一篇论文，题名为《致一个印度人的信》（1908 年 12 月 14 日），在全世界广为流传。他奋力地捍卫自己的不反抗与博爱的理论，每一部分都引用克里希纳的话作为论证。他既大力地抨击古老的宗教迷信，也毫不放松对科学的新迷信的痛斥。他强烈指斥印度人否定其古老的智慧而去迎合西方的错误。

　　"我们可以希望，"他说，"在这佛教与儒家的广阔世界中，这新的科学偏见是无立足之地的，而且中国人、日本人、印度人明白了暴力是正确的那种宗教谎言之后，将能直接孕育那适合人类的、为东方的大师们极力颂扬的爱的真谛。但是，代替了宗教迷信的科学迷信则日益地侵犯东方人民。它已经征服了日本，为它准备了最严重的灾难。它又在中国和印度，散布给了那些像您一样，自命为民众带头人的人。您在您的报纸上提出下面的思想作为应该指导印度的活动的基本原则：

　　"……什么！你们，最虔诚的民族中的一个成员，竟然以一种轻松的、深信自己的科学教育的心情，把那自远古以来就在你们的人民之中强烈呼唤的爱的真谛放弃掉！……而你们竟然对那些被暴力的拥护者、真理的敌人、先是理论的后为科学的奴隶——你们的欧洲老师们——所提供给你们的荒谬言论，鹦鹉学舌，喋喋不休！

　　"您说英国人之所以征服了印度，是因为印度没有尽力地以武力抗暴？可这正好相反！如果说英国人征服了印度人，那只是因为印度人曾经一直承认而且现在仍然承认暴力是他们的社会组织的根本原则；他们以这种原则的名义屈从于他们的各邦君主；他们以这种原则的名义，向各邦君主，向欧洲人，向美国人进行过斗争……一家商行——只有三万人，而且可以说是软弱的人——竟然奴役了一个有着两亿人的民族！把这事说给一个没有成见的人听听看！他一定弄不明白这是什么道理……根据这些数字，并不是英国人而是印度人自己在奴役印度人，这一点难道不是很清楚吗？

"如果说印度人被暴力所征服，那是因为他们自己曾经就是依靠暴力来生活的，而且现在仍依靠暴力活着，并且不承认适合于全人类的博爱的永恒原则。"

"但凡追求他正拥有的东西而又不知自己已占有那东西的人，是值得怜悯而愚昧的人！是的，但凡不了解自己周围的并且给予他爱的好处的人，是可怜的和愚昧的人！"（克里希纳语）

"人应以爱的原则生活，应以适合于自己心灵并且含有不反抗与不参与暴力的原则生活。那么，不仅一百来人无法征服一百万人，而且，几百万人也无法征服一个人。不要反抗恶行，也不要参与作恶，不要参与行政的、司法的、税收的，尤其是军队的专制！那么，世界上没有任何东西，任何人能够征服你的！"

克里希纳一段名言的引申，结束了（如同开头一样）这俄国人教导印度人的不反抗的宣道：

"孩子们，把你们那被蒙蔽的眼睛往更高处看，一个充满着欢乐与爱的新世界将出现在你们的面前，那是一个理性的、被'我的智慧'创造的世界，是唯一的真实世界。那么，你们就将会知道爱使你们变成了什么样，爱给予了你们什么，以及它要求于你们的是什么。"

这封信落到一位年轻的印度人手里，他在南非约翰内斯堡当律师，名叫甘地。他被这封信深深地打动了。1901年底左右，他给托尔斯泰写信。他告诉托尔斯泰，十多年以来，他一直在托尔斯泰的福音精神感召下，领导着牺牲运动。他请求托尔斯泰允许他把写给 C．R．达斯的信译成印度文。

托尔斯泰对甘地的"以温和抗强暴、以谦卑与爱抗傲慢与暴力之战斗"表示了兄弟般的祝福。他阅读了甘地寄给他的《印度自治》的英译本，他立即彻悟了这种宗教的和社会的经验的全部重要性：

"您所研究的'消极反抗'的问题，具有最高价值，不仅是对于印度，而且是对于全人类。"

他读了约瑟夫·J.多克撰写的《甘地传》，感佩至深。尽管有病，但他还是给他写了一封情真意切的短信（1910年5月8日）。而当他感觉已康复了之后，他于1910年9月7日，从科茨谢蒂——他离家出走并客死他乡前的一个月——给他写了一封非常重要的信，尽管这封信很长，我还是坚持要在本文后面几乎全文照转。在将来的人看来，它现在是而且将来也仍将是托尔斯泰的不反抗主义的福音书和精神遗嘱。南非的印度人于1914年把它在《印度评论》的黄金版上发表了，该杂志是旨在宣传在南非的消极反抗运动的。它与他们事业的成功联系在了一起，同不反抗主义的第一次政治性胜利联系在了一起。

与此同时，欧洲爆发了1914年的大战，人们在相互厮杀，这简直是一个令人发指的反差。

但是，当暴风雨过去之后，当狂野的喧嚣逐渐平息之后，人们在一片废墟上又听见了甘地那纯洁而坚定的声音发出的如云雀般的歌唱。这声音在以一个更清亮更悦耳的音调重新唱出托尔斯泰的那句伟大的话语，唱出了一个新的人类希望的颂歌。

罗曼·罗兰
1927 年 5 月

 精华赏析

托尔斯泰最大的贡献不仅是他的小说等作品，更重要的是他关注平民的精神，不主张暴力的思想。他对社会变革的关注使他在民众中享有很高的威望。文中分别叙述了托尔斯泰和中国、日本、印度几个亚洲重要国家的联系，他为沟通欧亚文化做出了巨大贡献。

托尔斯泰逝世前两个月写给甘地的信

名师导读

　　这是托尔斯泰写给印度圣雄甘地的一封信。信中托尔斯泰阐述了自己对非暴力不合作运动的看法，并且他非常支持这种行动。同时他也指出了宗教道德和暴力机器之间存在的矛盾。

　　南非，约翰内斯堡，德兰士瓦省，K. 甘地先生：

　　您寄来的《印度评论》已收到，我很高兴地了解到它所说的绝对的不反抗主义的内容。我突然很想向您表述我读过之后在我身上所引起的感想。

　　我越是活得长久——特别是在我清晰地感到死之将至的此时此刻——我就越是需要把最触动自己心灵的东西，把我觉得具有一种闻所未闻的重要性的东西表述出来，那就是人们所说的不反抗主义，归根结底就是还没有被骗人的解释所歪曲的爱的原则所教导。爱，或者换言之，心灵对人类沟通与互助的渴望，代表着人生的高级的和唯一的原则。……而这是人人皆知，而且在自己的心灵深处所感觉到的（在儿童身上这一点我们看得更加清楚）。一个人只要不被世俗思想的种种谎言所蒙蔽，就永远知道这一点。

　　这条原则曾被人类所有圣贤——印度的、中国的、希伯来的、希腊的和罗马的——宣扬过。我认为，基督最清楚地表述了它，基督用明确无误的语言说，这条原则包含着一切原则和一切先知先觉者。但是，基督做得更进一步，他因预见到歪曲在威胁着这条原则，便专门地揭示了它会被物欲横流的那些人歪曲的危险。这个危险就是他们竟然认为自己有权通过暴力捍卫自己的利益，或者，用他们的话来说，有权以牙还牙，有权通过武力夺回被武力抢夺走的东西，云云。他知道（如同任何有理智的人都知道的那样），使用暴力是与人生的最高原则——爱——水火不相容的。他知道，只要在任何一种情况之下接受了暴力，那么该原则就一下子被摧毁了。全部的基督教文明表面上极其灿烂辉煌,其实往往有意无意地在往这显而易见的、怪诞的误会与矛盾方向发展。

实际上,暴力反抗一旦被接受,那么爱的原则就没有了价值,而且再也不会有价值了。而如果爱的原则没有了价值,那么除了强权以外,就再没有任何的原则了。一千九百年来,基督教就是如此。再说,在任何时候,人们都把武力看作是社会组织的主导原则。基督教国家与其他国家的区别只是在于,在基督教中,爱的法则跟在任何其他的宗教中所述的不同,是被清楚而明确地提出来的,而基督徒尽管把他们的生活建立于暴力之上,但他们仍然郑重地接受了这一爱的原则。因而,基督教民众的生活是他们的信仰与他们的生活基础之间的一大矛盾,是应该成为行动原则的爱与在种种形式之下的暴力被宣布为必需而且受到承认的(政府、法庭和军队)之间的一大矛盾。这个矛盾随着内心生活的发展而加剧了,而且近年来达到了顶峰。

今天,问题提出来了:是还是不是,必须做出选择!要么我们不承认任何的宗教道德教导,在我们的生活中任由强权摆布;要么就把一切苛捐杂税,一切司法和警察机关,特别是军队,统统取消。

今年春天,莫斯科的一所女子学校举行宗教测验,先是宗教科老师,然后是主教也亲自参与,他们就十诫问题,特别是第五诫——"戒杀!"——提问学生。当学生回答正确时,主教往往要加上一道题:"根据上帝的律令,是否无论在什么情况下都永远不许杀戮?"可怜的女孩子们是经老师们事先调教的,应该回答道:"不,不是永远不许,因为在战争中和执行死刑时,是允许杀戮的。"她们也是这么回答的。但是,这帮可怜的女孩子中有这么一个(是现场的一个目击者讲给我听的),当她听到那第一个例行问题——"杀人是否永远是一大罪恶"时,脸一红,激动而坚定地回答说:"永远都是!"而对于主教的所有诡辩,她都矢志不移地予以反驳,说在任何情况之下,都永远禁止杀戮,而且,《旧约》中早已这么写着:至于基督,他不仅禁止杀戮,而且禁止伤害邻人。尽管主教威然庄严,能言善辩,但还是被驳得哑口无言,而那个女孩却胜利了。

是的,我们尽可在我们的报纸上连篇累牍的文章中,大谈什么飞行发展,外交纷繁,俱乐部,科学发现,所谓的艺术作品,而对这个女孩所说的沉默不语!但是,我们不能压抑其思想,因为一切基督徒都像她一样或多或少地隐隐约约地有所感觉。社会主义、无政府主义、救世军、日益增加的犯罪率、失业、富人们日益疯狂的穷奢极侈，以及穷人们生活在水深火热之中，自杀事件层出不穷，所有这一切情况都在证明内在的矛盾应该解决而且必将解决。通过对爱的原则的承认，谴责任何暴力的运用，可能使这一状况得到解决。因此，您在对我们说起远在天涯海角的德兰士瓦的活动，其实是处于我们所关心的问题之中心；它是当今世界的所有活动中最重要的活动，不仅是基督教民众，而且世界上所有的人民都将参与其中。

在俄国，也有一种类似的运动在迅速发展着，而且拒绝服兵役的人数逐年在增加，您听到这个情况一定很高兴。尽管在你们那里不抵抗主义者和在我们这里的拒绝服兵役者的人数都很少，但双方都彼此可以说："上帝与我们同在。而上帝比人强大。"

在基督教信仰的传播中，即使是在教给我们的歪曲了的基督教教义的形式之下，即使是在同时承认为了战争的大屠杀必须加强军队与军备的情况之下，仍存在着一种激烈的矛盾，它将或迟或早，可能很早地赤裸裸地表露出来。那时候，就必须要么消灭基督教（可是，没有基督教，国家政权就无法维护），要么取消军队，放弃对武力的使用（但武力对国家来说也是不可或缺的）。这一矛盾各国政府都已感觉到了，你们的英国政府和我们的俄国政府也都感觉到了。可是，由于保守思想作祟，各国政府都在迫害揭露这一矛盾的人，所花的力量比对待任何其他敌视国家的活动都更加大。我们在俄国看到了这一点，而且，我们通过你们的报纸上发表的东西也看到了这一点。各国政府十分清楚地看到最严重的危险是从何处来威胁着它们的，而且，它们如此警惕有加地维护的也不仅仅是它们的利益。它们知道它们是在为生或死而战斗。

列夫·托尔斯泰

1910 年 9 月 7 日于科泽谢蒂

读者感悟

《名人传》读后感

河北 李倩

我们通常只看到伟人光鲜亮丽的一面，却很少关注他们背后的辛酸与痛苦。读完罗曼·罗兰的《名人传》，不禁被这三位伟大人物的事迹深深地震撼。他们有着对艺术和真理的执着追求，有着克服自身缺点的勇气和决心，有着不为众人理解的思想和行为，这些都深深地感染着我，经久不忘。

法国作家罗曼·罗兰的《名人传》是一本人物传记小说，它包含三个传记：《贝多芬传》《米开朗琪罗传》《托尔斯泰传》。传记中的三个人物是在不同国家、不同时代，但都在各自的领域取得了非凡的成就。最主要的是这部小说并没有写传主琐碎的生平事迹，而是专注于他们的精神思想，专注于他们为追求真善美而长期忍受苦难的心路历程。

身为一个天才音乐家，贝多芬不幸双耳失聪。当他遭遇这场灾难时，他无疑是恐慌的，然而他却孤独地承受着这份痛苦，不敢和任何人提起。他远离人群，害怕仇敌们对此进行攻击。当他站在舞台上指挥，下边的人乱成一团时，他不知所措。当他知道是怎么回事后，立即瘫软地跌坐到沙发上，不言不语。失聪对一个把音乐视为生命的人来说无疑是要了他的命。可是贝多芬没有被击倒，他与命运进行抗争，终于扼住了命运的咽喉。他创造出了举世闻名的《命运》和《英雄》交响曲，在穷困潦倒的最后生命中创作了《欢乐颂》。贝多芬用自己的痛苦换来了全人类的欢乐。

人们一直为工作奔波忙碌喊累，看完《米开朗琪罗传》之后才会懂得什么才是"工作狂"，什么才称为视工作为生命。一个七十岁的老人还要承担起圣彼得大教堂总建筑师的任务，九十高龄的他在临死前几天还站着雕像。这种对工作的狂热来自他对艺术的热爱。在这三个英雄中，米开朗琪罗是最纠结最痛苦的一个。他一生都为教皇卖命，教皇换了一个又一个，他的主人也换了一个又一个。他虽然也会反抗，但性格中懦弱的一面总会让他屈服。一项项伟大的工程因为各种原因流产，浪费了材料更浪费了他的时间和精力，还有那份对艺术的热情。他性格中的多疑、懦弱和神经的紊乱让他羞愧，可是他却控制不住自己，这种痛苦再次加深。文中用很大的篇幅写米开朗琪罗的负面信息，这种写法不但不会降低他的英雄形象，反而让读者更深地体会到他内心挣扎的痛苦。

托尔斯泰的传记中有很多对他作品的描述和亲朋好友的书信，这些反映出他思想变迁的过程和心理活动的变化。《托尔斯泰传》读起来感到很费力，那些作品中的人物形象很多是他本人的影子。如果读过他的一些作品再重读《托尔斯泰传》会更好一些。他和妻子等家人思想上的分歧一直让他痛苦，他想过自己理想中的生活却又不想让家人伤心，怎么会两全其美呢？最终，这个八十二岁的老翁在生命的最后时刻下定决心离家出走，走出了樊笼。

三位英雄都对自己的理想不懈追求，尽管痛苦，却甘之如饴。理想是前进的动力，只有坚持到底才会有所收获。

延伸阅读

关于《约翰·克利斯朵夫》

《约翰·克利斯朵夫》是一部长篇小说，共十卷，是罗曼·罗兰的代表作。这部小说创作于1904—1912年间，并于1915年获得诺贝尔文学奖，受到全世界人民的喜爱。爱德蒙·高斯称此书为20世纪的最高贵的小说作品。

这本书讲的是关于一个音乐天才与自身、与艺术以及与社会之间的斗争故事，追溯了一个德国音乐家在许多艺术斗争中演变的历程。小说描写了主人公约翰·克利斯朵夫奋斗的一生，从儿时音乐才能的觉醒，到青年时代对权贵的蔑视和反抗，再到成年后在事业上的追求和成功，最后达到精神宁静的崇高境界。他和贝多芬有些相似，可以说是以贝多芬为原型而写的。当我们读完《贝多芬传》再读《约翰·克里斯朵夫》时，会更深刻地理解一个天才音乐家失聪后的痛苦和对艺术的执着追求。

作者罗曼·罗兰十年积累，十年命笔，小说逐卷发表时，已誉满全欧，它可以称之为史诗般的巨著。此书早在1937年傅雷先生即已着手翻译，1946年出骆驼版全译本，1952年出平明版重译本，半个多世纪来，累计印数百万余部，一代名译哺育了几代学人。

真题演练

一、填空

1.《名人传》的作者是 20 世纪上半叶_____国著名的人道主义作家____
____。

2.《名人传》叙述了_____国音乐家_____，_____的画家和雕塑家
_____，_____国作家_____三位名人的苦难和坎坷的一生，赞美
了他们的崇高品格和顽强奋斗的精神。

3._____是贝多芬作品中最为深刻和雄伟的，凝聚着音乐家毕生的
心血。

4.有一座先知雕像，草图很早就画出来，但一直无人敢接手，米开朗琪
罗成功地完成了这伟大的作品，它是_____。

5.托尔斯泰最喜欢的中国古代哲人是_____。

二、问答

1.《名人传》主要揭示了怎样的主题？

2.贝多芬一生中最大的痛苦是什么？最大的幸福又是什么？

3.请结合《托尔斯泰传》谈一谈托尔斯泰的妇女观。

参考答案

一、填空

1.法 罗曼·罗兰
2.德 贝多芬 意大利 米开朗琪罗 俄 托尔斯泰
3.《第九交响曲》
4.《大卫》
5.老子

二、问答

1.伟大的天才必须向庸俗而且充满敌意的社会进行不屈的斗争，才能获得胜利，完成天才的创造性事业。

2.贝多芬一生中最大的痛苦是作为音乐家、作曲家却耳朵失聪；最大的幸福是他战胜痛苦，创造出拥抱欢乐的《第九交响曲》。

3.他反对现代的女权主义，称赞贤妻良母，认为勇敢的妻子应该是丈夫的助手而不是他工作的障碍。

写作出击

另类文体——人物传记

人们常说："一本优秀的传记不仅能让我们认识世界，还会让我们更深刻地了解人生。"何谓人物传记呢？

人物传记是通过对典型人物的生平、生活、精神等领域进行系统描述和介绍的一种文学作品形式。人物传记作品有三个要求：即真、信、活。同时它有两个特征：首要特征是真实，次要特征是生动（即真实性和文学性）。人物传记中的"人物"一般都是历史、文化等领域的名人（政治家、历史学家、经济学家、文学家、艺术家等）。通过对这些人物立传，能够深刻了解这个人物的生平经历和精神思想，也能够了解那个时代的历史风貌。

　　作为一名中学生应该多阅读一些名人传记，从他们的人生经历中获益，如凯伦·凯勒的《假如给我三天光明》《富兰克林自传》《乔布斯传》，等等。同学们可以选一位自己敬佩的伟人试着写一写。

"爱阅读"文库

读者反馈卡

　　"爱阅读"文库作为课外阅读的系列图书，内容广泛，知识实用，针对性强，对全面提高中小学生的语文素质，大力推进新型的学习方式具有重要作用。我们相信本套书一定能够成为中小学生的良师益友，同时我们也热忱地期盼您的反馈意见，快快发邮件给我们吧！

您的信息

姓名：_____　　　性别：_____　　　年龄：_____

学校：_____　　　班级：_____　　　电话：_____

通信地址：_____

购书时间：_____

您的评价

本书的优点：_____

本书的缺点：_____

阅读本书的收获：_____

_____

您在本书中发现的错误：_____

_____

您对本书的改进建议：_____

_____

我们的联系方式

邮箱：shuxiangwenya@126.com